JN205481

藤田真文
Fujita Mafumi

テレビドラマ研究の教科書

ジェンダー・家族・都市

青弓社

テレビドラマ研究の教科書——ジェンダー・家族・都市　目次

第1部　テレビドラマ分析のために

第1章　テレビドラマの進行と時間

第2章　テレビドラマの人間関係

第2部　二十一世紀日本のジェンダー・家族・都市

装画――藤岡詩織
装丁――Malpu Design［清水良洋］

凡例

・単行本は『　』で、新聞・雑誌名は「　」で示し、それらに掲載された記事タイトルは「　」で示している。
・引用者の補足は〔　〕で示している。
・頻出するドラマのタイトルは、各章の二度目以降は略記している。
・本文で研究テーマのタイトルを示す場合は、サブタイトルは省略している。

序章　テレビドラマ研究の目的・対象・方法について

1　テレビドラマ研究の目的

テレビドラマで卒業論文や修士論文を書こうと思っている人は、テレビドラマを見ることが好きな人にちがいない。でも、そこに落とし穴がある。研究の目的（何を明らかにするのか）・対象（どのドラマを研究するのか）・方法（どうやって研究するのか）を考えて研究に取り組まないと、好きなドラマの感想文や脚本家・俳優の礼賛に終わってしまうかもしれない。目的・対象・方法はそれぞれお互いに関連している。

まずテレビドラマ研究の目的は、大きく分けて二つあるだろう。

①テレビドラマを番組として成立させている要因を研究したい（仮に人文科学的・美学的アプローチと呼ぶ）。

②テレビドラマが表現（表象）している人間や社会を研究したい（仮に社会科学的アプローチと呼ぶ）。

テレビドラマ研究では、一つの論文のなかでこの二つが混在している場合が多い。恋愛と結婚を例にしてみよう。人文科学的・美学的アプローチでは、あるテレビドラマは情熱的な恋愛のゴールとして結婚を設定する物語構造があるなどと分析できる（「ロマンティック・ラブ・イデオロギー」といわれる）。一方、社会科学的アプローチでは、そのように恋愛と結婚を関係づけるストーリーははたして現代社会で妥当か（視聴者に受け入れられるかどうか）が問われる。必要なのは、卒業論文や修士論文の書き手が二つのアプローチのどちらに分析の比重を置くかに自覚的になることである。あるいは書き手が所属する学部・大学院やゼミが人文科学・美学系なのか、社会科学系なのかによっても、比重は変わってくるかもしれない。

本書の第1部「テレビドラマ分析のために」は、おもに人文科学的・美学的アプローチによるテレビドラマ分析を扱っている。第2部「二十一世紀日本のジェンダー・家族・都市」、第3部「一九七〇―九〇年代日本――二つの東京と若者たち」は、おもに社会科学的アプローチからテレビドラマが表象する人間や社会を考察している。

2　研究対象の番組選び

次に、どのテレビドラマを研究するのか、研究対象の選択について考えてみよう。論文指導の際に指導教員から、「あなたはどうして○○というドラマを研究するのか」と質問されたことはないだろうか。そのとき「いちばん好きなドラマなので」とストレートに答える人は少ないかもしれないが、「視聴率ベストテンに入っているドラマなので」など苦し紛れの（失礼！）理由を述べることはあるかもしれない。はたしてそのような基準で研究対象を選ぶことは正しいのだろうか（もちろん社会的影響力の指標として視聴率を持ち出すことは間違いではない。ただ、絶対的な基準ではないというだけである）。筆者は、むしろ前述の研究目的を出発点にして研究対象のドラマを選択するのが正解だと考えている。野村康『社会科学の考え方』では事例研究を扱った章で、「「事例」とは、「何かについての重要な例」であり、何らかの現象・出来事の注目すべき側面である」としている。そして、単一事例の選び方の基準として「極端／珍しい／決定的（何らかの意味で特異な事例を調べること）」「典型的／一般的」そして「後続的／新事実」をあげている。(1)研究対象のドラマも、そのような根拠で選択すればいい。

現代のドラマで恋愛がどのように表象されているかを検証するのであれば、①ドラマ○○は「熱愛の末に結婚するロマンティック・ラブ・イデオロギー的なストーリーだから（典型的／一般的）」、

②「複数の相手との恋愛関係（ポリアモリー）を表現しているから（極端／珍しい／決定的）」、あるいは③「恋愛やセックスに興味が向かない（アロマンティック・アセクシュアル）登場人物を初めて主人公にしたから（後続的／新事実）」などの選択理由が考えられる。後二者（「極端／珍しい／決定的」と「後続的／新事実」）のドラマ事例は、そもそも作品の絶対数が少ないので選択を迷う余地はあまりない。一方、「典型的／一般的」な事例を扱う場合には、「諸要因が典型的／一般的なものであれば、それらの影響や相互関係を見出しにくく、他の単一事例研究よりも格段に時間と労力をかけた、綿密な調査が必要となる」[2]と野村が指摘している点にも注意したい。

本書の第2部では、現代の恋愛（第3章「現代の恋愛」）のなかでロマンティック・ラブ・イデオロギー、ジェンダーとLGBTQ（第5章「ジェンダーとLGBTQ」）、不倫ドラマとの関連でポリアモリー（第7章「現代の家族」）に言及しているので、研究目的からドラマを選択する事例として参照してほしい。

野村はまた、複数事例を選ぶ「比較の論理」についても言及している。比較のために複数の事例を選ぶ基準としては、「一致法（同じ結果が起こった事例を並べて、それらに共通の要因を見つけ出す）」「差異法（結果が異なる事例を並べて、要因の違いを探る）」[3]などをあげている。テレビドラマ研究であれば、複数の「恋愛のゴールが結婚になっているドラマ」を分析してみる（一致法）、恋愛のゴールが結婚になったドラマとそうならなかったドラマを比較してみる（差異法）などの研究対象の選び方ができる。ただし周到にテレビドラマ研究をおこなうためには、単一事例でも複数事例の比較でも、書き手の視聴経験（見たことがあるドラマ）だけにドラマの選択を頼らないほうがいい。過去のドラマや見逃したドラマに、より適切な事例があるかもしれないからだ。そのために「テレビドラマデータベース」[4]を検索し、テレビドラマの通史[5]を参照することをお勧めしたい。

さて再び指導教員から、「あなたはどうして○○というドラマを研究するのか」と質問されたらどう答えればいいのか。あなたは、あるドラマを選択することで、研究テーマの問いが明らかになるだろうという「仮説」「見通し」を提示できればいいのである。単一事例であれば、「二〇二X年に放送されたドラマAの紹介文を見ると、長年思い続けた相手との結婚が描かれているようです。ドラマAを詳細に分析することで、現代社会の恋愛と結婚の関係が明らかになると予想しています」。そして複数事例の比較であれば、「二〇二X年に放送されたドラマAを、類似したストーリー構造をもつ一九九Y年に放送されたドラマBと比較することで、恋愛と結婚の関係の変化を明らかにできると予想しています」と。

3　テレビドラマの研究方法

テレビドラマ研究の方法には、次のような三つの方向性が考えられる。

①制作者研究
②視聴者研究

③番組（作品、コンテンツ）研究

①制作者研究とは、テレビドラマの制作に関わった脚本家、プロデューサー、ディレクター（演出）などからドラマを研究するアプローチである。このなかで最も資料が多いのが脚本家で、脚本家自身が自作の制作過程を書いたり、[6]雑誌のインタビューに答えたりしている。そのなかでも、戦後脚本家のビッグスリーといわれる向田邦子、倉本聰、山田太一[7]や、現代では三谷幸喜、宮藤官九郎、坂元裕二などヒットドラマを書いた脚本家に関する著作は多い。一人の脚本家を研究対象にして作品の年譜を作り、彼ら／彼女らの脚本の特徴（作家性）を研究することができる。[8]

ただしテレビドラマは脚本家だけが作るものではなく、集団による制作物である。プロデューサー、ディレクターに関する資料は脚本家ほど多くはないが、ドラマ企画や制作現場の様子を知ることができる。[9]ドラマ制作に関わったそれ以外の制作者になるとさらに資料が少なくなるが、そのなかでＮＨＫ放送文化研究所が取り組んできた「放送のオーラル・ヒストリー」のシリーズは貴重である。[10]本書の第３部は、一九八〇年代を中心に脚本家・鎌田敏夫の作品の系譜を追っている。関心の中心はどちらかといえばドラマに表象された当時の社会にあるが、鎌田の作家性にもふれているので参照されたい。

②視聴者研究とは、オーディエンスの反応や評価からテレビドラマを研究するアプローチである。例えば、ドラマのレビューサイトの書き込みから、特定のドラマのどのような点（ストーリー、俳優の演技、映像など）が評価または批判されているのかを分析することができる。書き込みは漠然

と読んでまとめるのではなく、評価の焦点（ストーリー、俳優の演技、映像など）をＫＪ法[11]で整理したり、テキストマイニングの手法を使って統計的に分析したほうがいいだろう。また、ブログをまとめた「note」[12]のサイトから、対象テレビドラマをテーマにしたブログを検索すると、レビューサイトと同じようにドラマ評価を分析することができる。ただし、「note」でドラマ評を書いているブロガーのなかにはプロの批評家もいるので、どのような書き手を「視聴者」の代表にするのかについては見極めの基準が必要である。ブロガーのプロフィルを参照する、購読無料のアカウントだけを対象とするなどの対策が考えられる。

また、卒業論文や修士論文の書き手がオリジナルで収集できる視聴者データとしては、視聴者へのインタビュー調査やアンケート調査がある。評価に堪える調査をおこなうためには、インタビュー調査もアンケート調査も周到な調査設計が必要である。これについては、それぞれの調査法の解説書を参照してほしい。アンケート調査では偏りがないサンプルを一定数確保する必要があるので、「ゼミの友人十人にアンケートしてみました」などの安易な調査は禁物である。また、インタビュー調査でも、視聴者から有効な知見を引き出すことは簡単ではない。筆者は以前、台湾の日本ドラマファンにインタビュー調査をおこなったことがある。[13]調査対象者は、台湾の研究者に一定数のファンを紹介してもらったあと、調査対象者にさらに知り合いを紹介してもらう方法で選定し十五人にインタビューした（スノーボール・サンプリングという）。ファンにアクセスすることが難しければ、調査対象者に放送中のドラマを見てもらったり、一定の場所に集めてドラマを見てもらったあとにインタビューをおこなう方法もある。

③番組（作品、コンテンツ）研究は、個々のテレビドラマそのものを分析する研究方法である。実は、本書は「テレビドラマ研究の教科書」と銘打ちながら（大風呂敷を広げながら？）、このあとの章で解説しているのはすべてこの番組研究の方法論である。例えば、テレビドラマを番組として成立させている要因を研究したいという人文科学的・美学的アプローチでは、ストーリーの進行や登場人物同士の関係を見ていく（特に第1部）。また、テレビドラマが表象する人間や社会を研究する社会科学的アプローチであれば、研究の焦点（例えば、現代社会の恋愛と結婚）に関係している統計や人文社会科学分野の先行研究などを参照しながら、テレビドラマ表象の妥当性を検証していく方法論が考えられる（第2部・第3部）。

番組研究による卒業論文や修士論文を単なる感想文で終わらせないためには、一定の手続きに従って番組を分析すべきだ。テレビドラマについて書くのに、そんな方法論など必要ないという人がいるかもしれない。だが、ドラマの映像を巻き戻して（ビデオテープ時代の名残！）同じシーンを何度も見直し、先行研究と比較しながら物語進行や人間関係を整理しなおすことによって、一回視聴しただけでは気がつかなかった点が見えてくるかもしれない。野村がいう「格段に時間と労力をかけた、綿密な調査」が、テレビドラマの番組分析にも必要なのである。

4　本書の使い方

すでに書いたように、本書の第1部は、おもに人文科学的・美学的アプローチによるテレビドラマ分析を扱い、テレビドラマを番組として成立させている物語構造や人間関係の設定をどのように分析すればいいのか、その方法論を解説している。そして第2部と第3部は、おもに社会科学的アプローチからテレビドラマが表象する人間や社会を考察している。

第1部と第2部は、二十一世紀に制作された日本のドラマ（『逃げるは恥だが役に立つ』『ゆとりですがなにか』『30歳まで童貞だと魔法使いになれるらしい』など）が分析の対象である。第3部は、脚本家・鎌田敏夫が携わった四つのドラマ――『俺たちの旅』『金曜日の妻たちへ』『男女7人夏物語』『29歳のクリスマス』によって、一九七〇年代後半から九〇年代前半までの日本社会の家族・青年像・都市を歴史的に考察している。

テレビドラマで卒業論文や修士論文を書こうと思っている人は、本書を通読してもいいし、自分の研究目的やテーマの参考になる章を選んで読んでもらってもいい。各章で筆者が提示する分析結果や参考文献は、みなさんの卒論・修論の「踏み台」である。各章で取り扱っているドラマに類似した番組で同じような分析を試みてほしい。または、筆者が分析したのと同じドラマにあえて取り組んで、筆者の分析結果を超える観点を引き出してくれてもいい。くれぐれも、同じドラマで同じ結論の単なるコピペ論文は書かないように。

注

（1）野村康『社会科学の考え方――認識論、リサーチ・デザイン、手法』名古屋大学出版会、二〇一七年、四三―五四ページ

（2）同書五一ページ

（3）同書五四―五七ページ

（4）「テレビドラマデータベース」（http://www.tvdrama-db.com）

（5）こうたきてつや『昭和ドラマ史　1940―1984年――テレビドラマが見つめた日本人の夢と現』（映人社、二〇一九年）、TVガイドアーカイブチーム編『テレビドラマオールタイムベスト100』（〔TOKYO NEWS BOOKS〕、東京ニュース通信社、二〇二〇年）、同『プレイバックTVガイド――その時、テレビは動いた』（〔TOKYO NEWS BOOKS〕、東京ニュース通信社、二〇二一年）など。

（6）倉本聰／碓井広義『脚本力』（〔幻冬舎新書〕、幻冬舎、二〇二二年）、三谷幸喜／松野大介『三谷幸喜　創作を語る』（講談社、二〇一三年）など。

（7）久世光彦『向田邦子との二十年』（〔ちくま文庫〕、筑摩書房、二〇〇九年）、長谷正人『敗者たちの想像力――脚本家 山田太一』（岩波書店、二〇一二年）など。

（8）成馬零一『キャラクタードラマの誕生――テレビドラマを更新する6人の脚本家』（河出書房新社、二〇一三年）、「特集 坂元裕二」（「ユリイカ」二〇二一年二月号、青土社）など。

（9）大山勝美『テレビの時間』（鳥影社、二〇〇七年）、今野勉『テレビの青春』（NTT出版、二〇〇九年）、大多亮『ヒットマン――テレビで夢を売る男』（角川書店、一九九六年）、白石雅彦『飯島

敏宏――「ウルトラマン」から「金曜日の妻たちへ」』（双葉社、二〇一一年）など。

(10) 広谷鏡子「放送のオーラル・ヒストリー「テレビ美術」の成立と変容――（1）文字のデザイン」（NHK放送文化研究所編「放送研究と調査」二〇一四年一月号、NHK出版）、同「放送のオーラル・ヒストリー「放送ウーマン」史（4）原田靖子さん（元タイムキーパー）――冷静に〝時間〟と闘う、テレビドラマの「記録」者」（NHK放送文化研究所編「放送研究と調査」二〇一八年二月号、NHK出版）など。

(11) KJ法とは、情報やアイデアを紙に書き出し、グループ化したり関連性を見いだしたりしながら整理する手法のこと。

(12) 「note」(https://note.com)

(13) 藤田真文「台湾における日本ドラマの視聴実態に関する調査研究」「問題と研究――アジア太平洋研究専門誌」二〇二四年三月号、国立政治大学国際関係研究センター

第1部　テレビドラマ分析のために

第1部では、序章「テレビドラマ研究の目的・対象・方法について」で述べた人文科学的・美学的アプローチの業績をおもに参照しながら、テレビドラマを物語として成立させている進行パターンや時間構造、さらには登場人物の設定や人間関係をどのように分析すればいいのか、その方法論を解説していく。いわばテレビドラマ研究の基礎作業にあたる。

第1章「テレビドラマの進行と時間」は、一つのテレビドラマのなかで物語がどのように進んでいくのか、そこに過去や未来の時間がどのように関わってくるのかという観点を取り上げる。テレビドラマに限らずあらゆる物語の開始と結末を比較すると、登場人物が人格的に成長するなどの変化があったり、登場人物を取り巻く社会・環境が変化していたりすることがわかる。その変化が、物語が「進んでいる」という感覚を視聴者・読者に与えるのである。

物語の進行とともに、登場人物もテレビドラマには不可欠な要素である。第2章「テレビドラマの人間関係」は、テレビドラマの登場人物がどのように作り上げられるのか、さらにテレビドラマの台詞によって登場人物の人間関係がどのように設定されるのかを見ていく。

第1章　テレビドラマの進行と時間

1　物語の進行

テレビドラマは、虚構の物語である。テレビドラマが虚構の物語として成立するためには、①一定の登場人物、②時間の経過と連続する出来事、③登場人物の変化が必要である。みなさんは次の［1］［2］の文章のうち、どちらを「物語らしい」と感じるだろうか。

文章［1］

1．小さい女の子がいた。

2．彼女は散歩に出かけた。

3．彼女は小さなくまのぬいぐるみを見つけた。
4．彼女はそれを家に持って帰った。
5．家に着いてから彼女はそれを洗った。

文章［2］

1．彼はバッファローの背中で目を覚ました。
2．私は席を予約したところだ。
3．私はそれを食器棚にしまってしまった。
4．私はそれをまだ食べていない[1]。

おそらく文章［1］のほうが、物語らしい感じがするのではないだろうか。というのも、［1］の五つの文には「つながり」が感じられるのに、［2］の四つの文にはつながりが感じられない。文章［1］では、2の文の「彼女」は1の文の「小さい女の子」のことだろう、4の文の「それ」は3の文の「小さなくまのぬいぐるみ」だろう、とつながりをたどっていくことができる。ところが文章［2］では、1の文の「彼」と2の文の「私」は同一人物のように思えない。つまり、文章［1］はすべて「一定の登場人物」＝小さい女の子の行動と読めるのに、文章［2］はそう読めないのである。

ジャン＝ミシェル・アダンは、「ある事件が一つの物語となるためには、それは、時間的に秩序づけられて一つの話を形成する少なくとも二つの命題の形で語られなければならない」としている。

アダンによれば、物語には次のような命題の連鎖が存在する。

Ⅰ：t1時に、AはXである。

Ⅱ：t2時に、Aに事件Yが起こる（もしくはAはYを行う）。

Ⅲ：t3時に、AはX'である。[2]

ここでt1、t2、t3は、次第に時間が経過していることを表す。文章［1］を例にすれば、「t1時に小さい女の子（A）が散歩をしている（X）→t2時に小さなくまのぬいぐるみを見つけた（事件Y）→t3時に家に帰ってそれを洗った（X'）」となる。ここには、「②時間の経過と連続する出来事」と「③登場人物の変化」＝くまのぬいぐるみを見つける前とあとの女の子が描かれているのだ。

多くの物語論は、ドラマの進行に共通したパターン＝原型を見いだしてきた。ハリウッドではドラマは、第一幕＝状況設定、第二幕＝葛藤、第三幕＝解決という三幕で構成するとしている（スリーアクト・ストラクチャー）。そして、ドラマが第一幕から第二幕へ、第二幕から第三幕へと移行するためには、第一幕と第二幕の終わりにストーリーを展開し新たな方向性へと向けるきっかけになる事件やエピソード＝「プロットポイント」を置く必要があるとする。[3] また、ジョーゼフ・キャンベルの神話研究[4]を基礎にしてドラマを構成すべきだとする脚本理論もある。キャンベルによれば世界の英雄伝説は、落ち着かない日常世界に暮らしているヒーローが冒険に旅立ち、試練に遭いながらも報酬を得て故郷に帰ってくる「ヒーローズ・ジャーニー」を基本にしている。「ヒーローズ・ジャーニー」は、主人公が試練を乗り越えて何かを得る成長物語といえるだろう[5]。

テレビドラマは、放送形態から次の三つに分類できる。①単発ドラマ……事件の発端から結末までが一回の放送のなかに含まれる完結したドラマ。ドラマの登場人物は、別のドラマに再び登場することはない。一回の放送で物語が完結するスペシャル・ドラマがそれにあたる。②シリーズドラマ（series）……一話完結のテクストが連続するドラマ。主要な登場人物は毎回同じだが、個々の回のエピソードは完結した別個のストーリーである。例としては、時代劇や刑事ドラマなどがあげられる。③連続ドラマ（serial）……ある回から次の回へと連続的にストーリーが展開するドラマ。ある回に起こった出来事は、別の回の伏線として機能する。恋愛を基軸にしたラブストーリーは、連続ドラマの形式を取る[6]。

テレビドラマを分析するためには、まず「一定の登場人物」を軸にして、ストーリーがどのように進行しているか、ストーリーラインを丁寧に追うことから始めよう。先ほどいった「スリーアクト・ストラクチャー」や「ヒーローズ・ジャーニー」が、はっきり見えやすいのは「②シリーズドラマ」である。研究テーマ1―1「物語の定型とは」で取り上げる『ドクターX――外科医・大門未知子』（テレビ朝日系、二〇一二年―）は、患者の入院→術前カンファレンス→常勤医師の誤診／手術の失敗→大門未知子の手術→患者の回復という五つのパートから構成され、毎回そのパターンを繰り返す。

一方「③連続ドラマ」のほうは、シリーズドラマほど物語構成が定型的でない場合もあるが、例えば連続十話のうちどこに「プロットポイント」になる事件やエピソードが出てくるか、主人公など登場人物はどう変化したかを見ていくことが必要である。研究テーマ１―２「最終回について」では、『日曜の夜ぐらいは…』（テレビ朝日系、二〇二三年）を事例に、生きづらさを抱えている女性三人が連帯して生きていくファンタジーが、連続ドラマの最終回までどのように維持されたかを分析している。研究テーマ１―３「居心地のいい深夜番組枠」では、放送される時間帯と三十分という放送時間のコンパクトさから、深夜番組枠が心身ともに疲れた視聴者の癒しになっていることを明らかにする。「放送枠」は、ほかのメディアにはないテレビ特有の物語構造をドラマに与える。

2　ドラマと時間

テレビドラマでは、出来事が起こった順番に物語が語られているとはかぎらない。例えば、ドラマの第一話の冒頭、登場人物の一人がビルの屋上から転落する場面から始まるとする。この人物はなぜ屋上から転落するはめになったのか、その原因・理由をたどるために物語は過去にさかのぼっていく。出来事が起こった順番ならば転落の原因になった出来事が先（ｔ１時）にあるはずだが、ドラマではあとで起こった（ｔ２時）転落が先に語られる。物語論では、出来事を起こった時間順に並べたものを「ストーリー」と呼び、物語が語られる順番に出来事を並べた「プロット」と区別している。(7) ジェラール・ジュネットは『物語のディスクール』で、この出来事発生順と物語順のズレから物語の時間を綿密に分析した。[8]「出来事発生順」と「物語順」のずらし方（錯時法）には、次のような二つのパターンがある。

①後説法……先行していた出来事をあとになってから語る方法。回想など。
②先説法……あとから生じる出来事をあらかじめ語る方法。予告・予言など。

先説法はSF・ファンタジーの超能力者・予言者の言葉や、「この平和な村に不幸が訪れようとは、誰も予想できなかった」という事件を予告するナレーションなど、使われるのはごく少数である。テレビドラマで使われる錯時法はほとんどが後説法だ。

登場人物は、幸せだった過去、または苦い記憶がある過去の出来事を回想する。あるいはトラウマをもたらした過去がショックによってフラッシュバックとして現れる。後説される過去の出来事は、多くは物語にとって重要な出来事であり、場合によっては何度も繰り返し回想される（出現する）。無意識のうちに抑圧した記憶であれば、最初はぼんやりとした意味不明なものとして現れ、思い出すたびに輪郭がはっきりしてくるように描かれるかもしれない。ストーリーラインを丁寧に追い、登場人物が思い出しているのがいつ発生した出来事なのか位置づけ直すことで、新しいドラマの姿が見えてくる。

研究テーマ1―4「現在と過去の往還」で取り上げる『生きるとか死ぬとか父親とか』（テレビ東京系、二〇二一年）では主人公は、父親と折り合いが悪くなるきっかけになった過去の出来事を、都合のいい思い出で封印していたことに気づく。そして過去の自分と対話することで、真の過去を取り戻していく。研究テーマ１―５「ドラマと時間」の『MIU404』（ＴＢＳ系、二〇二〇年）では登場人物の刑事も視聴者も見逃しているささいな過去の出来事が、事件の謎を解く重要な鍵になっている。また、最終回には記憶の再現そのものに、視聴者を惑わせるトリックが仕掛けられている。

研究テーマ１―１　物語の定型とは――『ドクターＸ――外科医・大門未知子』

定型の力

『ドクターＸ』は、二〇二四年現在、第七シリーズまで続いている人気ドラマである。テレビ朝日には、『相棒』（二〇〇二年―）、『科捜研の女』（一九九九年―）など長期シリーズになるドラマが多い。その理由を「物語の定型」という視点から考えてみたい。

『ドクターＸ』は前に述べたテレビドラマの三つの放送形態のうち、シリーズドラマに分類される。シリーズドラマでは、出演する刑事課のメンバー、時代劇の主人公と仲間は毎話固定されていて、犯人・被害者や悪役だけが交代していく。主人公と仲間のグループは、第一シリーズ、第二シリーズと移っても、ほとんど交代せずに存続していく。長寿番組になるドラマは、ほとんどがシリーズドラマの形式を取っている。映画にも『男はつらいよ』（監督：山田洋次、一九六九年―）のように何十作と続くものがあるがきわめてまれで、年を重ねて制作されつづけるシリーズドラマこそがテレビ的なドラマだということもできる。『ドクターX』も、何度もシリーズを重ねたドラマである。

前述のようにシリーズドラマには、一話のなかで事件が発生し解決する特徴がある。このような物語の構造を分析したのが、物語研究の先駆けとされるウラジーミル・プロップの『昔話の形態学』である。プロップは、魔法昔話というジャンルに属するロシアの百一の昔話を分析した。その結果、それらには出来事の進行に共通するパターンがあることを発見した。物語の登場人物は自由に行動しているわけではなく、物語の各段階でどのような行動をするかが決められているという。[9] ロシアの魔法昔話では竜退治が典型的で、お姫様が竜にさらわれる→お姫様を探しに主人公が旅立つ→竜と闘ってお姫様を取り戻す→二人は結婚して幸せになる、というように物語が進んでいく。

ハリウッドの脚本術も、このような定型を重視している。シド・フィールドの『映画を書くためにあなたがしなくてはならないこと』は、①第一幕「状況設定」、②第二幕「葛藤」、③第三幕「解決」から構成される「脚本のパラダイム(見取り図)」に沿って、脚本の骨組みを作るように勧めている。いわゆるスリーアクト・ストラクチャーである。この理論では、「状況設定」から「葛藤」へ、「葛藤」から「解決」へと物語の展開を加速する「事件、エピソード、出来事」=「プロットポイント」を設定しておく必要があるとする。プロットポイントになる出来事は、物語の主要人物によって引き起こされ、ストーリーが展開していく。[10]

『ドクターX』の定型=進行パターンを見てみよう。このドラマは大きく分けて、①患者の入院→②術前カンファレンス→③常勤医師の誤診/手術の失敗→④大門未知子の手術→⑤患者の回復という五つのパートから構成される。このなかで物語進行上重要な鍵を握るのが、②術前カンファレンスから、③常勤医師の誤診／手術の失敗への流れだろう。患者が入院したあと、術前カンファレンスで治療方針が話し合われる。このとき主人公の大門未知子（米倉涼子）は「私に切らせて」と真っ先に手を挙げるが、東帝大学病院などの常勤医師が違う見立てを提案して、常勤医師の治療方針が採用される。ところが、常勤医師の見立ては誤診で患者の容体が急変したり、いざ手術になったときに誤診が発覚して手術が続行できなくなったりする。術前カンファレンスでの意見対立と常勤医師の誤診・失敗、この二つが『ドクターX』のプロットポイントになっている。

誤診・失敗がもたらした危機的状況で、大門がさっそうと手術室に現れ、スーパー外科医の技術を発揮し手術を成功させる。「私、失敗しないので」という決め台詞とともにおこなわれる大門の手術シーンが、物語を結末へと導くクライマックスである。だが、実は常勤医師の誤診・失敗がなければ、『ドクターX』の物語は成立しない。『ドクターX』は、常勤医師が「絶対に失敗する」ことで物語が動きだすのである。

〈危機一髪の猫を救う〉——大門未知子の真摯さ

「私、失敗しないので」や、教授の論文作成の手伝い、学会出張のお供など「いたしません」などの決め台詞によって、主人公・大門未知子の自由奔放なキャラクターが前面に出てくる。実際に自由奔放なのだが、行動が大胆で手術の腕はスーパーな外科医というだけでは、ただのいやな人になりかねない。しかし、ドラマを詳細に見ると、大門が医療に真摯に向き合う医師であることに気づく。大門が挑むのは、常に並の外科医には手術不可能な難病だ。そのたびに大門は、新しい手術方式が試されている論文を必死に探し、手術のシミュレーションを繰り返す。

第七シリーズ（二〇二一年）では、東帝大学病院内の外科と内科の対立が描かれる。第四話の術前カンファレンスで、内科の医師は、多額の研究費を獲得しようともくろんでいる次世代医療のケミカルサージェリー（化学物質による処置）で、がんを治療するべきだと主張する。しかし、そのために別の部位のがんを見逃してしまう。ここでも大門の的確な診断と手術で危機を切り抜けるのだが、大門をマネジメントしている神原名医紹介所の神原晶（岸部一徳）は、病院長代理の蜂須賀隆太郎（野村萬斎）に、次のように言う。

神原：失礼ながらケミカルサージェリーに都合のいいがんだけを見て、患者を見ていなかったのではないですか。
蜂須賀：私が見ているのは、未来の医療です。
神原：大門が見ているのは、目の前の患者です。

ブレイク・スナイダーは、観客が主人公に共感を抱く行動をする＝〈危機一髪の猫を救う〉ように、ストーリーを作らなければならないとする（SAVE THE CAT の法則）[11]。目の前の患者を救おうとする真摯な姿があるからこそ、視聴者は大門に共感するのだ。

患者に向き合う大門の真摯さやスーパーな外科手術の技量は、敵役だった東帝大の常勤医師たちにも次第に評価されるようになる。第七シリーズでも、かつて対立していた海老名敬（遠藤憲一）

や加地秀樹（勝村政信）、原守（鈴木浩介）は、緊急手術の際にたびたび大門を助ける。海老名たちはシリーズが進むにつれて敵役から大門の補助者へと変わり、シリーズドラマ『ドクターX』に欠かせない存在になる。

世界と趣向——定型のなかの革新

このような揺るぎない定型をもっていることでシリーズドラマは長寿番組になるのだが、定型をただ繰り返しているだけでは、視聴者に飽きられてしまう。長年続いているシリーズドラマは、定型を保ちながらも、毎回新しい要素を取り入れて変化しつづけている。かつて岡田斗司夫は『オタク学入門』で、『美少女戦士セーラームーン』シリーズの定型と革新を、歌舞伎の「世界と趣向」という概念で説明した。[12] 長寿番組になるシリーズドラマも、同じように考えることができるだろう。

歌舞伎の「世界」とは、「作品の背景となる時代、事件をさす概念。実際にはそのなかの登場人物の役名、それらの人物の基本的性格、役柄、人物相互の関係、基本的な筋、脚色さるべき基本的な局面や展開などまでを含む概念である」。この世界の要素は、変えられない。それに対して「この動かない〈世界〉に働きかけて狂言に新しい変化を与える工夫が〈趣向〉である。（略）したがって趣向はつねに新奇な魅力を必要と」する。例えば、『太閤記』の動かせない世界に、石川五右衛門を趣向として絡ませることによって『金門五山桐』という新しい狂言が作り出される。[13]「世界」は演目の定型であり、「趣向」は定型を踏まえたうえでの革新になる。

二〇二一年に制作された『ドクターX』第七シリーズは、新型コロナウイルス感染症によるパンデミック下での医療が趣向になっている。コロナの感染拡大による医療崩壊で外科手術の件数が激減し、東帝大学病院の外科は分院へと追いやられる。それに対して、本院の病院長代理を務めるのが、内科医で感染症専門医の蜂須賀である。蜂須賀はコロナが蔓延しているなかでの外科手術は危険だとして手術数を減らし、内科的な治療に転換しようとする。そのことで蛭間重勝分院長（西田敏行）をはじめとする外科と蜂須賀が率いる内科は、毎回のように対立する。「どこの医局にも属さないフリーランス、すなわち一匹狼のドクター」（ナレーション）大門は内科と外科の対立をものともしない。はたして大門はコロナの感染が拡大するなかでどのように患者を手術で助けるのか。これが、第七シリーズの趣向である。

ただ、直近の社会状況を趣向として盛り込むことには、難しさや危険も伴う。コロナの感染拡大による医療崩壊という状況をドラマに安易に導入した場合、視聴者の現状から乖離し、心情を逆なでしてしまうこともあるからだ。『ドクターX』第七シリーズでは、現実感（いかにもありそう）と、このドラマ特有の戯画化（笑い）が、うまく配合されている。蜂須賀は以前外科に所属していたが、完璧な医療を求める真面目さのために、学内の権力争いにしか関心がない蛭間に疎まれ、外科を追い出される。その後、国立感染症疫学研究センターに転職した蜂須賀は、感染症の恐ろしさに常に警告を発していた。だが、その恐ろしさを知らない蛭間からは、「感染バカ」とやゆされるばかりだった。外科が花形で、感染症の研究医は外様。しかし、コロナで感染症医療が一気に中心にという力関係の逆転は、実際にわれわれも体験した現実ではないだろうか。

蜂須賀は東帝大学病院の敷地内に、国際的な研究拠点である感染症センターを建設することを目指していた。そのために、外科を排除してケミカルサージェリーによる内科中心の病院に変えることをもくろむ。広報部長の三国蝶子（杉田かおる）を使い、厚生労働省の事務次官に接近させるなど、蜂須賀は蛭間と同じ権力指向の人物のように見えた。しかし、やがて大門は、感染症センター建設が世界から感染症を根絶したいという蜂須賀の思いに基づいたものであることを知る。最終回、蜂須賀は膵臓がんが進行していて一刻も早い手術が必要なことがわかった。だが、同時にコロナウイルスよりも強力なウイルスに感染してしまう。蜂須賀は自らを隔離して手術不可能と死を覚悟したが、大門は蜂須賀が開発した治療薬を打ち手術を決行する。ここでも、敵役と思っていた人物（蜂須賀）が主人公（大門）の仲間へと転換し、医療への真摯さが二人を結び付ける、SAVE THE CAT の法則がはたらいている。

研究テーマ1―2　最終回について――『日曜の夜ぐらいは…』

いい視聴後感とは

連続ドラマには必ず最終回がくる。一クール二カ月半見続けてきたドラマでも、しばしば最終回が期待外れでいい視聴後感が残らないことがある。ヴォルフガング・イーザーは、『行為としての読書』で、小説とはまだ答えが出されていないと読者が考える「空所（ブランク、ギャップ）」を残して前に進んでいくものであるとする。読者が小説を読み進めるうちに、空所を埋めていく（答えを見つけていく）行為が読書だというのだ。

一見とるに足らない場面で語らぬままにされたこと、会話の中での飛躍、こうしたことが読者に空所を投影によって補いたい気持ちを起こさせる。読者は出来事の中にひき入れられ、語られてはいないが（登場人物が）このように考えたはずだと想像するようになる。(14)

最終回のガッカリ感の多くは、この「空所」の取り扱いの粗雑さに由来しているように思う。制作者側が意図的に空所を残しておき、「続きは映画で」などとするのは連ドラ視聴者に対する裏切り行為で論外だ。また、出だしの設定が大がかりなわりに結末がそれに見合わない、空所が放置されたままの羊頭狗肉なドラマもある。反対に最終回できっちり空所が埋まったと感じるドラマは、いい視聴後感を残す。本テーマでは筆者に爽快な視聴後感を与えた『日曜の夜ぐらいは…』を事例にして考察したい。

ドラマの主人公は、三人の女性である。二十八歳の岸田サチ（清野菜名）は、車椅子生活の母・邦子（和久井映見）と団地に暮らし、ファミリーレストランで働いて家計を支えている。母と離婚した父・中野博嗣（尾美としのり）は稼ぎが悪く、サチたちを助けるどころか金を無心にくる。野田翔子（岸井ゆきの）は、タクシードライバーをしている。学生時代は素行が悪く、恋人の名前（ケンタ）のタトゥーを入れるなどしたことから勘当されて一人暮らしをしている。樋口若葉（生見愛瑠）は、祖母の富士子（宮本信子）と二人暮らし。母親のまどか（矢田亜希子）は、金目当てに交際する男性を次々に替えて所在が不明である。ふらっと帰ってきては、二人の蓄えを根こそぎ持っていく。そんな母親のせいもあり若葉は偏見の目で見られていて、職場のちくわぶ工場でもパワーハラスメント（パワハラ）に遭っている。

とにかく三人ともけっして幸せとはいえない、重苦しい日々を送っている。そんな三人が、ラジオ番組リスナーのバスツアーで出会うところからドラマは始まる。途中おやき作りの体験などがあって、ツアーの世話係・市川みね（岡山天音）が撮影した写真に、サチは笑顔で写っている。自分の写真を見たサチは複雑な思いを吐露する。

サチ：笑ってる。こんなの久しぶりに見た。ダメなんだけどなあ、こういうの。楽しいのダメなんだけどなあ。
翔子：なんでダメなの？
サチ：だって楽しいと、楽しいことあるとキツいから。楽しいことあると、キツいの耐えられなくなるから。普通の人はどうか知らないけど、私はキツいだけのほうが楽なんだよ。（略）一緒にいて、楽しい友達とかできると、キツいんだよ。ダメなんだよ楽しいの、よけいキツくなるんだよね。

（第一話）

「楽しいことがあるとキツい」「キツいだけのほうが楽」。これほど切ない言葉があるだろうか。サチ、翔子、若葉の三人は、現代の日本に暮らす女性の生きづらさを象徴しているように思える。

ファンタジーは続くのか――このドラマの「空所」

バスツアーで仲良くなった三人は、当たったら山分けしようと帰りのサービスエリアで気まぐれに宝くじを買う。だが、別れ際に「LINE」を交換しようと言われても、サチは連絡が途絶えると寂しくなる、楽しい思い出のまま別れようと交換を断る。三人はお互い連絡先も知らないまま、また重苦しい日常に戻る。でも、折にふれ思い出すのは、ほかの二人との楽しかった時間だ。そんなある日、サチの母親が何げなく机の上に置いてある宝くじを確認すると、一等三千万円に当せんしていたことがわかる（第二話）。

つらい日々を送っていた女性が宝くじで一等を当て、友人と分け合う。これ以上ないファンタジーである。ここから新たな展開を見せる物語に、筆者は空所を予想しながら視聴を続けた。その空所とは、一言でいえばファンタジーは続くのか、どこかで覚めてしまうのではないか、という予期である。その不安をサチ本人が感じている。

邦子：三千万か。すごいね。おめでとうサチ。（略）
サチ：怖い、いやだ、不幸になりそうな気がする。絶対そうだ、ロクなことにならない気がする。
今日が不幸の始まりだ。（第三話）

そのときサチは、当たったら山分けしようと約束したことを思い出す。「ああ、そうじゃん一人じゃないじゃん」。再びバスツアーに参加して二人に再会したサチは、当せんを知らせる。大きすぎる幸せは一人では受け止めきれない。三等分して分かち合うくらいがちょうどいいのだ。最初は大金の使い道がわからなかった三人だが、「一緒にいたい。一緒に生きていきたい。〔山分けとかじゃなくて〕三人で一緒に使いたいです」という若葉の意見に二人も「あるんじゃない」と賛成する。そして、小さなカフェを三人でやっているのをいつも想像していると言ったサチの夢を実行することになる（第四話）。三千万円は三人をバラバラにするのではなく、連帯させる方向にはたらく。

それでもファンタジーの終わりを予期させる空所はまだ残っている。三人は、「とにかく女の人が幸せでいてほしいと思っている」と言っていた（第三話）ツアーの世話係・みねをカフェ実現の仲間に加え、通帳を預けてしまう（第五話）。また、カフェを開くためコンサルティングを依頼したプロデューサーの住田賢太（川村壱馬）は、私の大学時代の友人から「カフェ・プロデューサー？　女だます系だろ」と言われるくらいイケメンだ（第六話）。先にふれた別れて暮らす親も、ファンタジーを壊してしまうのではと予期させる存在である。サチの父・博嗣は、宝くじ当せん後、新しい車椅子を買うなどして母娘が楽しそうにしている様子を垣間見て、「景気がよさそうだ」とさらにサチに金の無心をする（第四話）。「〔お金が貯まって〕私がうれしくてばあちゃんに話すと、必ずあの人〔母のまどか〕が帰ってくる」と、若葉は不安に思っている（第三話）。

ドラマが進むにつれて、これらの空所は徐々に埋められていく。みねが「女の人が幸せでいてほしいと思っている」と言っていたのは本心だった。はっきりふれられていないが、おそらくみねはアセクシュアル（またはアロマンティック）であり、三人と恋愛関係になる安易な結末もない。賢太は真面目なプロデューサーで、サチたちのカフェ開設を真摯に後押しする。サチの父や若葉の母がお金をむしり取って計画を台無しにするのではないかという杞憂も回避される。『日曜の夜ぐらいは…』は、結果的に主人公たちにこれ以上不幸なことが「何も起こらない」ドラマなのである。

最終回に何が起こったか——幸せな妄想

最終回、無事にサチたちのカフェが開店する。若葉だけがカフェ専任で、みねも含めあとの三人はほかの仕事が休みの日に店に出ている。サチの母・邦子も、評判のカレーをカフェで出すようになった。サチは「お金に臆病、きわめて慎重で」、まだファミリーレストランで働いている。開店して一カ月、売り上げは好調で目標を達成する。しかし、カフェが開店してそれでゴールとはならない。実に着実な主人公たちの歩みをドラマは描き続けるのである。

最終回の後半は、「いろいろなことが起きた時間だった」と始まるサチの語りで、開店後の日々がつづられる。「いちばんなんだかなあと思う出来事は」、父の博嗣がサチと同じファミレスで働き始めたことだ。娘にたかっていた博嗣は、元妻の邦子に叱責され、少しずつ借金を返済することにする。また、「こんなこともあった」と語られたのは、若葉の母・まどかがカフェに来た日のことだ。まどかは、「なーんか貯金の仕方重いし、それに大金持ちのバカ男つかまえてやったんで、しばらく金はいらないの」と言って、奪った通帳を若葉に返す。宝くじが当たって「不幸になりそうだ」というサチの不安が、最終回になって次々に解消されていく（空所が埋められていく）。そのなかで、翔子の母親はいまだ来店しない事実も伝えられる。

サチ（ナレーション）：〔翔子が〕夜、実家のポストに案内を入れたのに。やっぱり来なかった。壊れてもとに戻れない家族もあるんだと思う。悲しいし、つらいことだけど。それは仕方のないことかもしれない。でも、私たちがケンタ〔翔子のラジオネーム〕の新しい家族になればいいんだと思った。

（最終回）

実際、一緒にカフェを開業しようと決めてから、若葉は祖母の富士子とともにサチが住む団地に引っ越してくる。また、サチは一人暮らしをしていた翔子にも「いちばんビビリで繊細なのわかってるから私は。だから引っ越してこい。（略）いまは一緒にいよう、なるべく私たち」と呼びかける。さらに、みねにも「私は男とか女とかそういうのを超えて、あなたの仲間でいられるのを誇りに思ってる。（略）みねくんがいやじゃなければ、みねくんも来ちゃえば」と誘うのだ。こうして、サチの周りに新しい大家族が作られる（第八話）。

そして、実の母親との関係を修復できないままだった翔子の空所も、最後の最後に埋められていく。サチはカフェに向かうために自転車を走らせながら、「ここから先は私の想像、こんなことがあったらいいのになっていうこと」と、幸せな妄想を語りだす。真っ先に語られたのは、次のようなエピソードだ。ある日、翔子が運転するタクシーに翔子の母親（かとうかずこ）が乗り込んでくる。そして、「頑張ってるんだね、翔子。よかったね」と声をかける。勘当されて親子関係がもうもとには戻れないと思っていた翔子が救われる妄想である。

さらに出色なのは、ウエディングドレス姿の三人が、三人とも結婚式場を抜け出して、みねのもとに駆け寄っていく妄想である。三人は口々に、「やっぱ、みねがいいわ」と言う。ロマンティック・ラブ・イデオロギーに陥らない女性三人とみねの連帯を示すとともに、日常がつらすぎて恋愛のことは考えられない現在の日本女性のリアルを表象するシーンでもある。『日曜の夜ぐらいは…』が筆者に爽快な視聴後感を残したのは、どこかしら生きにくさを感じている日常に、最終回までぶれることなくファンタジーを提供してくれたからだと思う。

研究テーマ1―3　居心地のいい深夜番組枠

――『お耳に合いましたら。』／『量産型リコ――プラモ女子の人生組み立て記』

優しい世界

本テーマでは、番組枠について考えてみたい。連続ドラマには、毎週決まった曜日・時間に放送される番組枠がある。HDレコーダーや見逃し配信が充実しても、テレビドラマは設定された番組枠でのリアルタイム視聴を想定して制作される。制作者の想定のなかには、中心になる視聴者層だけでなく、その時間帯の視聴者の生活や気分も含まれていることだろう。

『お耳に合いましたら。』（二〇二一年）は、テレビ東京系の木曜日深夜二十四時三十分からの三十分枠「木ドラ24」で放送されたドラマである。NHK放送文化研究所世論調査部の「国民生活時間調査2020」によれば、平日深夜二十四時台にリアルタイムでテレビを視聴しているのは、三十代男性、二十代女性、十代男性の順に多い。またこの時間の生活行動を見てみると、ほとんどの人はもう寝ているのだが、レジャー活動（二十代女性一三・六％）のほか仕事（三十代男性八・一％）という人もいるのだ[15]。木曜日深夜の視聴者の気分を想像すれば、月曜日から続く仕事や学校での疲労を癒やしたいところだろうか。

『お耳』の主人公・高村美園（伊藤万理華）は、食品会社まつまる漬物のマーケティング部に勤務しているが、人前で話すことに苦手意識をもっている。しかし、好きなチェン飯（チェーン店のメニュー）の話題ならノンストップでしゃべりつづける美園の様子を見て、同期の須藤亜里沙（井桁弘恵）は「美園はしゃべるの下手じゃないよ」と言う。美園がラジオ好きだったことを思い出した亜里沙は、ポッドキャストを話す練習にしてはどうかと勧める。なかなか実行に踏み出せない美園だったが、好きなものでも誰かに語らないでいると「好きが死んでしまう」とラジオ界のレジェンド・吉田照美（本人）が言っているのを聴き、チェン飯のポッドキャストを始める（第一話）。

亜里沙は放送第一回の音質が悪いという評価を耳にする。作った音源をネットにあげ「音野郎」と評判の後輩・佐々木涼平（鈴木仁）を無理やり誘い、休日に美園と三人でマイクなど機材を買いに出かける。マニアの佐々木は、「大事なのは各アイテムと美園さんとの融和性です」と、必死に安くていい機材を探し出そうとする（第二話）。亜里沙も佐々木も、とにかく優しい。同僚先輩の苦手意識を克服するために、親身になって相談に乗り動いてくれるのだ。最終回（第十二話）、亜里沙は他社に転職し、佐々木は文社に転勤することになる。美園は、「『お耳』でしゃべってたのは確かに私一人でしたけど、いつだって三人で発信してたんです。社会人になっても親友ってできるんですね」とポッドキャストで二人への感謝を伝える。

できる社員でなくてもいい――ヘタレ王子と「量産型リコ」

そもそも美園が勤めるまつまる漬物は、パワハラ上司などいない優しい職場なのだ。社長の松丸龍之介（伊藤俊介）は、二十五年続いた同社のイメージキャラクター「らっきょう子ちゃん」を終わらせると社内に通達する。ただし存続派が納得できる対案を提示できたら、廃止案を見直してもいいという（第八話）。存続派として集まった社員は、美園と佐々木、そして職場で居眠りしている姿しか見ない新木場永吉（森本サイダー）、なかなか経費精算を認めず「アイアンウーマン」「経理部の壁」と言われている若林純子（臼田あさ美）の四人だけ。正直あんまりできる感じがしない社員の集まりだ。

案の定、存続会議を開いても、一向にいいアイデアが出てこない。だが、自分たちの青春エピソードを話すうちに青春時代はほろ苦くてさえないのに、大人のいまは「何時に寝てもいいし」「好きなものにお金が使える」という結論に行き着く。「大人もいい。このことをらっきょう子ちゃんに教えてあげたい」と言った若林の言葉がヒントになって、キャラクターを大人の「らっきょう子さん」に成長させるというアイデアが出る。『お耳』は、できる社員じゃなくてもいい、存在意義があると知らせてくれる。

そのことを典型的に示すのが、第七話の「ヘタレ王子」のエピソードだ。まつまる漬物の桐石航介（中島歩）は営業部のエースで、不可能を可能にするスマイルやタブレットを使ったプレゼンテーションなど、どんな得意先でも陥落させる華麗な技「八本の矢」をもっていると噂されている。しかし、美園とともに難攻不落のスーパーに営業をかけた桐石は、店長（松尾愉）にことごとく「八本の矢」を跳ね返されてしまう。落ち込んだ桐石は、美園の前で弱音を吐いて泣きだし、現場から逃走しようとする。美園はそんな桐石でも、頑固な店長に心が通じる方法があるはずと、ヘタレ王子の新たな矢「いいところ探し」を始める。そして打たれ弱かった桐石も、プライドを捨て図太く人間くさくなり、店長の信頼を勝ち取ることができる。

同じ「木ドラ24」枠の『量産型リコ――プラモ女子の人生組み立て記』（二〇二二年）では、できる（つもり）の意識高い系社員と量産型と言われるさえない社員が、明確に対比されている。小向璃子（与田祐希）は、イベント企画会社に勤めて三年目。所属しているイベント三部は、ガツガツ業績をあげようとしないために赤字で、廃部の噂が絶えない。そんな部の雰囲気もあるのか、璃子は仕事にまったく意欲が湧かない。花形部署のイベント一部にいる同期の浅井祐樹（前田旺志郎）から、次のようにけなされる始末だ。

浅井：人とカネ動かすイメージもって、死ぬ気で〔企画を〕絞り出してみろよ。自分の名前で仕事しろ。（略）お前さ、いつの間に量産型の人間になってんだよ。
璃子：量産型？
浅井：目立たないように仕事して、事なかれで、決まったカネもらって、ランチばっか楽しみにし

て、誰も見てないのにそれをSNSにあげて。（第一話）

璃子は量産型とやゆされても、ピンときていない。三部の先輩社員・中野京子（藤井夏恋）から「将来はどうなりたい？」と聞かれると「私はなるべく現状維持です」と答え、「武勇伝は？」という質問には「塾休んだことないです」、「服はどこで買うの？」には「駅ビルで全部そろえます」という答え。結果、中野から「うん、量産型。山なし谷なしの量産型」と判定されても、璃子は怒りもしない。そんな璃子だが、昔ながらの個人商店の価値を再認識して盛り上げる「まぼろし商店街フェスティバル」を担当することになる。

サードプレイス――リコと模型店

その企画が頭の片隅にあったのか、璃子は通勤でいつも通う道に、「矢島模型店」というプラモデル屋があることに気づく。もともと玩具店が好きだったので吸い込まれるように入っていくと、棚には数えきれないくらいのプラモデルがぎっしり積まれている。ぼうぜんとプラモを見ていると、店主の矢島一（田中要次）とアルバイトの郁田ちえみ（石川恵里加）が現れ、璃子にプラモ作りを勧める。璃子が選んだのは、『機動戦士ガンダム』に登場するザク。名前の前につけられた「量産型」の文字が目に留まったのだ。矢島は、ザクについて解説する。

矢島：『ガンダム』がここまで長く愛されるようになった一つの理由に、この量産型のモビルスーツが大量に登場して、一般兵が闘っていたというリアリティを感じさせる演出がある。（略）量産型ならではの魅力が、いまでもユーザーを熱狂させてるんだ。（第一話）

璃子は矢島模型店の奥の座敷で、矢島とちえみに導かれザクのプラモを組み立てていく。完成させたザクをちえみは、「璃子さんが組み立てた、璃子さんだけの量産型ザクです」と褒めてくれる。量産型だけれど、個性ある量産型ができたのだ。プラモを作っている途中で接着剤や塗装がはみだしても、矢島は「失敗はときにギフトだ」「プラモはどこまでも自由だ。それどおり塗らなきゃいけないという、そんな掟はない」と言ってくれる。組み立てに集中すると、璃子は「一瞬音が消えた」感じがする。ちえみは、「いつも情報が多すぎて疲れている脳の扁桃体が、何か一つに集中すると生き生きするのだ」と言う。二人に教えられながらプラモを組み立てているときの解放感、プラモが完成した達成感は、かけがえのないものになる。璃子にとって矢島模型店は、家庭でも職場でもない、「居心地のいい」サードプレイスになる。

イベント三部のほかの社員も同じだった。入社二年目の高木真司（望月歩）がイベント一部から三部に異動してくる（第二話）。真司は一見すると頭の回転が速そうで、三部に着任した途端に「ざっと見ただけでこの部署の改善点が四つ見つかりました」と指摘しはじめる。ところが、企画会議では進行を仕切るだけで、一向に自分からアイデアを出さない。第三話、真司は犬塚輝部長（マギー）からふれあいイベントの責任者を振られ、先輩の璃子はサポート役を任せられる。真司はイベント責任者なのにもかかわらず、依然として動こうとしない。

真司：責任者をやりたくないわけではないんです。適材適所っていうか、僕的には分析とかサポートが得意なんです。

イベントのポスター貼りについての商店街との交渉、タレントへの進行説明など、全部璃子任せ。真司はひたすらパソコンに向かってメモらしきものを取っているだけである。そう、真司は自分を守ってばかりいて、前に進み出て仕事ができない社員だったのだ。

そんな真司を璃子は、矢島模型店に連れていく。店主の矢島は真司に、エヴァンゲリオン初号機のプラモを勧める。大量のパーツを前にして真司は例によって、「これって、僕一人でやるわけじゃないですよね」と言いだす。それでも矢島は、「一人でやるんだ」「このプラモデルを完成させるには、相当な根気がいる。しかし、きみの名はシンジくん、逃げずに挑戦すべきだと私は思っている」と言い放つ。作業が夜中までかかったため、ほかのみんなは寝てしまい、真司は自分で判断して組み立てなければならなくなる。エヴァを完成させた真司は、「僕一人でやりとげたので。初めて先頭の景色を見ました」と達成感を味わう。

深夜番組枠「木ドラ24」はそれ自身、『お耳』のポッドキャストや『量産型リコ』の模型店のように、居心地がいいサードプレイスである。人前で話すのが苦手でもいい。営業のエースや意識の高い社員でなくてもいい。まつまる漬物の亜里沙や佐々木、矢島模型店の矢島とちえみのように、仲間の背中をそっと押してくれる優しい場所になっている。

研究テーマ1―4　現在と過去の往還――『生きるとか死ぬとか父親とか』

都合がいい記憶

本テーマでは、テレビドラマでの現在と過去の往還について考えてみたい。往還とは行ったり来たりのことである。テレビドラマでは過去に起こった出来事が、登場人物の回想として描かれることが多い。文学研究者のジュネットは、出来事が起こったあとで語るという意味で、そのような物語の語り方を「後説法」[16]と呼んだ。

『生きるとか死ぬとか父親とか』は、四十半ばのエッセイストで深夜のラジオ番組ももっている蒲原トキコ（吉田羊）と、老年になった父・哲也（國村隼）の日常を描くドラマである。

トキコの母（富田靖子）はすでに亡くなっていて、トキコと父は離れて暮らしている。トキコは、事業に失敗して蓄えがない父の生活費の面倒もみている。母親の墓参りの帰りには、食事をしながら母親の思い出話をする。例えば、妻に黙って高級車を買ったら最初は怒っていたが、その車に乗って何度も夫婦でドライブを楽しんだ話。「ママは怒るときにはめちゃくちゃ怒るけど、あと引かない。そこがいいとこだったな」と父は言う（第一話）。体中がかゆくて父が皮膚科にアレルギー検査にいったが単なる乾燥肌とわかり、ついでにシミ取りをした話（第三話）もある。ドラマの前半は、家族のエッセーを書き始めたトキコとマイペースな父親のほほ笑ましいエピソードが描かれていく。
だがドラマの中盤、母の姉・ケイコ（三林京子）と従姉・エミコ（渡辺真起子）と会ったときに、トキコの母が姉のケイコと泣きながら話していたのを見たという昔話をエミコが語りだす。トキコの母は何度も流産をしていて、子どもを宿してもうまく育たないことを悩んでいたのだった。その話を聞いてトキコは、これまで父とは自分たちに都合がいい母の思い出話しかしてこなかったことに気づく。

トキコ（ナレーション）：ありのままを書くつもりでいたのに、いつの間にか私はいいお話を紡いでいただけのような気がする。死んだ母をしのぶ、年老いた父と娘の話を、面白おかしく語っていただけのような気が。私は自らエディットした物語になっていた。それは父を美化したかったからではなく、私自身が自分の人生を肯定したかったからかもしれない。この男〔父〕には、ひどく傷つけられたこともあったではないか。もう、忘れたのか。（第六話）

確かに回想とは、現在の自分の視点で編集された過去である。心の平穏のため、あるいは正当化のために、語ることを避けてしまう過去もある。トキコにとってそれは、（松岡茉優が演じる）トキコ二十代の出来事だった。「父の入院、それがわが家を見舞った不幸の始まりだった」（第九話）
C型肝炎で父が入院すると、母は毎日父の好物のみそ汁を作って病院に通っていた。そんななか、母もなんとなく食欲がないので検査してもらうと、消化器にがんが見つかった。母も父と同時に入院しなければならなくなり、トキコは会社を辞めて介護に専念することになった。母のがんを知った父は、精神安定剤を処方されるほど不安定な状態になる。そして夜中に病院を徘徊し、発作的に屋上から飛び降りようとする。父にもつきっきりで介護することを医師に求められ、トキコは母の看病との両立で、一人ではどうしようもない状態に追い込まれる。頼れる親族もいなかったトキコは、ついに父の不倫相手の小滝さち子（内田慈）に父の介護を頼むことを選ぶ。父の病室に現れたさち子は、「私を頼ってくれてありがとう。疲れたでしょう。あとはゆっくり休んでね」とトキコに言葉をかける。

四十代トキコ（ナレーション）：これで娘に認められた、あの人はそう思ったのだ。違う、認めたわけなんかじゃない。ほかに頼れる人がいなかっただけなのに。悔しさと虚しさで、胸をかきむしりたくなった。（略）私は無力だった。いちばん頼りたくなかった人を結局は頼ることになってしまった。その後、彼女は長きにわたって陰に日なたに父を支えた。父には父の人生がある、私はそう思うしかなかった。（第十話）

四十代のトキコは過去を語り直すことで、父への反感、母への哀れみ、そして自分の無力さへの怒りという、忘却していた二十代トキコの感情をよみがえらせることになった。

封印していた母の過去――理想の母からの離脱

さらに父と母についてエッセーを書き進めていたトキコは、父が実家を手放した経緯を書き始める。母が亡くなったあと事業に失敗した父は、暮らしている家をトキコに無断で売却してしまう。

父：売ったんだよ、この家。
二十代トキコ：は？（略）
父：もういいよ、こんな金のかかる家。
二十代トキコ：本当にいいのね。
父：ああ、こんな家いつ出ていってもいいと思ってたんだ。せいせいするよ。（第十一話）

そう言い放った父だったが、家を引き払う期限が近づいても引っ越しの準備もしないどころか、引っ越し先も決めずに、ただただぼうぜんと過ごしているだけだった。あきれた二十代のトキコは、友人に家財整理の手伝いを頼む。友人が手伝いにきて荷物整理を始めた……と書いたところで、なぜか四十代トキコのエッセーの筆が止まってしまう。書けなくなった理由を担当編集者の今西（DJ松永）と一緒に探っているうちに、トキコはさらに心の奥底に封印していた母の過去を思い出す。四十代のトキコは、突然目の前に現れた二十代のトキコと対話しながら、封印していた母の過去を描くことを決意する。

二十代トキコ：ホントに忘れてたの？
四十代トキコ：忘れてた。
二十代トキコ：ヒドイな。
四十代トキコ：だって、忘れなきゃ、前に進めなかったんだもの。（略）
二十代トキコ：忘れることで、お父さんのこと許せたの？
四十代トキコ：ごまかしてただけなのかもね。でも、書こうと思ってる。そしたら、本当に前に進める気がするの。
二十代トキコ：〔黙ってうなずく〕

（第十一話）

友人と引っ越し荷物の整理をしていた二十代のトキコは、押し入れに母の衣装ケースを見つける。衣装ケースを開けてみると、未開封のまま着ていない衣服が多数出てくる。なかには百万円の正札をつけたままのコートもあった。「別の女と関係をもち、家庭を顧みない父にぽっかりと開けられた大きな穴を、母は父の稼いだ金を使って埋めていた」。二十代のトキコは、そんな母の寂しさを初めて知ることになる。エッセーを書くことで、「母が押し入れにひた隠しにしていた秘密を私は暴露してしまった」と四十代のトキコは言う。

トキコは母の秘密をエッセーに書いたあと、父に見せずにいたコートを持って父のもとを訪れる。

四十代トキコ：認めたくなかったんだよ。あんな明るいお母さんが、寂しかっただなんて。絶対認めたくなかった。
父：そうだよな。ママ、カッコよかったもんな。
四十代トキコ：でも、私たちは、そうやってお母さんのことを理想化しすぎてたもんね。まるで神様みたいにさ。お母さんだって、人間だったってことだよ。だからもうやめよう、お母さんのことをきれいごとだけで語るのは。（第十一話）

明るいしっかり者の面だけで母を語る、そういった神格化から離脱することで、トキコは母の人間的な生を取り戻すことができた。

自覚されない過去——若さの残酷さ

四十代のトキコは過去を語り直すことで、母と父と自分の過去を編集しなおした。しかし、テレビドラマは、登場人物が自覚していないかもしれない過去も映し出してしまうことがある。それは脚本家や演出家、あるいは俳優が、登場人物を超えてもつ「神の視点」によるものかもしれない。あるいは、視聴者の深読みが生み出すのかもしれない。

体調がすぐれないので検査にいこうとしている母に対して、二十代のトキコは「お母さん、お願いだからお父さんよりも先に死なないでね。だって、あの人と二人きりはきついよ。わがままだし、好き勝手やってるし」と言う（第九話）。親の健康を気遣う言葉のようでありながら、トキコの自己中心的な残酷さを感じさせる。のちに母を見舞った死という運命を考えると、なおさらだ。四十代のトキコは、母が病気になったときのことをいろいろと反省しているが、「先に死なないで」と母に言ったことは、このあと一度も言及していない。

さらに病床の母とトキコは、退院したら母が好きだったイタリアを旅行しよう、それが無理だったらイタリア映画でも見にいこうと話す。トキコが母にいちばん好きなイタリア映画は何かと聞くと、ソフィア・ローレン主演の『ひまわり』(ビットリオ・デ・シーカ監督、一九七〇年)だという。そして二〇二一年に制作されたこのドラマを二三年以降に見ると、ゾッと鳥肌が立つ会話が続く。

二十代トキコ：お母さん、お父さんもう大丈夫だよ。だからお母さんも、大丈夫でいてね。絶対イタリア行こう。イタリアのひまわり、一緒に見よう。

母：あのね、トキちゃん。映画のひまわりは、イタリアじゃなくてソ連に咲いているの。たしかいまでいう、ウクライナのあたりだったかしら。

二十代トキコ：そっか。お母さん、ウクライナってどこにあるの。

母：常識だよ、そんなの。そんなことも知らないで、トキちゃん大丈夫かなぁ。

二十代トキコ：〔意識が薄れる母親に〕お母さん、お母さん。

母：ひまわり、まぶしいだろうねえ。

二十代トキコ：まぶしいよ。

(第十話)

母の「トキちゃん大丈夫かなぁ」という言葉は、ウクライナの場所を知らない知識のなさを嘆いているわけではない。自分が死んだあと娘は自力で生きていけるかという不安、またはこの娘を残して死ぬ無念さの言葉である。この場面についても、その後四十代のトキコが再び回想したり、言及したりすることはない。二十代のトキコは、このときの母の思いを受け止められていたのだろうか。もしトキコにとってこの思い出が、母の好きなイタリアについて会話を交わしたものにすぎないのであれば、これも登場人物に自覚されないままの過去が残されたことになる。

研究テーマ1―5　ドラマと時間――『MIU404』

知らない間に起きていたこと

本テーマでは、『MIU404』から、テレビドラマの時間について考える。映像作品では、何も操作しなければ、放送・上映開始（〇分〇秒）から終了（例えば四十五分〇秒）まで、次々に映像が流れシーンが展開していく。刑事・推理ドラマでは、警察や探偵が捜査を始めても最初は手がかりがつかめず、空振りを繰り返しながら、徐々に事件の真相に近づいていく。ここまでは、事件発生から五日目、十日目と時間はただただ累積して経過する。しかし、すべての真相が明らかになった瞬間、ドラマの映像は「過去にさかのぼり」、事件という過去の出来事を「再現」する。

『MIU404』第四話、暴力団のフロント企業で働いていた青池透子（美村里江）は、会社の金一億円を横領して逃亡するが、途中で暴力団員に見つかり脇腹を撃たれる。重症のままさらに逃亡を続ける青池を、第四機動捜査隊（ＭＩＵ）の志摩一未（星野源）と伊吹藍（綾野剛）が追う。最終的に青池は、羽田空港に向かうリムジンバスのなかで出血多量で死亡しているのが見つかったが、持っていたスーツケースは空になっている。リムジンバスに乗り込むまでの間、どこで一億円は消えたのか。ドラマは青池の足取りをたどり「過去」へとさかのぼる。

残したスマホから青池は「つぶったー」（「Twitter」。現「Ｘ」）の匿名アカウントに、横領に至る心境をつづっていたことがわかった。亡くなる直前にも、「私が助ける」「自由になれる」「そんなの嘘だ」「逃げられない何もできない」「弱くてちっぽけな小さな女の子」と書き込んでいた。隊長の桔梗ゆづる（麻生久美子）は、この書き込みを読んで、「警察は助けてくれない。自分は逃げきれない」という恨み言を最後に書き込んだのだと理解した。だが、隊員の九重世人（岡田健史）は、桔梗が青池の書き込みを上から読んでいることに気づく。「つぶったー」は、新しい書き込みが上にくるので、下から読み直すと青池は「弱くてちっぽけな小さな女の子」を「自分が助ける」と書き込んでいたことがわかる。ここにもＳＮＳの時間の「逆転」が関わっている。

「小さな女の子を助ける」という線で青池の足取りを見直すと、途上国の少女を支援するＮＧＯの看板に青池の血痕が残っていたことを伊吹が思い出す。ドラマでは、その看板を見て青池が目を輝かす過去の場面が映像で「再現」される。青池は、宝飾店で一億円をダイヤモンドに換え、それをイギリスにあるＮＧＯ本部に発送手配していた。そして死の直前に、彼女は航空便を積んだ運送会社のトラックが自分のバスを追い越していくのを見ることができた。

筆者は先に、映像作品では「何も操作しなければ」次々に映像が流れていく、と書いた。運送会社のトラックがリムジンバスを追い越すということが本当にあったのか。試しにドラマの中盤まで映像を巻き戻してみた。すると、確かにあった！　高速道路でリムジンバスを追い越すトラックが！　リムジンバスの行方だけを気にしていた志摩と伊吹も、そして視聴者も、ドラマ中盤にはトラックなど見ていなかったはずである。大事な出来事は、知らない間に起きている。『MIU404』が仕掛けた時間操作のマジックに見事にはまったわけである。

「時は戻せない」「間に合うのか」——志摩たちの後悔

時間という視点で見直してみると、『MIU404』では志摩をはじめ隊員たちが、「あのときに戻ってやりなおせたら、自分に何ができたのか」という後悔を抱えていることがわかる。第二話で容疑者追跡中に伊吹を殴ったことを志摩は謝罪するが、伊吹のふざけぶりに志摩は謝罪の撤回を言いだす。伊吹が「もう、遅い遅い。時は戻らないよ」と返すと、志摩は次のように言う。

志摩：そうだなあ。時は戻らない。人の命も返らない。どんなに願っても。お前は長生きしろよ。

志摩がなぜ突然このようなことを言いだしたのか、バディを組んだばかりの伊吹には謎だった。しかし第六話で、志摩が捜査一課に所属していたときに後輩刑事の香坂義孝（村上虹郎）が転落死したことを知る。香坂は違法捜査を志摩に叱責され、退職願を書く。そして、その日の夜に自宅ビルの屋上で飲酒したあと、転落死した。他殺か自殺かわからないが、志摩は「相棒殺し」の汚名を着せられつづけることになる。ドラマでは、退職願を書いている香坂に志摩が「香坂。お前のしたことは許されることじゃない。だけど、そうさせたのは俺だ」と声をかける場面、そして転落死する前に自宅ビルの屋上に駆けつけ、「香坂。刑事じゃなくても、お前の人生は終わらない」と励ます場面が出てくる。だが、のちにそれは悔恨の末に志摩の願望が見せた幻想だったことがわかる。実際には志摩は、「進退は自分で決めろ」と香坂に言ったきり、取り合おうとしなかった。

志摩：あれから、何度も、何度も、何度も頭のなかで繰り返す。あのとき、声をかけていたら。あのとき、屋上に行っていたら。もっと前、俺があいつの異変に気づいていたら。スイッチはいくらでもあった。だけど現実の俺は、それを全部見過ごした。見ないふりした。

第六話の最後、当時の経緯を調べ直していた伊吹は、香坂が転落死した夜、香坂の自宅ビルの向かい側で強盗事件があったことを知る。香坂は、女性宅に侵入する犯人を屋上から偶然見つけて警察に通報したあと、現場に駆けつけようとして足を滑らせ転落死したのだった。

『MIU404』には、戻ることができない運命の分岐点を象徴するものとして、ボールが予想もつかない方向に転がる「ピタゴラ装置」が出てくる。

志摩：〔人間は〕何かのスイッチで道を間違える。（略）正しい道に戻れる人もいれば、取り返しが

つかなくなる人もいる。（第三話）

ＭＩＵの隊員たちは、「いままで助け損なった人たちの分まで、誰かの未来をいいほうにスイッチさせて救えるかもしれない」「間に合うかな」「間に合う」と、自分たちの使命を考えるようになる（第九話）。

現実社会の時間に接続されるとき——二〇一九—二〇年の出来事

テレビドラマのなかで描かれている恋愛でも事件でも、いったい何年に起こった出来事なのかがドラマで明示されていない場合、視聴者は放送されている「いま」と同じ時代の出来事だと漠然と見ている。『MIU404』でも、第一話から第五話までＭＩＵの隊員たちが対応した事件が何年に発生したものなのかわからない。先にふれた第六話の香坂の転落死が、二〇一三年八月に起こったものであることがわかり、「六年も昔のこと、いまさらほじくってもしょうがねえだろう」という陣馬耕平（橋本じゅん）の台詞ではじめて、ドラマの「現在」が一九年であることがわかる。

そして、ドラマの「現在」がストーリーの鍵になるのが、賛否を巻き起こした最終回（第十一話）のクルーズ船のシーンである。警察は、ドーナツＥＰという違法ドラッグを売って巨額の富を得ていた久住（菅田将暉）を追っていた。伊吹は久住の潜入先が東京湾マリーナに停泊しているクルーズ船であることを突き止め、久住を追い詰めた。だが、違法ドラッグが気化しているクルーズ船の部屋に閉じ込められ、伊吹は気を失ってしまう。その後、現場に駆けつけた志摩も、同じ部屋に閉じ込められて気を失う。このとき、クルーズ船のデジタル時計は、「二〇一九年十月十五日十四時三十分」を表示している。

志摩が目覚めたとき、デジタル時計は「二〇一九年十月十六日〇時〇分」になっていた。志摩は、持っていた拳銃で久住を撃とうとするが、後ろから久住の部下に撃たれて倒れる。次に目覚めた伊吹は、志摩が血だらけで死んでいるのを見て、久住を撃ち久住も死亡する。その瞬間、「〇時〇分」で止まっていた時計が急に進みだし、映像は「二〇二〇年七月二十四日」＝東京オリンピックの本来の開会式の日になる。隊長の桔梗と九重が「オリンピック盛り上がってますね」などと話しているが、志摩と伊吹は行方不明のままだという。衝撃的なバッドエンドだ。しかし、次のシーンで、「〇時〇分」の出来事は違法ドラッグのせいで志摩と伊吹が同時に見ていた悪夢だったとわかる。目覚めた志摩と伊吹はクルーズ船を脱出し、最後に久住を逮捕する。

考えたいのはこの夢オチの是非よりも、ここで示された時間についてである。クルーズ船での逮捕劇は、二〇一九年十月という具体的な時をもつことによって、現実社会と接続されることになる。『MIU404』は、当初二〇二〇年四月から放送が開始され、三カ月で終了する予定だった。時代を画すイベントである東京オリンピックが開催される年へと、『MIU404』の時間が重なっていく構想だったのだろう。だが、新型コロナウイルスの感染拡大で、制作進行中の同年三月にオリンピック開催の一年延期が決まる。『MIU404』の撮影も中断を余儀なくされ、第一回が放送できたのは六月末だった。このあるはずだった時間、失われた未来の時間が「〇時〇分」、そして最終回のタイトル「ゼロ」の意味なのではないだろうか。

『MIU404』がクランクインした同年二月には、オリンピックの延期も、撮影の中断も予測できなかった。だとしたら、『MIU404』には「書かれなかった最終回」があったはずである。どんな最終回だったかは、想像(妄想)するしかないが、技能実習生の過酷な環境を告発した第五話「夢の島」や、ネット社会での虚報の拡散を扱った第十話「Not found」など、『MIU404』には随所に日本社会に対する鋭い批評の視線がある。だとすれば、オリンピック直前の開催都市・東京へのなんらかの批評が準備されていたのではないだろうか。

志摩の悔恨が見せた第六話の香坂への声かけも、最終回の「〇時〇分」も、テレビが次々に映像が流れシーンが展開していく時間メディアだからこそ成立したトリックだった。何も注釈がなければ、視聴者は映像で表現されているものは「本当に存在していること」「目の前で起こっていること」として見ている。第十話「Not found」の最後、MIUの捜査が徐々に自分に迫ってきていることを感じた久住は、「ドローンに積んだC4爆弾を都内十二カ所で同時に爆発させる」と予告する。警察が対応しようとしても時すでに遅く、浅草、渋谷、新宿と次々に爆破されていく映像が流れる。志摩と伊吹は、爆発があった目黒区の病院に向かうが、現場に到着すると病院では何も起こっていなかった。都内各所の爆発は、久住が仕掛けたフェイクニュースの映像だったのだ。

筆者はこのシーンを、映像で表現されているものは「本当に存在していること」「目の前で起こっていること」と信じさせる映像メディアの性格を暴露したメタフィクション(物語を語る物語)として読んだ。『MIU404』、実に恐るべしである。

注

(1) M・A・K・ハリデー／R・ハッサン『機能文法のすすめ』覧壽雄訳、大修館書店、一九九一年、一一五ページ。一部を筆者が改訳。

(2) ジャン＝ミシェル・アダン『物語論――プロップからエーコまで』末松壽／佐藤正年訳(文庫クセジュ)、白水社、二〇〇四年、二一―二二ページ

(3) シド・フィールド『素晴らしい映画を書くためにあなたに必要なワークブック――シド・フィールドの脚本術2』安藤紘平／加藤正人／小林美也子監修、菊池淳子訳、フィルムアート社、二〇一二年、四五―六〇ページ

(4) ジョーゼフ・キャンベル『千の顔をもつ英雄 新訳版』上・下、倉田真木／斎藤静代／関根光宏訳(ハヤカワ・ノンフィクション文庫)、早川書房、二〇一五年

(5) クリストファー・ボグラー／デイビッド・マッケナ「すべては〝覚書《メモ》〟から始まった――『千の顔をもつ英雄』実践ガイド」『面白い物語の法則――強い物語とキャラを作れるハリウッド式創作術』上・下、府川由美恵訳(角川新書)、KADOKAWA、二〇二二年

(6) J・フィスク『テレビジョンカルチャー――ポピュラー文化の政治学』伊藤守／藤田真文／常木暎生／吉岡至／小林直毅／高橋徹訳、梓出版社、一九九六年、二二四―二二五ページ

(7) 石原千秋／木股知史／小森陽一／島村輝／高橋修／高橋世織『読むための理論――文学・思想・批評』世織書房、一九九一年、八四―八五ページ、廣野由美子『批評理論入門――『フランケンシュタイン』解剖講義』(中公新書)、中央公論新社、二〇〇五年、九ページ

(8) ジェラール・ジュネット『物語のディスクール――方法論の試み』花輪光／和泉涼一訳(叢書記号

学的実践)、書肆風の薔薇、一九八五年、一七、二九ページ

(9) ウラジーミル・プロップ『昔話の形態学』北岡誠司/福田美智代訳(叢書記号学的実践)、書肆風の薔薇、一九八七年、三三―三九ページ

(10) シド・フィールド『映画を書くためにあなたがしなくてはならないこと――シド・フィールドの脚本術』安藤紘平/加藤正人/小林美也子/山本俊亮訳、フィルムアート社、二〇〇九年、一七―二七、一六六―一六九ページ

(11) ブレイク・スナイダー『10のストーリー・タイプから学ぶ脚本術――SAVE THE CATの法則を使いたおす!』廣木明子訳、フィルムアート社、二〇一四年、二一ページ

(12) 岡田斗司夫『オタク学入門』(新潮OH!文庫)、新潮社、二〇〇〇年

(13)「趣向」『世界大百科事典』平凡社、二〇一四年(https://japanknowledge.com/lib/display/?lid=102003513900)[二〇二四年二月十日アクセス]、「世界」、同事典(https://japanknowledge.com/lib/display/?lid=102004102100)[二〇二四年二月十日アクセス]

(14) W・イーザー『行為としての読書――美的作用の理論』轡田収訳([特装版]岩波現代選書)、岩波書店、一九九八年、二八九ページ

(15) NHK放送文化研究所世論調査部「国民生活時間調査2020」NHK、二〇二〇年(https://www.nhk.or.jp/bunken/yoron-jikan/)[二〇二四年二月四日アクセス]

(16) 前掲『物語のディスクール』一七、二九ページ

第2章　テレビドラマの人間関係

1　登場人物の造形

ストーリーとともに、登場人物もテレビドラマにとっては不可欠な要素である。登場人物がどのように作り上げられているか、登場人物同士の関係がどのように設定されているかは、テレビドラマ研究の重要な焦点である。ただし、ドラマの登場人物と相互の関係は静的ではなく、ストーリーの展開に従って変化していく動的なものである。シド・フィールドは「主人公を作るのは行動だ。主人公は必ず積極的で、行動を起こさなければならない[1]」と述べている。むしろ、登場人物の造形にすでにストーリーを動かす要素が含まれていると考えるべきだろう。

フィールドは魅力的なキャラクターを作る要素として、①ドラマ上の欲求、②ものの見方、③態度、④変化をあげる。①ドラマ上の欲求とは、「脚本の中で、主人公が手に入れたい、成し遂げたいと思っていること」「主人公を動かす力、目的、動機」である。例：「家族を養いたい」「無事に逃げたい」。②ものの見方は、主人公が世の中をどう見ているか、それぞれの真実＝世界観である。例：「人生は不公平だ」「長いものには巻かれろ」。③態度は、「知的に下した個人的な判断」である。例：「常に自分が正しい」と思っている。④変化は、脚本のなかでの登場人物の変化である。[2]

研究テーマ2―1「キャラクターとは」で取り上げる『35歳の少女』（日本テレビ系、二〇二〇年）は、事故で意識を失い病院で寝たきりになり二十五年後に目覚めた女性が主人公である。十歳のままの世界認識と三十五歳の身体とのギャップをどう埋めていくのかが、主人公のドラマ上の欲求であり変化に結び付いていく。研究テーマ2―2「マンガ原作の何が悪い」では、『きのう何食べた？』（テレビ東京系、二〇一九年〔第一シリーズ〕）を事例にして、マンガ原作からテレビドラマへのアダプテーション（翻案、脚色）という観点から、リアルな登場人物がどのように造形されていったかを考察している。研究テーマ2―3「俳優イメージについて」では、さまざまな作品に出演していることで視聴者にもたれている俳優イメージが、登場人物のキャラクターとどのように重なるのかを見ていく。

2 登場人物同士の関係

現代の物語論の先駆けになった『昔話の形態学』で、ウラジーミル・プロップは魔法昔話というジャンルに属する百一の魔法昔話を分析した結果、魔法昔話には行動領域（決められた行動範囲）をもつ①敵対者（加害者）、②贈与者（補給係）、③助手、④王女（探し求められる人物）とその父、⑤派遣者の行動領域、⑥主人公、⑦ニセ主人公などの類型的なキャラクターが必ず登場するとした。(3)

プロップが魔法昔話から抽出した登場人物の類型は、現代のテレビドラマにすべて現れるわけではない。だが、主人公と「対立する」敵対者、主人公が「救出する」被害者（王女）、主人公を「鍛え力を与える」賢者（贈与者）、主人公を「援助する」助手などの登場人物の関係は多くのドラマに見られる。登場人物同士の関係がどのように設定されているかを分析することが重要である。研究テーマ２―１の『35歳の少女』では、主人公の事故でバラバラになった家族関係がどのように修復されるかがテーマになっている。ドラマの前半で対立関係にある主人公と母親、主人公と妹、母親と父親はどう変化していくのだろうか。研究テーマ２―２の『きのう何食べた？』では、お互いをいたわりあう主人公のゲイカップルと、支配服従関係のような友人のゲイカップルが対比されている。

3　台詞による人物と人間関係の構築

台詞もテレビドラマの登場人物と人間関係の構築に大きく関係している。フィールドは、台詞で登場人物の性格を、ほかの登場人物との会話で主人公の人となりを明らかにすることができるという。[4]研究テーマ2―4「ドラマにとって台詞とは何か」で取り上げる『カルテット』(TBS系、二〇一七年)では、登場人物四人の台詞のやりとりによって、日常にはない独自の世界が作り出されている。この登場人物四人の関係性のなかで展開される世界の構築を「言語ゲーム」という観点から分析する。

研究テーマ2―1　キャラクターとは――『35歳の少女』

キャラクターから動きだす物語

ドラマでキャラクター(登場人物)がもつ意味を考えてみたい。主人公が動物や無生物で、人間がいっさい登場しない物語もありえないではない。だが、あまりに前衛的で、テレビドラマでは考えにくい。テレビドラマにとってキャラクターは、不可欠の要素といっていい。

脚本術のテクストには、脚本を書く場合にストーリー(アイデア)が先か、キャラクターが先かという議論がよく出てくる。フィールドの『映画を書くためにあなたがしなくてはならないこと』では、次のようにいう。

脚本を書くには二つの方法がある。

一つはアイデアを考えついて、そのアイデアに合うようなキャラクターを作るという方法である。（略）

もう一つの方法は、キャラクターを作ることから始まる。まずキャラクターを作ってしまい、そこから〝ドラマ上の欲求〟、アクション、そしてストーリーまでも導き出すのである。(5)

ここでいう〝ドラマ上の欲求〟とは、「脚本の中で、その人物が手に入れたい、成し遂げたいと思っていること」である。キャラクターが、その欲求に突き動かされ、アクション（行動）することで物語が成立する。(6)

脚本家の遊川和彦は、キャラクターから展開されるドラマを、意識的に自らの作法としている。『女王の教室』（日本テレビ系、二〇〇五年）、『家政婦のミタ』（日本テレビ系、二〇一一年）、『ハケン占い師アタル』（テレビ朝日系、二〇一九年）、『同期のサクラ』（日本テレビ系、二〇一九年）など、遊川が作るドラマの主人公は、いずれも常人からかけ離れた価値観や能力をもつ。そしてその価値観や能力が生む周囲への波紋が、物語の原動力になっている。本テーマでは、『35歳の少女』を詳細に考察してみたい。

主人公の時岡望美（柴咲コウ）は、十歳のときに自転車事故で意識を失い、病院で寝たきりになる。母の多恵（鈴木保奈美）が諦めずに看病したかいあって、二十五年後に三十五歳になった望美は意識を取り戻す。目覚めた望美は身体や容貌は三十五歳になっているのに、意識や知識は十歳のままだ。三十五歳の身体と十歳の少女の意識とのギャップを、望美はどうやって埋めていくのか。

二十五年間意識不明だった主人公というキャラクターを設定することで、このドラマの〝ドラマ上の欲求〟、アクション、ストーリーが導き出される。

また、主人公が意識不明だった間、多恵は娘の意識を回復させようと看病に必死になるあまり、夫の進次(田中哲司)とは意見のすれ違いで離婚。望美の妹・愛美(橋本愛)は、自分には少しも愛情を注いでもらえなかったと疎遠になり、家を出る。自らの事故によって壊れた家族関係を、主人公は修復することができるのか。それがもう一つの〝ドラマ上の欲求〟になっている。

異化効果——人生の時間は取り戻せるのか

三十五歳の身体をもった十歳の少女という主人公の設定は、ドラマに異化効果をもたらすことを意図したものだろう。〝異化効果〟とは、日常世界に異質な存在が現れることで、私たちが当たり前だと思っていたことを疑わしくさせるような効果のことだ。『35歳の少女』は、望美が事故に遭う前に同級生の広瀬結人(坂口健太郎)から借りたミヒャエル・エンデの『モモ』[7]がモチーフになっていて、この本がキャラクターやストーリーに関係してくる。

廃墟になった円形劇場にいつの間にか住みついた「すこしばかりきみょうなかっこうをした子」モモは、どこから来たのか、八歳なのかもう十二歳になっているのか年齢の見当もつかない。『35歳の少女』でも、二十五年前の世界から戻ってきたばかりの少女の目を通して、「こちら側の世界」を見ることになる。『モモ』の町の人たちは、見ず知らずのモモを大事にして世話をするようになる。モモが黙って町の人たちの話を聞いてくれるだけで、人々が悩みから解放されるからだ。

『35歳の少女』では、十歳の望美はアナウンサーになりたいという夢をもち、家族や周りの人にインタビューをして、それをカセットに録音する。「たくさんの人の話を聞いて、すてきな人が世界にいるということを伝える」ことが夢だという。「人の話を聞く」モモと望美のキャラクターが重なっているのだ。

『モモ』では、人間がもつ時間が重要なテーマになっている。町に現れた灰色の男たちは、「人生をあやまった」「もしもちゃんとしたくらしができてたら、いまとはぜんぜんちがう人間になってたろう」などと後悔する人を、おしゃべりや自由な遊びなどの「無駄な時間」を削って貯蓄するように仕向ける。しかし、実は灰色の男たちは時間泥棒で、削った時間は返ってこない。町の人々は、不機嫌で、くたびれて、怒りっぽくなり、モモのところに話を聞いてもらいにいく余裕もなくなってしまう。『35歳の少女』でも、多恵は娘の看病に人生を注ぎ込み、感情を失ってしまう。進次は、社長賞を取るような優秀な社員だったが、いまは窓際に追いやられ、再婚した家族ともうまくいっていない。愛美は、グラフィックデザイナーになる夢を諦めて、不本意な仕事をしている。望美の周りはみんな、自分がなんのために生きてきたのかわからなくなり、「失われた時間」を悔いている。そんな家族に、望美は言う。

望美：みんないったい何やってたの、あたしが眠っている間に。（略）みんなこの前つらい思いをしたのは、全部あたしのせいみたいなこと言ってたけどさ、二十五年時間を無駄にしてただけじゃない。（略）いまは灰色の男たちの気持ちがわかる。少しでいいから、みんなが無駄にしてきた時

間、私にちょうだい。（第七話）

灰色の男たちに襲われそうになったモモは、亀のカシオペイアに導かれて時間をつかさどるマイスター・ホラの〈どこにもない家〉に行き保護される。モモは、マイスター・ホラに町の人たちの時間が盗まれないようにしてほしいと頼むのだが、マイスター・ホラは、「いや、それはできないのだ。というのはな、人間はじぶんの時間をどうするかは、じぶんじしんできめなくてはならないからだよ。だから時間をぬすまれないように守ることだって、じぶんでやらなくてはいけない」と、モモに言う。

「みんなが無駄にしてきた時間、私にちょうだい」と言い残して家を出た望美は、灰色の服を着て動画配信を始める。動画を配信する場所は、コンクリート打ちっぱなしの無機質な部屋だ。書棚には、マルセル・プルーストの『失われた時を求めて』が置かれている。動画のなかで望美は、「これからは無駄なものは全部捨てましょう。家族、恋人、友人、そんなもののために生きても裏切られるだけです。（略）私たちに必要なのは、情報と金、そして自分だけです」と視聴者に呼びかける（第八話）。まるで灰色の男たちになってしまったかのように。

そんな望美の前に十歳の望美（鎌田英怜奈）が現れ、「三十五歳になって、私はいま幸せですか。いまの仕事は楽しいですか」とインタビューを始める。矢継ぎ早の質問に、「いいかげんにしてよ」とマイクを振り払った望美に、十歳の望美は「何やってるのあんた。独りぼっちで、ぜんぜん幸せそうじゃない。あんたがいちばん時間を無駄にしている」と言い残して消える。さらに多恵が、動画配信をしている部屋に乗り込んでくる。多恵は「人を不幸にするのは誰でもできる。でも、たくさんの人を幸せにできる人は少ししかいない。あなたはその一人なのに。こんなことしてもなんの意味もないことぐらい、自分がいちばんよくわかっているんでしょ」と言う。望美と格闘し、「私は、あなたをこんな人間にするために二十五年頑張ってきたわけじゃない」と言ったあと、多恵は倒れてしまう（第八話）。くも膜下出血だった。

主人公は成長しなくてはいけないのか――望美にとって成熟とは

脚本家の尾崎将也は、脚本教室の生徒に「ドラマの主人公は必ず変化・成長しなくてはいけないのでしょうか」と質問され、次のように答えている。

> ドラマは、基本的に何かが変化する様子を描くものです。（略）それぞれが自分の問題に気づくとか、それまで知らなかった相手の気持ちを知るとか、反省して態度を変えるとか、何らかの変化が必要です。知らなかったことを知ったり、反省したりすれば、普通人は成長します。変化とか成長は、ドラマの中で描かなくてはいけない面倒くさいことではなく、「普通そうなるでしょ？」ということなのです。(8)

フィールドも、いい登場人物を作るための必須の要素として「脚本の流れの中で、登場人物は、変化していく(9)」ことをあげる。

『35歳の少女』では、十歳で意識を失った少女が、その後生きるはずだった二十五年の人生を一年に圧縮して経験する。友人の結人は、「二十五年も眠ってたんだから、お前には誰よりも人生を楽しむ権利がある。（略）大きな勇気をもって、これからいろんなものをいっぱい見て、聞いて、考えるんだ。成長しろ」と望美に言う（第二話）。望美は、小学生の教科書から学び始め、知識をつける。中学生の友達を作り、反抗期になり親離れし（第四話）、結人に恋をして同棲を始める（第五話）。キャラクターの成長そのものがテーマになって、前面に出ているのである。

望美は、危篤状態になった多恵の意識を回復させようと試みることで、自分を必死に看病してくれた母親の二十五年を追体験することになる。そして、意識を回復した多恵に望美は、母親のおかげで新しい人生を経験できたと感謝する。

望美：あたしは世界でいちばん幸せな娘だよ、ママ。ママは、間違ってなかった。何一つ間違ってなかった。ママが間違えるわけないじゃん。ママは二十五年自分を信じてよかったんだよ。

（第九話）

望美の言葉を聞いた多恵は、「ああよかった。やっとあんたたちより先に死ねる」と言いながら息を引き取る。望美も多恵も、ほかの家族も、ようやく二十五年の空白を取り戻すことができた。最終回（第十話）、望美はひょんなきっかけで、友人の結婚式の司会をすることになる。そして、その司会ぶりを見ていた北海道のローカル局からスカウトされる。そして、望美は結人に感謝の言葉を言って、旅立つ。

望美：二十五年ぶりにこの世界に戻ってきた私に、「お前は目覚めてよかったんだ」と言ってくれたとき、本当にうれしかった。（略）あなたがいなかったら、私は三十五歳の少女のままで、一人で北海道に行けるような人間に成長することができなかった。

望美はたくさんの人の話を聞いて、人を幸せにする自己を獲得することができた。そして、事故によって壊れた人間関係も修復されたのだった。

研究テーマ２―２　マンガ原作の何が悪い――『きのう何食べた？』

マンガは社会課題を先取りする

番組審査の席上で、「このドラマはマンガ原作がもとだから評価できない」とコメントする審査員にときどき出くわす（筆者が運営に関わるギャラクシー賞の審査ではありません。念のため）。オリジナルのストーリーを発想する脚本家を顕彰したいというポジティブな意図もあるのかもしれないが、「マンガなどという低俗なものに頼っているのか」という見下した価値観が言外ににじんでいる場合もある。リンダ・ハッチオンは、小説から映画、映画からゲーム、テレビドラマから小説（ノベライズ）など、多様な「アダプテーション」（翻案、脚色）を論じた著書のなかで、次のように述べている。

学問的批評とジャーナリズムでの批評の両方で、現代流行のアダプテーションはひじょうにしばしば二番煎じ、派生物、「後追い、中流知識層向け、あるいは文化的に低級」（略）とけなされている。(10)

このような見下した視線があるにもかかわらず、マンガを原作にしたテレビドラマが毎クールのように制作されつづけるのはなぜか。『逃げるは恥だが役に立つ』（『逃げ恥』、TBS系、二〇一六年）、『私の家政夫ナギサさん』（『わたナギ』、TBS系、二〇二〇年）、『30歳まで童貞だと魔法使いになれるらしい』（『チェリまほ』、テレビ東京系、二〇二〇年）、『恋する母たち』（TBS系、二〇二〇年）など、本書では、マンガ原作のドラマを多く取り上げている。私はマンガが現代社会の課題を先取りしていて、ドラマ制作者がそれを敏感に察知しているのではないかと考えている。マンガ原作は、現代社会の課題に向き合ったストーリーの源泉なのである。

本書の第5章ではLGBTQについて取り上げる。その章では、近年ゲイ男性がドラマに登場することが珍しくなくなっているが、そこに偏見がないかどうかをきちんと見なければならないと指摘している。『きのう何食べた？』は、几帳面な弁護士・筧史朗（西島秀俊）と、人当たりがいい美容師・矢吹賢二（内野聖陽）のゲイカップルの日常を描いたドラマである。史朗の夕食作りや買い物のやりくりなどと並行して、ゲイが抱える悩みや、史朗がゲイであることに両親がどう向き合うかも描かれる。

ドラマの最終回（第十二話）、史朗は賢二を連れて正月に実家に帰る。史朗が母親と料理をしている間、賢二は父親と史朗の高校時代のアルバムを見ながら過ごす。その際、賢二は次のようなことを父親から質問されたと、史朗にあとで知らせる。

史朗父（回想）：あのな。矢吹さん、その、あの。きみがそういうスーツを着ているということは、家のなかで女の格好をしているのは、史朗のほうかね？

史朗：なんだそれ。

ここでは、ゲイカップルはどちらかが女性らしく振る舞うはずだという、異性愛を前提にした誤解をきちんと描いている。賢二は、「史朗さんは、家のなかで女の格好はしていませんよ」と否定したので、史朗の父親は安心するのだが、反対に女性の格好をしているのは賢二のほうだと誤解するというオチもついている。これでは、異性愛的視点からは脱け出せていない。同性愛への偏見は、そう簡単に払拭できるものではないと知らせてくれる場面でもある。

アダプテーションも創作行為である――ストーリー進行の密度＝速度

先に引用した著書でハッチオンは、アダプテーションを二番煎じなどと下に見るのではなく、それ自体価値がある創作行為として解釈することを提案している。アダプテーションとは、ある媒体・形態・文脈で表現されたストーリーを、翻案者が「解釈」しなおし、別の媒体・形態・文脈で「創作」しなおす行為として評価すべきだというのである。ハッチオンは、翻案には「他人のストーリーを我がものとして、ある意味で自分の感性、関心、そして才能というフィルターを通すプロセスが入りうる」(11)という。翻案者は創作者として、意欲的に原作以上のものを作ろうとするかもしれない。例えば、外科手術の場面が曖昧にしか描かれていない小説を原作にしながら、迫力がある手術シーンを映画監督が表現しようとするように。

テレビドラマの制作者もまた、「マンガ原作があるから楽ができる」というものではけっしてない。そこにはマンガという紙媒体の表現をテレビドラマという映像に転換するための創意と苦労が伴う。ここでは二つの視点で、マンガ原作からテレビドラマへのアダプテーションを見ていこう。

まず、ストーリー進行の密度＝速度を比較してみたい。連載マンガも連続ドラマも、ストーリーの一部が一定間隔（毎日、毎週など）で提供される「連続物語」である。よしながふみによるマンガ『きのう何食べた?』は、週刊誌「モーニング」（講談社）に月一回ペースで掲載されている。ドラマはコミック第七巻第五十三話までをベースにしているので、雑誌連載の読者にとってはおよそ四年五カ月、毎月このマンガと過ごしたことになる。連載後にコミックに接触する読者は、ドラマでは取り上げられなかったエピソードをいくつも読むことができる。

例えば、史朗が司法修習生時代に好きだった男性が、久しぶりに会ったら病気で容貌がまったく変わってしまっていた話（マンガ連載第五話）や、賢二の学生時代、ホストクラブのアルバイト仲間が、賢二が同性愛者になる「きっかけ」を自分が作ってしまったのではないかと長年後悔していた話（マンガ連載第六話）からは、若いころの二人を知ることができる。また、史朗が安い食材を使い回して倹約している姿だけを描いた話（マンガ連載第十一話）もある。マンガ連載では、比較的ゆっくりとした時間が流れている。

それに対して、全十二回を三カ月で放送するテレビドラマでは、視聴者がストーリーと出合うペースがまったく違っている。安達奈緒子の脚本は原作マンガのエピソードを丁寧に拾い上げているが、エピソードが出てくる順序はかなり再構成されている。放送回のうち第六話までは史朗と賢二の日常生活を丁寧に描写するまったりした雰囲気なのだが、第七話の小日向大策（山本耕史）・井上航《わたる》（磯村勇斗）というもう一組のゲイカップルとの初めての食事会から、物語の展開が変化する。航は小日向の家に居候しているのに、小日向の帰宅が予定よりも遅れると閉め出して家のなかに入れないなど、理不尽な仕打ちで小日向に接している。お互いにいたわりあう史朗・賢二カップルとは対照的だ。

四人の初めての食事会は、マンガ原作では第三十八話とかなり後ろのほうだが、ドラマでは中盤の第七話にもってきて、ストーリーの推進力にしている。というのも、次の四人での食事会＝史朗と賢二の家でのクリスマスパーティー（ドラマ第七話）が、最終回のクライマックスに誘導する場になっているからである。最初は史朗が作るディナーをけなしていた航だったが、おいしくて完食してしまい、「なんだったら、大みそかから年越しパーティーとかしちゃう？」と史朗と賢二を誘う。すると、史朗は「正月は、賢二連れて俺の実家に帰ろうと思ってるんで」と突然宣言する。いままで、史朗の気持ちを聞かされていなかった賢二は驚く。

史朗：きっと両親は俺がゲイだってわかったとき、かわいそうな子だと思ったろうって。（略）だから、俺が少なくともいま両親が思ってるよりも不幸じゃないんだってことを、わかってほしくて、賢二をウチに連れて帰ろうと思ったんだ。（第十一話）

マンガ原作では、このやりとりのあと、賢二が「勝った〔自分が大事にされている〕」と心のなかで思い、航は機嫌を損ねて帰ると言いだすため、両カップルの対抗のようなかたちであっさり終わる。一方、テレビドラマは両主演の演技もあり、心が揺さぶられるシーンになっている。脚本や演出などの翻案者の創意が発揮された場面といえる。

リアルな登場人物の造形——キャラ／キャラクターからの飛躍

以前筆者は、『のだめカンタービレ』（フジテレビ系、二〇〇六年）と『ハチミツとクローバー』（フジテレビ系、二〇〇八年）を比較しながら、原作マンガの登場人物イメージからテレビドラマのキャストへの移行が、視聴者の評価を左右する重要点であることを論じた。(12) その際に参照したのが、「キャラ」と「キャラクター」を区別する伊藤剛のマンガ論だった。伊藤は、いがらしみきおの『ぼのぼの』（竹書房）を事例にしながら、物語内容から離れても読者から愛好される「キャラ」として、マンガの登場人物が自立するようになったとする。伊藤は、「キャラ」と「キャラクター」

を次のように区別する。

キャラ……多くの場合、比較的に簡単な線画を基本とした図像で描かれ、固有名で名指されることによって（あるいは、それを期待させることによって）、「人格・のようなもの」としての存在感を感じさせるもの

キャラクター……「キャラ」の存在感を基盤として、「人格」を持った「身体」の表象として読むことができ、テクストの背後にその「人生」や「生活」を想像させるもの(13)

マンガのテレビドラマ化は、このキャラやキャラクターを、演出家や俳優が「解釈」し、人間の身体で表現するように「創作」しなおすアダプテーションである。マンガのキャラ／キャラクターと俳優が演じる登場人物との距離が離れすぎていると「似ていない」「原作イメージを壊した」とマンガの読者に批判される。一方、マンガに寄せすぎると「リアルさがない」とドラマ視聴者に言われる可能性もある。

よしながふみのマンガ原作の作画は、コミカルな場面ではユーモラスな「キャラ」、シリアスな場面では劇画ふうの「キャラクター」と、登場人物の描き方を使い分けている。この線画をどのように登場人物に転換するのか。西島秀俊演じる史朗は、マンガ原作ではコンビニでアイスを買ってきた賢二に劇画タッチの厳しい表情を向け、賢二に「お前またコンビニでムダなもん買ったな!?」と男言葉で話しかけるなど、第一話から比較的人物像がつかみやすい。それに対して、内野聖陽演

じる賢二は、史朗が作った夕食を食べたときに「すっごいおいしい」と言って周りにハートマークが出ていたりするものの、人への接し方の硬軟や言葉遣いをどのように造形すべきか、マンガ原作からは判断しづらかったのではないだろうか。

実は先ほど言及した小日向・航カップルとの最初の食事場面（マンガ原作第三十八話）には、吹き出しの外に手書き文字で、史朗を「特にゲイファッションに興味なし」「言葉づかいもまったくオネエ入っておらず」と説明しているのに対し、賢二は「ピンク大好き」「オネエ入ってます」と表現されている。(14) ドラマ『きのう何食べた？』は、おそらくは、このようなマンガ原作の断片を拾い集めて、リアルな身体をもった登場人物として造形したのだろう。そして両主演の演技によって、見事に再創造に成功している。

研究テーマ2―3　俳優イメージについて――『有村架純の撮休』

俳優と登場人物の境界

俳優には出演するドラマが変わっても視聴者に一貫したイメージをもたれる俳優と、ドラマごとにイメージがまったく違う俳優がいる。筆者がかつて考察した木村拓哉は、前者の代表的な例だろう。ドラマ『若者のすべて』（フジテレビ系、一九九四年）、『ギフト』（フジテレビ系、一九九七年）でラフでクールなイメージの主人公を演じたあと、それが木村の俳優イメージとして定着した。実は、木村が俳優として最初にブレークしたのは『あすなろ白書』（フジテレビ系、一九九三年）の取手治という真面目でおとなしいキャラクターだった。だが、木村はそのような配役を依頼されることはほぼない(15)。

リチャード・ダイアーは、俳優イメージと映像作品の関係について、次のように述べている。

> 映画は、しばしばスター・イメージを軸にして組み立てられる。物語はあるスターをはっきり目立たせるように書かれるだろうし、原作本はスターを想定した制作のために買われるだろう。ときには、スターのイメージを維持するために、物語の変更がなされる。これこそ、「スター《スター・》の乗り物《ヴィークル》」という言葉（これは実際にハリウッド自体が使っていた言葉である）が意味していることなのである。
>
> スターの「乗り物」は、スターにむすびつけられた類型の特徴を用意する（たとえば、モンローの「物言わぬブロンド」という役柄、ガルボの哀愁にみちたロマンティックな役柄(16)）。

『有村架純の撮休』（WOWOW、二〇二〇年）では、出演しているドラマの撮影が延期（撮休）になった俳優・有村架純の一日を有村架純自身が演じる。毎話ごとに異なる監督・脚本家が異なるストーリーで描いていくオムニバス形式のドラマである。もちろんそこで描かれる俳優・有村架純の一日は完全なフィクションなのだが、第二話「女ともだち」は、俳優と登場人物の境界を意識的にもてあそんでいる作品である。

撮休になった架純（有村架純）の家に、親友の優子（伊藤沙莉）が昨晩から遊びにきている。昼過ぎまで寝ている架純の横で、優子は架純が出演するドラマをテンション高めに見ている。残業している新人社員役の架純に職場の先輩（矢野聖人）が「あんま無理すんなよ」と頭をポンポンしたり、オフィスで後ろから抱き締めたりするシーンに、優子は「うー、きたきたきた」と絶叫する。職場の先輩が架純に「お前は俺がいないとダメなんだよ」と言葉をかけるドラマのシーンを見て「すっごい理想の関係だよね」と優子が感想を述べると、架純は「えー、こんな男最低じゃん。女より自分が上に立ちたいだけだし。付き合ったら、モラハラ男に豹変パターンだよ」と辛口コメントを返す。

優子：架純ってさあ、なんでそんなに男に厳しいの？
架純：なんかわかってきたんだよね。（略）世間の男が私に求めるもの。
優子：何？
架純：けなげに働いてて、自己主張せず、男の一歩後ろをついてくるような女。だいたい、これ。
優子：ええ、いいじゃん。
架純：どこが？

ここで架純が言う「世間の男」とは、リアルに会ったことがある男ではなく、ドラマの視聴者を指しているように思える。そして、「けなげに働いてて、自己主張せず、男の一歩後ろをついてくるような女」は、男性視聴者が架純に求める俳優イメージにほかならない。さらにいえばこれは、NHK朝の連続テレビ小説（朝ドラ）『ひよっこ』（NHK、二〇一七年）の主人公・矢田部みね子など、私たちが（実際の？）有村架純に抱く俳優イメージにも重なってくる。

「守ってあげたい女」――『説教したがる男たち』

「自己主張せず、男の一歩後ろをついてくるような女」という俳優イメージは、単に架純（あるいは俳優・有村架純）の特性に由来するものではない。レベッカ・ソルニットが『説教したがる男たち』で「言葉を発し、話を聞いてもらい、権利を持ち、社会に参加し、尊敬を受け、完全で自由な人間として生きられるような空間。そこには女性は入れない[17]」と述べているような、日常生活のなかでの男性と女性の権力関係が生み出した俳優イメージなのではないだろうか。『有村架純の撮休』のもう一つのテーマが、ここにある。

優子は派遣社員として働いている職場の同僚・田中（若葉竜也）に好意をもっている。田中が架純のファンなので、点数稼ぎのためもあって、三人の飲み会をセッティングする。ところがこの田中が、女性社員を見下す典型的な男尊女卑の考え方の持ち主だった。「架純ちゃんと友達だなんて、すごいなお前」と言いながら、優子の頭をポンポンする田中を見て、架純は目を丸くする。「〔正〕社員の女子なんてさ、仕事のやり方に文句言ってきたり、ああしたいこうしたいって自己主張しだして面倒くさいんだよね。優子ちゃんは、ああなっちゃダメだよ。（略）仕事なんてできないぐらいでいいんだよ。女子は」と田中は言う。

田中：架純ちゃんってさあ、すっごく女の子っぽいじゃん。
架純：女の子っぽいって、どういうことなんですか？
田中：ううん、架純ちゃんってさあ、思わず守りたくなっちゃうっていうか。こいつ俺がいてあげなきゃダメなんだなあ、って男に思わせるところあるじゃん。そこがたまんないんだよなあ。
架純：出たあ、守ってあげないと。（略）お前、本当に俺がいないとダメだよなあ〔優子の頭をなでる〕ってすれば、女はみんな喜ぶって思ってません？
田中：はっ？
架純：自分よりバカな女が好きですよね？（略）かわいい、かわいいって、女をバカにしてるから言ってるんですよ。（略）女は仕事できないふりして、男に頼ってるほうが、かわいい、かわいいって、ちやほやされるから、バカなふりしてるだけなんですよ。

架純にこのように言い返されてぼうぜんとする田中を残して、架純は飲み会の席を立つ。田中の戸惑いは、これまで抱いていた架純の俳優イメージ（「すっごく女の子っぽい」）と、自分の主張をはっきり言うリアルな架純とのギャップ、そして自分がいいと思っていた男女の権力関係（「守ってあげたい」）を否定されたことの二重の戸惑いだろう。

そのあと優子は、「あれから田中さんさあ、思ってた有村架純と違ったって、架純の悪口言ってきてさ、なんかだんだん腹立ってきて、帰ってきちゃった」と架純の家に戻ってきた。優子はリアルに目の前にいる架純を俳優イメージで評価する田中がいやになる。それと同時に、架純が出演しているドラマのなかで、「あんま無理すんなよ」と架純の頭をポンポンする先輩を見て「すっごい理想の関係だよね」と言っていた優子だったが、実は自分も田中から同じように見下されていたことに気づく。「いやあクソでしょ、あいつ。いつもどおりの架純のこと悪く言う男なんて、クソに決まってるもん」と優子は断言する。

俳優イメージを作り出す現場――監督に意見する女

『有村架純の撮休』のこの回には、架純の家で優子が見ていたオフィスシーンの撮影現場も、架純の回想として登場する。職場の先輩に「あんま無理すんなよ」と頭をポンポンされて泣くシーンをリハーサルした架純は、演技がしっくりこず監督に相談する。

架純：すみません監督、あのここのシーンなんですけど、泣くのがどうしてもしっくりこなくて。で、別のアプローチで試してみたいんですけど、いいですか。

監督：あ、そう？

架純：最後の頭ポンポンもなくてもいいかなとは思うんですけど。

監督：ポンポンはとりあえずイキで。

架純は、男性が女性の頭をポンポンして励ますシーンに違和感を覚えていたのだ。だが、監督はその違和感を受け流してしまう。監督も、このシーンが表象する男女の権力関係に問題を感じていないのだ。そうして、架純の「自己主張せず、男の一歩後ろをついてくるような女」の俳優イメージが再生産されてしまう。さらに、共演者や制作スタッフが、撮影現場で監督に演技変更の交渉をするリアルな架純の陰口を言っているのが聞こえてくる。

相手役：有村架純ってさあ、新人のときは素直でかわいかったのに、最近はいっちょ前に監督に意見するようになったんだな。かわいくないよな。
ＡＤ：確かにかわいくないですね。

共演者や制作スタッフが、新人のころの架純に対してもっていた「素直でかわいかった」イメージは、その後も架純にまとわりつく「自己主張せず、男の一歩後ろをついてくるような女」の俳優イメージとまったく重なり合う。ダイアーは、小説のなかの登場人物と映画の登場人物の違いは、映画のほうが、登場人物を演じるスターが世界のどこかに存在していると信じることができる点にある、とする。

こうして、スターの実在性によって、彼／彼女が体現する価値の実在性がたしかなものにされるので、スターが体現する価値は、「ありえないもの」または「虚偽」として拒むのがなかなか難しいものに思えてしまうのである。

（略）私が言いたいのは、映画のなかのスターの役柄またはパフォーマンス、あるいはその両方は、スターのパーソナリティの発露だと見なされる（略）ということである。[18]

架純が演じる「自己主張せず、男の一歩後ろをついてくる」女性の類型は、有村架純という俳優が世界に実在していて、おそらく有村架純もそのようなタイプの女性なのだろうと視聴者がイメージすることによって強化される。「出たあ、守ってあげないと。（略）お前、本当に俺がいないとダメだよなあってすれば、女はみんな喜ぶって思ってません？」と、架純が田中を罵倒するのは、リアルな俳優としての架純が女性のステレオタイプを強化する役割を拒否する意志の表れと見ることができるのではないか。

研究テーマ2―4　ドラマにとって台詞とは何か――『カルテット』

四人の「言語ゲーム」

本テーマではドラマにとって台詞とは何か、という課題を『カルテット』から考えていきたい。文芸誌「ユリイカ」の坂元裕二特集に寄せられた二つの『カルテット』論[19]が、いずれも台詞に注目したものだったことからも明らかなように、このドラマの台詞にはほかにはない特異性がある。ドラマは、おもに登場人物の台詞のやりとりとアクションによって展開していく。登場人物の台詞は、日常に近い「自然な」会話を再現し、視聴者に違和感をもたれないように配慮して書かれるのが普通である。だが、『カルテット』には、すぐには意味が理解できない台詞が数多く出てくる。

巻真紀（松たか子）、世吹すずめ（満島ひかり）、家森諭高（高橋一生）が、別府司（松田龍平）の別荘に集合したカルテット結成の初日、有名な「唐揚げレモン論争」が始まる。そのなかで、家森は次のように言いだす（第一話）。

家森：〔唐揚げに〕レモンするかどうか聞くっていう文化には、
すずめ：文化。
家森：二つの流派があって。
別府：流派。
家森：〔真紀に〕わかりますよね。
真紀：わかります。

言語哲学者のルートウィッヒ・ウィトゲンシュタインは、「歩く、食べる、飲む、遊ぶといった行為と同じように、命令する、質問する、記述する、物語るという行為を、人間は日常生活で言葉によって行っている」という。そして、ウィトゲンシュタインはそれを「言語ゲーム」と呼ぶ。命令には命令に、質問には質問に、それぞれなんとなくのルールがあり、人々は言葉をやりとりしている。チェスとサッカーの試合はルールはまったく違うのにもかかわらず、両方とも「ゲーム」と呼ばれる。同じように、さまざまな言語ゲームがある。[20]

筆者はこれまで生きてきて「レモンするかどうか聞くっていう文化」にも「二つの流派」にも出合ったことがないのだが、真紀はこの「文化」「流派」についての家森の主張を戸惑いなく受け入れている。実は、『カルテット』を見ていくと、すぐには意味が理解できない台詞のやりとりは、ほとんどカルテットの四人の間で交わされていることがわかる。あたかも、四人で形成される言語共同体のなかで通じる「カルテットドーナツホール〔四人のユニット名〕語」の言語ゲームのようである。

同じく言語哲学者のロバート・ブランダムは、「世界はこうなっている」という主張が成立するためには、主張する人が自分の発言にコミットメントする（責任をもつ）ことのほかに、その主張を受け入れることにコミットメントする聞き手が必要だとする。[21] 家森が「唐揚げにレモンするかどうか聞くっていう文化には、二つの流派がある」と言うとき、彼はこの主張にコミットメントしている。『カルテット』では、意味が理解できない台詞も、「いや、いまのは冗談だったんだよ」などと言って、話し手が発言を撤回することはない。そして、真紀が「わかります」と言うことで、真紀は聞き手として家森の主張を受け入れることにコミットメントしている。『カルテット』では、意味が理解できない台詞を聞き手が否定することもなく、話が続いていく。四人がそれぞれほかのメンバーの発言を受け入れるという台詞のやりとりで、「カルテットドーナツホール語」の世界が作り出されるのである。

「愛してるけど、好きじゃない」——矛盾する言葉の意味深さ

第一話で真紀は、夫・幹生（宮藤官九郎）が一年前から失踪していることを三人に打ち明ける。失踪した理由はわからないが、真紀が友人と入った居酒屋にたまたま夫が後輩と先に来ていたときのことを話す。真紀は二人のじゃまをしないように離れて座っていたが、会話が聞こえてきた。後輩から「奥さんのこと、愛していますか？」と聞かれると、夫は「愛してるよ。愛してるけど、好きじゃないんだよ」と答えたという。

「愛してるけど、好きじゃない」。『カルテット』の台詞には、『マクベス』（ウィリアム・シェークスピア）の「きれいは汚い、汚いはきれい」のように、矛盾する言葉がつながっている撞着語法も多い。「愛してるけど、好きじゃない」という言葉がなぜ夫から発せられたのか、その理由は第六話で明らかになる。失踪した幹生が、四人が暮らす別荘に現れる。その日一人だけ別荘にいたすずめに対して、結婚生活のなかで真紀を「好きじゃなくなった」経緯を語りだす。同じ日、真紀は幹生の母・鏡子（もたいまさこ）に会う。息子の失踪は妻のせいだと疑っている鏡子は、「あなた、幹生を殺したの？」と聞く。真紀もまた、結婚生活について鏡子に語りだす。このあと幹生と真紀の独白が交互に続くのだが、その語りが二人のすれ違いを見事に描き出している。

幹生によれば真紀の魅力は、「品があって、音楽やってて。ちょっと何考えてるかわかんない、ミステリアスなところ」だった。「結婚しても、恋人のように思っていたくて」。だが、嫌いなのに断りなく真紀が唐揚げにレモンをかけたり、自分が好きなフランス映画を一緒に見ても感動してく

れなかったりするうちに、真紀も「普通の人だった」「秘密めいた感じの彼女はもうどこにもいなくて」「彼女をどっか退屈に感じて」しまったという。

それに対して真紀は、「結婚して、彼と家族になりたかった」と思っていた。「何を作っても、おいしいと食べてくれて」「一緒にいるうちに、無理しないでいられる関係になって、嘘もない隠し事もない素直な自分でいられて」「この人を支えよう」と思っていた。それが、先ほどふれた居酒屋で、「愛してるけど、好きじゃないんだよ」と夫が言っているのを聞いてはじめて、「彼は家族じゃなくて、片思いの相手になって」いることに気づいたという。

結局、幹生と真紀は離婚する（第七話）。別れる前に幹生は、「本当に大事に思ってた、いつも、いまも大事に思ってる」と真紀に言う。これが「愛してるけど……」の意味だろうか。結婚する前に幹生にもらった詩集を手にしながら、真紀は「私にはちょっとよくわかんなかった。彼が教えてくれる映画もね、どれも面白くなかった」とすずめに言う。だが、それに続く言葉には、やはり矛盾する意味深さがある。

真紀：こんな面白くないもの面白いって言うなんて、面白い人だなあって。よくわかんなくて、楽しかったの。

「面白くないものを面白いと言う人が、面白かった」。結婚生活のすれ違いさえ楽しんでいた真紀と、それに耐えられなかった幹生が対比されている。

「好きな気持ちは勝手にこぼれるもの」——台詞が台詞の伏線になる

ドラマの世界でいう伏線とは、以前起こった出来事がその後の出来事の原因や予兆になっていることを意味する。だが、『カルテット』ではある台詞が、その後にまったく違った文脈で発せられる同じ台詞と伏線のようにつながっている。第二話で、真紀は「すずめちゃんって、別府さんのこと好きなんですか?」とすずめに質問する。若干動揺しながら、すずめが「なんでですか?」と聞き返すと、真紀は次のように言う。

真紀:人を好きな気持ちって、勝手にこぼれちゃうものじゃない。別府さん、気づいてくれないの?

「人を好きな気持ちって、勝手にこぼれちゃうもの」という台詞は、ここでは好きだと言い出せない男女間の恋愛について述べたものである。ところが、第九話では、同じ台詞が別の意味をもつ。真紀が別の人物の戸籍を買って、郷里の富山から逃げてきたことが発覚し、真紀は、私は「ニセ早乙女真紀〔結婚前の名前〕です」「みなさんのこともだましました。カルテットなんか始めちゃって。仲良くしたふりして。私嘘だったんですよ」と告白する。そして、自首してカルテットを去るという。すると、すずめは次のように答える。

すずめ：知ってるよ。真紀さんがみんなのこと好きなことぐらい。絶対それは嘘のはずないよ。だってこぼれてたもん。人を好きになるって、勝手にこぼれるものでしょ。こぼれたものが、嘘なわけないよ。

ここでの「勝手にこぼれてくる好きな気持ち」は、カルテットの仲間に対する真紀の連帯・愛情である。第九話ですずめが真紀に向けて語った台詞は、第二話で真紀がすずめに述べた台詞の返礼になっている。

同じような台詞の返礼は、真紀と別府の間でも交わされている。第二話で、学生時代から社会人にかけて、真紀との偶然の出会いが五回続き、別府はそれは運命だと思っていたという。そして「ずっとあなたのことが好きです。あなたを捨てていなくなった男なんかより」と真紀に告白する。それに対して真紀は「夫がいないって言うけど、いなくなるのって消えることじゃないですよ。いなくなるのって、いないってことがずっと続くことです。いなくなる前よりずっとそばにいるんです」と別府を拒絶する。

最終回（第十話）、逮捕され裁判が終わったあとも、真紀は三人が待つ別荘には帰ってこなかった。別府は言う。

別府：真紀さんは自分の言葉を僕たちに証明しました。いなくなるってことは、いないってことが続くってことです。

ここでは、「いなくなることは、いないことが続くこと」という同語反復で、大切な人がいなくなったあとに尾を引く喪失感を表現している。

最終回で、真紀が逮捕されたあとに起こった出来事を別府が独りで語りだす。「真紀さんは住民票や免許証などを不正に取得した罪で起訴された」「もうあっという間に、真紀さんはテレビにも顔が映る超有名人になった」「疑惑をもたれたまま、真紀さんに執行猶予がつくと、僕たちのウェブサイトにはたくさんの罵倒の言葉が届いた」。別府の独り語りがナレーションになって、警察が別荘から真紀の所持品を運び出す様子、真紀を疑惑のバイオリニストと報じた週刊誌などが映し出される。だが、この別府の独り語りは、家森によって遮られる。

家森：司くん？　司くん？　なに独り言言ってるの？
別府：録音です。せめて思いを真紀さんのレコーダーにって。
家森：怖い怖い怖い。

坂元裕二は、台詞は日常の「自然な」会話の再現などではなく、世界を構築する行為であることを、別府の独白と家森による中断で明らかにしたのではないだろうか。別府と家森のやりとりが、台詞で構築されるテレビドラマという世界のメタ批評になっている。

注

(1)前掲『素晴らしい映画を書くためにあなたに必要なワークブック』八三ページ
(2)同書八三―九一ページ
(3)前掲『昔話の形態学』一二五―一二六ページ
(4)前掲『素晴らしい映画を書くためにあなたに必要なワークブック』一〇六―一〇七ページ
(5)前掲『映画を書くためにあなたがしなくてはならないこと』八四―八五ページ
(6)同書七二ページ
(7)ミヒャエル・エンデ『モモ――時間どろぼうとぬすまれた時間を人間にとりかえしてくれた女の子のふしぎな物語』大島かおり訳(岩波少年少女の本)、岩波書店、一九七六年。以下、『モモ』の引用は本書による。
(8)尾崎将也『3年でプロになれる脚本術』河出書房新社、二〇一六年、七八―七九ページ
(9)前掲『映画を書くためにあなたがしなくてはならないこと』七八ページ
(10)リンダ・ハッチオン『アダプテーションの理論』片渕悦久/鴨川啓信/武田雅史訳、晃洋書房、二〇一二年、三ページ
(11)同書八、二三ページ
(12)藤田真文「マンガが原作でなぜ悪い?――テレビドラマとマンガの相互テクスト性をめぐって」、大淵裕美/小林直毅/小林義寛/島岡哉/平井智尚/藤田真文『ポピュラーTV』(ポップカルチュア選書「レッセーの荒野」)所収、風塵社、二〇〇九年
(13)伊藤剛『テヅカ・イズ・デッド――ひらかれたマンガ表現論へ』NTT出版、二〇〇五年、五七、

九五、九七ページ
(14) オネエという言葉は、現在は差別的とされている。
(15) 藤田真文『ギフト、再配達——テレビ・テクスト分析入門』せりか書房、二〇〇六年、一八六—一八七ページ
(16) リチャード・ダイアー『映画スターの〈リアリティ〉——拡散する「自己」』浅見克彦訳、青弓社、二〇〇六年、一一五ページ
(17) レベッカ・ソルニット『説教したがる男たち』ハーン小路恭子訳、左右社、二〇一八年、一三ページ
(18) 前掲『映画スターの〈リアリティ〉』四四ページ
(19) 太田省一「雑談のコメディ——『カルテット』論」、前掲「ユリイカ」二〇一一年二月号、長門洋平「疑問符の聞き方——坂元裕二『カルテット』の音響設計をめぐって」、同誌
(20) ルートウィッヒ・ウィトゲンシュタイン『哲学探究』鬼界彰夫訳、講談社、二〇二〇年、一三一—一三九ページ
(21) 白川晋太郎『ブランダム 推論主義の哲学——プラグマティズムの新展開』青土社、二〇二一年、九七—一〇三ページ

第2部　二十一世紀日本のジェンダー・家族・都市

第2部では、二十一世紀になって放送されたテレビドラマがジェンダー、家族、都市などの視点から、日本社会をどのように表象していたかを見ていく。表象とは、意識に上る「像」のことである。「像」は目の前に対象がなくても思い浮かべることで記憶としてよみがえってきたり、見たことがないものでも想「像」したりすることができる。表象には英語では representation という語が当てられるが、テレビドラマ研究では「再＝現」とするとしっくり理解できるように思う。いま社会はこうなっていると制作者（脚本家や演出家）が考える社会の像が、テレビドラマのなかに再現されているのだ。

H・R・ヤウスは『挑発としての文学史』のなかで、読者にはこれまでの読書経験で「期待の地平」が形成されていて、それによって目の前の作品を評価するとしている。単に文学的な問題に限らず、「世の中はこうなっている」という読者の社会像にも「期待の地平」は存在する。(1) テレビドラマのなかで再現されている社会像は、視聴者自身が思う社会像が「よく再現されている」と評価されるかもしれない。そうでなければ、「遅れている（古い考え方だ）」または「進みすぎている（現実とかけ離れている）」とズレを批判される場合もある。ただドラマの「進みすぎている」表象は、社会が目指すべき理想像として視聴者の「期待の地平」自体を変えていくかもしれない。二十一世紀のテレビドラマは、どのような社会像を提示したのか、見ていくことにしよう。

注

（1）H・R・ヤウス『挑発としての文学史』轡田収訳（岩波現代文庫）、岩波書店、二〇〇一年、三七―四〇、七三―八二ページ

第3章　現代の恋愛

かつてテレビドラマでは恋愛と結婚が密接に結び付けられていた。情熱的な恋愛をして生涯のパートナーと出会い、結婚をその到達点とするストーリーがよく見られた。このような価値観を「ロマンティック・ラブ・イデオロギー」という。この価値観は、特に女性に対する社会的圧力になっていることもあり、次の第4章「女性像――仕事と結婚」で詳しく検討する。本章では、二十一世紀になってから必ずしも結婚をゴールとしない恋愛ドラマが増えてきたことを確認する。結婚と切り離されたときに、そもそも人はなぜ恋愛をするのか、恋愛とは何かがあらためて問い直される。

研究テーマ3―1「恋愛ドラマについて：1」では、男性主人公が抱く女性への恋心がライバルの登場によって燃え上がる三角関係が、なぜ恋愛ドラマのストーリーに多いのかについて、『この恋あたためますか』（TBS系、二〇二〇年）を事例にして「《三角形的》欲望」という概念から考えていく。研究テーマ3―2「恋愛ドラマについて：2」は、恋愛ドラマで受動的な存在（アプローチを待っている側）と見なされていた女性が主体になることで、「《三角形的》欲望」が変化している点を『東京ラブストーリー』（ＦＯＤ、二〇二〇年）から見ていく。研究テーマ3―3「若者と恋愛」では、恋愛で男性は／女性はこう振る舞わなければならないという規範が変化した現代、男女が「付き合う」ことがどのように意味づけられているか、『silent』（フジテレビ系、二〇二二年）での描かれ方を参照する。

研究テーマ3―1　恋愛ドラマについて：1――『この恋あたためますか』

三角関係の意味

トレンディードラマ以来、恋愛ドラマはテレビの花形だった。ところが、フジテレビの「月9」で医療ドラマや推理・刑事ドラマを編成されはじめたことが象徴するように、二〇一〇年代には「もはや恋愛ドラマでは視聴率が取れない」と言われるようになった。恋愛ドラマはオワコン（終わったコンテンツ）になってしまったのか。ＴＢＳ火曜ドラマ枠で二〇年に放送された『この恋あたためますか』を素材にしながら、恋愛ドラマがどのような構造によって成立するのかを考えたい。

主人公の井上樹木（キキ：森七菜）は、コンビニチェーン・ココエブリィのアルバイト店員。所属していたアイドルグループをクビになり無気力な日々を送っている。ただスイーツに対する味覚は鋭く、コンビニスイーツを食べたコメントをＳＮＳで発信している。若くしてココエブリィの社長に就任した浅羽拓実（中村倫也）は、定番スイーツの改革を業績上昇の起爆剤にしたいと考えていた。拓実は偶然に樹木のSNSを見て、樹木をスイーツ開発の社員としてスカウトする。樹木は、スイーツベンダーの新谷誠（仲野太賀）をパートナーにして、また開発部員の北川里保（石橋静河）と競いながら、新しいスイーツ商品の開発に取り組んでいく。

出会ったときには、強引に物事を進める拓実に反発していた樹木だが、やがて自分の存在を必要としてくれた拓実に恋心を抱くようになる（「最悪な出会い」は恋愛ドラマ冒頭の定番＝スクリューボール・コメディーでもある）。ところが、スイーツ開発で競い合う里保は、拓実の元恋人だった。拓実と会社で再び出会った里保は、すれ違いによって別れた拓実との関係をやりなおしたいと思うようになる。ここに、樹木―拓実―里保の三角関係が生まれる（第五話）。

ここでもう一つの三角関係も見ておきたい。スイーツベンダーの誠は、一緒にスイーツ開発に邁進するうちに、樹木のはつらつとした姿に心を打たれる。そして、「キキちゃんといると、毎日こんなに楽しいんだなぁって。俺、キキちゃんと会えてよかった」「だから……俺、キキちゃんの特別になりたい」と告白する（同じく第五話）。他方、拓実は樹木に恋愛感情を抱いているのか、ドラマの終盤まで明確でない。拓実は、「きみの存在がスイーツ課のプライドに火をつけた」と、天才的な樹木の発想力を評価する（第二話）。だが、樹木の恋心の告白には、「きみの気持ちには応えられない」と断る（第七話）。不完全なかたちだが、片思いの一方向の矢印で結ばれる誠―樹木―拓実の三角関係が成立している。

三角関係は、恋愛ドラマの定番である。恋愛ドラマになぜ三角関係が現れるのか。ルネ・ジラー

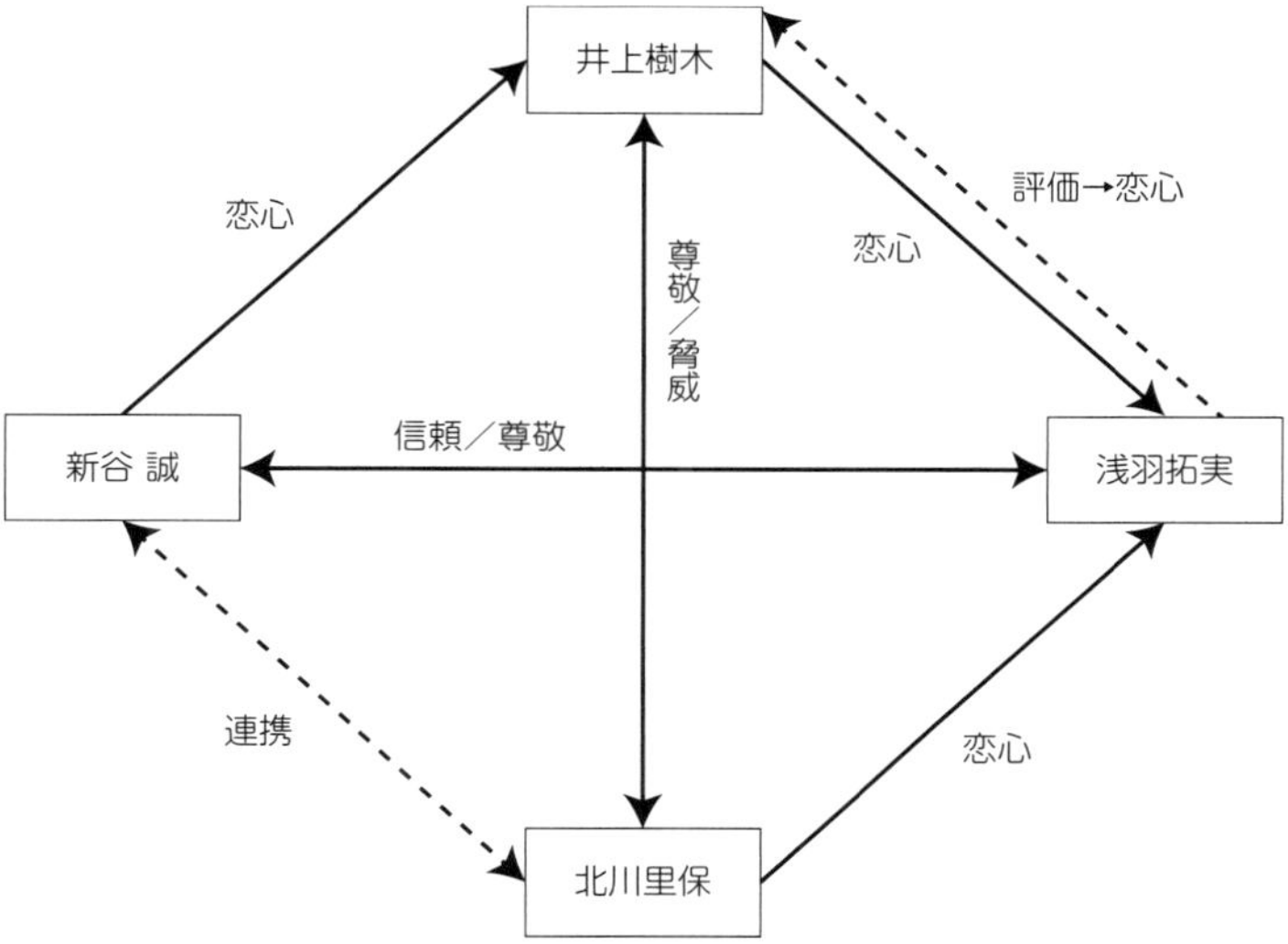

図1　2つの三角関係（筆者作成）

ルは小説のなかの恋愛を分析して、Ａ（主体）がＢ（対象）を好きになる（欲望する）心情は、Ａ（主体）のなかから自然に湧き上がってくるのではないという。Ｂ（対象）を好きだ（欲望する）とはどういうことなのか、それを示してくれるＣ（手本＝媒体）がいて、手本の模倣から欲望が生まれる。主体―対象―媒体の間で「《三角形的》欲望」が成立しているというのである。Ｃは手本であり恋のライバルでもある。[1] そんなはずはない！ 自分（主体）が誰か（対象）に恋するのは、相手の容姿や人柄に自分自身が引かれたからだ。第三者（媒体）の存在など必要ない！と、読者のツッコミが入りそうである。とりあえずは、「あの人いいね」とほかの誰かに評価される人を好きになりがち（つまりモテる人は、とことんモテる）とか、「ライバルがいたほうが恋は燃え上がる」程度の事実（？）を指摘して先に進みたい。

『この恋あたためますか』では、この「《三角形的》欲望」の図式が見事に作動している。拓実は、必要としてくれる相手に「報いたい」と思う樹木のような人間がいるとは信じられないため、人の気持ちが理解できない（第三話）。物語が進んでも、樹木に対する自分の思いもはっきりしない。拓実の恋心が動きだすのは、誠に次のように言われてからのことなのだ。

誠：あのさ。拓兄ィ〔拓実〕にちゃんと言わなきゃいけないことがある。俺、キキちゃんと付き合うことになった。（第七話）

次の日から拓実は、誠の言葉やこれまでの樹木とのやりとりを、折にふれ思い起こすようになる。媒体としての誠の告白で、拓実（主体）は樹木（対象）への恋心を自覚するようになったのである（この恋心の自覚を決定的にするのは、元恋人の里保なのだが、その点についてはあとでふれる）。第九話の結末、誠は「特別な存在」になれるかどうか、樹木から返事をもらおうと呼び出す。まさにその瞬間、その場所に拓実は駆けつける。そして、「楽しい。きみといると。（略）俺にはきみが必要だ」と、拓実は初めて樹木に自分の恋心を告白する。媒体＝ライバルの誠が恋を成就できるかという場面になって、主体が現れ対象を奪い去る。これほど劇的な展開はあるだろうか。そして、拓実（主体）が樹木（対象）に恋を打ち明けた「楽しい。きみといると」という言葉が、第二話の誠（媒体）の告白と相似していることも指摘したい。

熱い恋は拒絶される――誠の誤算

ジラールは、主体と媒体の関係について、「聖なる対象が近づいた。手をのばせばとどきそうに見える。唯一の障害は主体と対象との間にある。それは媒体それ自身だ。（略）こうした妨げられた欲望が、殺人に人を連れさるくらい激烈である」[2]と述べている。恋が成就しそうになると、ライバルの存在が殺したくなるくらいじゃまになる。激しい憎悪の感情が巻き起こるというのである。だが、拓実と誠の間にはそのような決定的な対立は訪れない。拓実は、人間関係を築くことが苦手だが、誠を唯一信頼できるサッカー部の後輩だと思っている（第二話）。他方、誠は拓実を、「誰より練習してた。周りが拓兄ィのプレーについていけなかっただけなんだ」と尊敬する（第一話）。その信頼／尊敬の感情は恋のライバル関係が終わったあとも変わらない。

誠―樹木―拓実の三角関係のなかで、自分の恋心を最も情熱的に語り続けたのは、誠だった。「「どうせあたしなんかが」スイッチ入ったら言って。また俺が再起動してあげるから」（第一話）、「俺、一生忘れないよ。俺たちの最初の一個（開発したスイーツ）」（第三話）と樹木に熱い思いを語り続ける。そして「俺、キキちゃんの特別になりたい」と告白し（第五話）、答えをなかなか出さない樹木に、「クリスマスはさ、本当に特別な人と過ごすものでしょ。その日までに、俺がキキちゃんの特別になる」と期限を決めて返事を催促する（第七話）。

しかし恋の競争に勝利したのは、熱く語り続けた誠ではなく、自分の恋心さえはっきりしない拓実のほうだった。ジラールは、「恋愛においても取引きにおいても、成功の秘訣はかくすことだ。

自分がいだいている欲望はかくし、いだいていない欲望はいだいているように見せかけなければならない」[3]ともいう。一九六〇年代、ジラールは早くも「欲望する主体が自分自身の欲望における模倣の役割を知覚するやいなや、彼は欲望をあきらめるか、さもなければ自分の自尊心をあきらめなければならない」[4]と指摘していた。

恋愛は他者の欲望の模倣にすぎないのではと思い始めてしまうと、失敗して自尊心を傷つけるくらいだったら、模倣なんて必要ないと思えてくる。それが、草食系の心理ではないだろうか。

恋愛ドラマは、恋は自然に湧き上がってくるものだと、模倣を促す「媒体」だった。その価値観に従うことが必然ではなくなった現代、恋愛ドラマは描きにくくなった。拓実と誠の対照、そして拓実の勝利はそれを表象している。

賢い女は幸せになれないのか――里保の役割

樹木―拓実―里保の三角関係を見てみよう。樹木は里保が拓実の元恋人だったことを知っても、「里保さん、ほんとキレイで優しくて大人で頭よくて。社長と並ぶとすごい絵になる。お似合いだよ」と変わらず尊敬している。他方、里保は樹木の天才的な発想力にふれ、「井上さんてさ、天井ないんだよね」「すっごい自由でうらやましい」と驚嘆する（第五話）。

三角関係を構成する一方の女性は「自由奔放で無垢」、他方の女性は「賢明で慎重」という対比は、ほかの物語にも見られる。古典では、『風と共に去りぬ』のスカーレットとメラニーがそうである。同書の翻訳者の鴻巣友季子は、赤（スカーレット）と黒（メラニー）のヒロインを対比しながら、スカーレットの陰に隠れ一見地味なメラニーを、「この物語の力強い結節点となっており、この人物なしには話が成立しない」と評価する。そして「鋭い眼力と世間知をもった」メラニーこそが真のヒロインだと分析する。[5]

『この恋あたためますか』でも、「優しくて大人で頭のいい」里保が物語を進める役割（結節点）を担っている。拓実との関係を復活させようと努力した里保だが、樹木が拓実の心のなかにのけがたく存在していることを感じ取ってしまう。そして自分の恋心を自覚できない拓実に対して、里保から「別れよう」と切り出す。

里保：まだ気づかない？（略）特別な関係なんだよ、拓実と樹木ちゃんは。拓実はね、樹木ちゃんのことが好きだよ。

里保は、相手の心情を察する洞察力と自ら身を引く決断力をもっている。わかりすぎるくらい、わかってしまう女なのである。そのほか、誠とはお互い相手の心をつかまえきれない者同士、男女の境を超えた連帯の関係を結んでもいる。自由奔放な女が勝利し賢い女は退けられる、この恋愛ドラマの構造を転換することはできないのだろうか。イヴ・コゾフスキー・セジウィックは、ジラールの「《三角形的》欲望」では、主体が男性で対象が女性という「権力配分の非対称性」が自覚されていないと批判する。[6]

女性が三角関係の「欲望される対象」であることをやめ、それを転覆する物語を書けないものだろうか。里保役の石橋静河は、同じ二〇二〇年にリメイクされた『東京ラブストーリー』で、赤のヒロイン・赤名リカを演じている。そして現代のリカは、単に自由奔放なだけでなく、洞察力と決断力をもった里保に近い女性のように読めてしまう。偶然だろうか。この点については、次の研究テーマであらためて考察したい。

研究テーマ3―2　恋愛ドラマについて：2――『東京ラブストーリー』(二〇二〇年版)

二つの三角関係

研究テーマ3―1で、ジラールの「《三角形的》欲望」という概念を参照しながら、恋愛ドラマで三角関係が定番になる理由を考察した。「《三角形的》欲望」の図式では、A(主体)がB(対象)を好きになる(欲望する)心情は、Aのなかから自然に湧き上がってくるのではないとされる。同じBを好きなことを示してくれるC(手本=媒体)がいて、その手本を模倣することで欲望が生まれる。リメイクされた『東京ラブストーリー』を見て、このドラマが「《三角形的》欲望」によって成立する二つの三角関係を巧みに駆使したドラマであることをあらためて感じた。そして、誰の視点に立つか、誰を欲望の主体と見るかによって、『東京ラブストーリー』は違った相貌になってくる。

まず永尾完治(伊藤健太郎)の視点から、このドラマを見てみよう。第一話、広告代理店に勤める完治は故郷の愛媛支社から東京本社の営業部に異動になる。そして上司の和賀夏樹（眞島秀和）から仕事上のパートナーになるクリエーティブの赤名リカ（石橋静河）を紹介される。完治は友人の三上健一（清原翔）に、高校卒業以来会っていない関口さとみ（石井杏奈）の消息を聞く。さとみは完治の憧れの存在であり、いまだにその気持ちは変わらない。完治はさとみと連絡を取り食事に誘ったのだが、さとみが職場の友人・北川トキコ（手島実優）を同伴してきて落胆する。さらにその場に偶然三上も現れ、四人での飲み会になる。三上が酔ってトキコを口説き始めると、さとみはテーブルを叩いて「やめてって言ってるでしょ」と怒りだす。トキコには、「さとみ、さっきからチョーやきもち焼いてない」と指摘されてしまう。完治と二人で帰るバスのなかで、さとみは場の雰囲気を悪くしたことを謝る。

さとみ：自分でもいやなの。変に潔癖で頭固くて、空気読めなくて。自分のそういうとこ、昔から大嫌いなんだよね。
完治：俺は好きだよ。関口、俺と付き合ってくれないかな。実はさ、高校のときからずっと好きだったんだ。関口のこと。（第一話）

さとみは返事を保留する。なかなか返事をくれないさとみの様子に耐えきれなくなった完治は、「この前の話なんだけどさ、あれ気にしないで」とうやむやにしてしまう。完治は職場で会ったリカに「逃げちゃったんですよ。土壇場でおじけづいちゃって」と告白の顛末を話す。するとリカは完治にキスをして、「うんと悩んでよ、私のこと。私ほしくなったんだ。カンチがほしくなった」と言いだす（第一話）。完治の視点に立つとこのドラマは、高校から憧れだった清純なさとみと、突然目の前に現れた自由奔放なリカとの三角関係で戸惑う男の物語になる。

今度は、三上の視点に立ってみよう。完治から告白を取り消されたさとみは、「振られちゃった。告白したこと、なかったことにしてくれって」と泣いて三上に電話する。すると三上はさとみのアパートに駆けつけ、二人は一夜をともにする。三上は、「関口さ、俺と付き合ってよ。高校のときから好きだったのは、永尾だけじゃなかったんだ」と告白する。プレーボーイの三上を信じきれないさとみに対して、三上は言う。

三上：アイツ〔完治〕は俺がもってないもの、みんなもってるからさ。素直さとか誠実さとか、愚直に人を信じるところとか。お前が永尾に心変わりするのが怖かったんだ。だから、先に言った。アイツは絶対に俺を裏切らないから。ダッセーだろ？（第二話）

他者（＝完治）が欲望する対象（＝さとみ）を好きになってしまう「《三角形的》欲望」に、三上は自覚的だ。さとみへの恋心を曖昧にしてしまう完治よりも、自分の欲望によっぽど真摯だと思えてくるのである。

「《三角形的》欲望」の転覆——所有を拒絶するリカ

ジラールの「《三角形的》欲望」では主体が男性で対象が女性という「権力配分の非対称性」が自覚されていないと、セジウィックが批判していたことにも研究テーマ3―1でふれた。ここで、リカを主体にしてみよう。すると、男性：女性＝主体：対象という関係を転覆する物語として『東京ラブストーリー』を見ることができるのではないか。四人の飲み会の席で、「俺たち〔三上とさとみ〕、付き合うことになったんだよ」と三上に言われて完治は動揺する。リカは会社でトラブルがあったと嘘の口実を作って、完治を店外に連れ出す。

リカ：ねえカンチ、失恋にいちばん効く薬って何か知ってる？　なんだと思う？
完治：なんすか？
リカ：セックス。カンチ、セックスしよっか。

（第二話）

一度関係をもっても、リカと付き合っていると三上とさとみには思われたくない完治は、二人の前で「この人〔リカ〕さ、俺をからかって遊んでるだけなんだよ」と弁解する。そんな完治の様子を見たリカは、「今日までのこと、全部なかったことにしてあげる。次会ったときまでに忘れてるから、カンチも忘れておいて」と言う。その日以降、リカは出張や長期の有給休暇で旅に出て、会社に不在になる。完治は次第にリカの不在に耐えられなくなり、リカが長期旅行から帰ってくる日に空港まで迎えにいく。

完治：やっぱさやっぱ、なかったことにはできないよ。俺、そういうの無理だ。俺、リカのこと好きかもしれない。好きになりそうっていうか、もう好きだと思う。
リカ：〔完治に抱きついて〕やっぱ、カンチってバカだよね。だって、初めて会ったときからこうなるってわかってたじゃない。
完治：もう、急にいなくなるのやめてもらっていいですか。
リカ：それは、わかんない。（第三話）

完治との関係では、リカが完全に主導権を握ってコントロールしている。そして、リカは交際相手に依存することなく自立してもいる。かつて交際していた上司の和賀と別れた理由を完治に聞かれると、リカは「私を所有しようとしたから別れたの」「いくら好きでも相手を所有していい理由にはならないよ。そんな関係なら、最初からいらない。私は誰のものにもなりたくないんだ」と答える（第五話）。

リカと完治の交際は順調だったが、リカは広告会社を辞めニューヨークに行くと突然言いだす。遠距離恋愛を不安がる完治に、リカは「人を愛することにおいて物理的な距離や時間はどうでもいいことなんだよ。いちばん重要なのは、お互いの心がピッタリくっついて離れないこと。でないと愛がこぼれていっちゃうから。私は一滴もこぼさない」と言って旅立つ（第八話）。

完治は、リカの不在が長くなるにつれ、仕事の忙しさもありリカとの関係を重荷に感じてくる。風邪の見舞いにきたさとみに完治は、「リカに振り回されない毎日のほうがずっと楽って感じるようになった」と本音を漏らす（第九話）。一時帰国した際に完治の心が自分から離れたことを悟ったリカは、偶然和賀に再会して泣きだす。そしてリカは和賀の子どもを身ごもったものの、和賀の求婚も断り消えてしまう。リカが消息不明になったと和賀から聞いた完治は、完治の故郷・愛媛の夏祭りに行きたいと言っていたリカの言葉を思い出し追いかける。

リカ：本当の私はさ、カンチが思っているような人間じゃないんだよ。（略）突然ニューヨークに行くって決めたのも、どんどんカンチに依存していく自分が怖かったのもあるんだ。遅かれ早かれ、私の愛情がカンチを追い詰めるのはわかってたし。（略）でもこれからは世界でいちばん愛する男〔おなかの子〕と二人で生きていくんだ。（最終回・第十一話）

リカは自分の欲望に忠実に自由奔放に生きるだけでなく、相手の心情を洞察し決断できる力をもった自立した女性に見えてくるのだ。

黒のヒロイン――影の主役・さとみ

最後に、さとみを主体にこのドラマを見てみよう。『風と共に去りぬ』のスカーレットとメラニーのように、恋愛ドラマの三角関係で一方の女性は「自由奔放で無垢」、他方の女性は「賢明で慎重」という対比がよく見られることも研究テーマ3―1で指摘した。同書の翻訳者・鴻巣友季子は、スカーレットを赤のヒロイン、メラニーを黒のヒロインと呼び、一見地味なメラニーこそが「物語の力強い結節点」になる真のヒロインだと分析する。リカとさとみは、まさにスカーレットとメラニーではないだろうか。自由奔放で突飛な発言や行動を繰り返すリカと対比すると、悩みながら進んでいくさとみの行動様式は、すこぶる常識的に思えるのだ。

さとみは、三上と面と向かうと様子がぎこちなくなる。三上は「関口は、昔から俺のこと嫌いだもんなあ」と言うが、さとみは「嫌いとかそういうんじゃないよ、なんか緊張するの三上くんって」と否定する（第一話）。そして、「高校のときから好きだった」と三上に告白され、三上に対する自分自身の恋心にも気づかされる。

さとみ：三上くんといるとね、周りの女の子がソワソワするのがわかるの。いまだってそう、女の子はみんな三上くんのことを無視できない。そういうの実はけっこう気持ちよかったんだ。いいでしょ、すてきでしょ。でもこの最高に魅力的な彼の心は、私だけのものなのって。（第七話）

だが交際が進んでも、三上のプレーボーイぶりはおさまらず、耐えきれなくなったさとみは、自分から別れを告げる。そして同じころ、リカとの関係が重荷になっていた完治と結ばれてしまう。一時帰国したリカに、さとみはそのことを告白する。

さとみ：私永尾くんとキスしたの。永尾くんが風邪で寝込んでいるとき、お見舞いにいったんだよね。〔完治は〕そのとき、いろいろ悩んでるみたいで、泣きだしちゃってそれで。本当にごめんなさい。
リカ：できれば、聞きたくなかったなあ。
さとみ：ごめんなさい。三上くんのことで、あれだけ苦しんだのに、自分が同じことするなんて、ほんとどうかしてると思う。
（第十話）

別れを告げても三上からは「さとみはいい女だよ」と言われるし、「どんなにきれいごとを並べても、リカさんにとっては、私は悪者でしかない」と自分を責めても、完治からは「それ以上話さなくていいよ。俺が関口を好きになったんだ」とかばわれる。さとみは最終的に完治と結婚することになるが、さとみを主体に据えると、『東京ラブストーリー』は完治か三上かを選び取る、さとみの欲望の物語とも見えてくるのである。

研究テーマ3―3　若者と恋愛――『silent』

男女が「付き合う」とは

本テーマでは『silent』から、現代の若者と恋愛を考察してみたい。四十年前の若者（筆者）にとっては想像の域を出ないのだが、恋愛で男はこう、女はこう振る舞わなければならない（例えば、デート費用は男が支払うものとか）というジェンダー規範はかなり変化、または消失したのではないか。昔なら情熱的なアプローチとされた行動が、ハラスメントと受け取られるかもしれない。現代の若者の恋愛は、筆者が若者だったころと比べて、ずいぶん複雑になってきているのではないだろうか。

ろう者と聴者がどのようにお互いを理解していくかを描くのが『silent』の中心的なテーマである。けれども、主人公をじゃまするライバルなど恋愛ドラマの紋切り型を避け、主人公たちの出会いから交際または別れに至る過程をリアルに、丁寧に描いているという意味で、『silent』はろう者―聴者間に限らず、現代の若者の恋愛プロセスを考えるうえで示唆的なドラマだといえるだろう。

社会学者の大森美佐は、「現代日本の若者たちは、出会いから交際（交際しない）、「別れ」という一連のプロセスの中でどのようにコミュニケーションを行っているのか」を明らかにするために、二十代の男女にインタビュー調査を実施した。その結果、直接会うに値する相手かどうかを見極めるため、あるいは二人でデートするまでにある程度の関係を築いておくために、メールや「LINE」などのＩＣＴ（情報通信技術）を介してやりとりをおこなうことが、現代の若者の恋愛作法になっていることがわかった。ＩＣＴが最初の関係構築のツールになっている点は、実に現代的である。だが大森によれば、現代の若者の恋愛でも、友達と恋人の境目、二人が「付き合っている」かどうかを意識する規範は依然として存在している。

「付き合う」という関係は、告白という儀礼的行動を通して結ばれる「契約関係」であると意味づけられていることが確認できる。（略）仮に告白を経ずに親密な関係（具体的にはセックスする関係）が成立したとしても、「付き合っている」のか否かの確認は必要だと見做され、それにより「付き合う」という契約的了解を得なければならないという考えがみられた。(7)

それでは、『silent』では主人公たちが「付き合う」ことになった経緯はどのように描かれているのだろうか。佐倉想（目黒蓮）が聴力を失う前の高校時代、先に「好きです。付き合ってください」と告白したのは青羽紬（川口春奈）だった。ところが想はイヤホンをしていて、紬の告白が聞こえていない。紬は「あ、何聴いてんの？って言ったの」とごまかしてしまう。その直後、今度は、想が告白する。

想：青羽。
紬：うん。
想：好き。付き合って。（略）
紬：なんて答えればいいの？
想：それ、俺が決めていいの？
紬：いいよ。決めていいよ。
想：じゃあ、よろしくお願いしますじゃない？
紬：よろしくお願いします。

（第一話）

想と紬の交際は、想のはっきりした告白から始まっている。最初に紬の告白が聞こえなかったのは想の聴力が失われていくことの予示でもあるが、男女どちらが恋愛を主導していくのかという恋愛イニシアチブの男女差、ジェンダー規範を表現していると見ることもできる。

「付き合う」際の告白は、多くの場合、男性から女性に向けて行うことが理想とされ、その告白を女性側から男性側に暗に促すというケースも見受けられた。(略)男女ともに、最終的な意思確認は男性の役割として認識しており、そこに内面化されたジェンダー規範が見え隠れする。(8)

一方、紬と戸川湊斗(鈴鹿央士)の交際は、明確な告白がないままに始まっている。同窓会で紬と会った湊斗は、紬が職場のセクシュアルハラスメント(セクハラ)や過酷なノルマで疲弊していることに気づく。紬のことを高校時代から好きだった湊斗が、紬を支えることから二人の交際が始まる。

紬:どっちからだっけ。
湊斗:何が?
紬:どっちから告白して付き合い始めたっけ?
湊斗:……どちらから、ともなく。

紬：どちらからともなくだよね。（第五話）

たとえ家に泊まり合うほどの親密な関係になっても、友達から恋人に移行するための儀礼的行動＝告白がなかったことが、紬と湊斗の交際の行方を暗示しているかのようである。

「別れ」をどう切り出すか――想と湊斗の作法

次に「別れ」のプロセスを見てみたい。先に引用した大森の調査に応じた男女には、「別れる方法がわからない」と言う人もいた。また、別れるには意識的に音信不通にするか、別れるための正当な理由（相手の浮気など）が必要だと答えている。(9)『silent』では、高校時代の想と紬の交際、そして社会人になってからの紬と湊斗の交際はどのように終わったのか。

想と紬は交際しはじめてからよく長電話をしていた。紬は高校を卒業して遠距離恋愛になっても、その関係が続くと思っていた。だが、想はあるときから一度も電話に出てくれなくなった。そして、想から「LINE」の通知があり、そこには「好きな人がいる。別れたい」とだけ書かれていた（第一話）。想は、のちに別れを告げた理由を次のように語っている。

想：もう青羽と話したくなかったんだよ。いつか電話もできなくなる。一緒に音楽も聴けない。声も聞けない。そうわかってて一緒にいるなんてつらかったから。好きだったから、だから、会いたくなかった。嫌われたかった。忘れてほしかった。（第一話）

急速に聴力を失う悲惨な状況にあった想は、わざと「嫌われる」ように無愛想な「LINE」を送った。たった一度の「LINE」通知で別れを告げられ、その後音信不通になってしまった紬は、事実、大いに傷ついた。のちに想は、「忘れてもらうのが、みんなにとっていちばんいいと思ってた。（略）もっとつらい思いさせたって、話してやっとわかった。話せなくなると思ってたことが、勘違いだった」と振り返っている（第九話）。

音信不通になって以来八年ぶりに想に会った紬は、想とコミュニケーションを取るために手話を習い始める。手話で話す想と紬の姿を遠くから見ていた湊斗は、高校から変わらない紬の想への思いを察する。

湊斗：お願いがあって。
紬：うん？
湊斗：別れてほしい。〔繰り返して〕別れてほしい。
紬：え？
湊斗：別れよう。
紬：なんで？
湊斗：好きな人がいるから。

（第四話）

「別れよう」「好きな人がいるから」という湊斗の言葉は、想が紬に送った「LINE」の「好きな人がいる。別れたい」と言葉上は同じである。しかし、まったく正反対の意味がある。想の「好きな人がいる」は別れるためについた嘘だが、湊斗の「好きな人がいるから」は真実である。ただし、好きな人がいるのは言いだした湊斗ではなく紬なのだが。

もちろん湊斗にも別れることへの葛藤がなかったわけではない。想と紬が高校時代に付き合い始めたころに、「すごく仲のいい友達と、すごく好きな人だったから、うれしかった。すごく切なくて、ちょっとだけうれしかった。（略）そんな自分のことも、このときの想のことも、許せなかった」（第一話）。想のあとに紬と付き合った湊斗は自分から別れを切り出すことで、できるだけ紬を傷つけまいと配慮している。「優しいです。なんかもう主成分優しさって感じの人で」「人のために優しさ全力で使っちゃって、自分の分残すの忘れちゃう人で」（第一話）と、紬にも思われる湊斗らしい振る舞いである。

このときの湊斗の別れの告げ方こそが、『silent』を恋愛ドラマの紋切り型に陥らせない決定的な要素なのではないだろうか。研究テーマ3―1で取り上げた、一人の女をめぐって男二人が競い合う「《三角形的》欲望」を否定し、恋愛ドラマの新しい関係性をもたらしている。

再び付き合い始める難しさ――想のためらい

再び頻繁に会うようになった想と紬だったが、二人はすぐにもとのような恋人同士に戻ることはなかった。紬は中途失聴のろう者は声で話すことが多いと知って、想に「ずっと気になってたんだけど、声でしゃべらないの、なんで?」と質問してしまう。すると想は不快になったのか、「〔手話で話している〕この時間がもどかしいから声で話せよってこと?」「声が好きなんだもんね」と言い返す。のちに声で話すことができないのは想なりの理由があるのだと察して、紬は「声好きだったけど、それはほんとだけど、でも、声以外も好きだから。だから、大丈夫。無理にしゃべんなくていいよ」と謝る(第七話)。

想と紬の間では、現在相手にとって自分がどのような存在なのか明確に位置づけられずに、手探りのやりとりが続いていく。あるときには想が「一緒にいるの恥ずかしいよね」「迷惑かけることあるし」「手話で話すの疲れるでしょ」と紬に言う。紬は想がどうしてそんなことを言いだしたのかといぶかりながら、「思ってないよ」と答える(第八話)。

ろう者になった自分は紬と付き合う関係に再び戻ることはできないというためらいが、想にはある。想は、いくら手話でコミュニケーションが取れるようになっても、紬の声が聞けないことに寂しさを感じてしまう。想は、「顔を見て一生懸命手話で話しかけてくれて、うれしかった。でも、一緒にいるほど、話すほど、好きになるほどつらくなっていく。青羽があのころのままだってわかるほど、自分が変わったことを思い知る」と言う(第十話)。

『silent』では湊斗が身を引いても、想と紬の関係が直線的にハッピーエンドに落ち着くことはない。「人それぞれ違う考え方があって、違う生き方してきたんだから、わかりあえないことは絶対ある。(略)それでも一緒にいたいと思う人と一緒にいるために、言葉があるんだと思う。たぶん全部は無理だけど、できるだけわかりあえるように、たくさん話そうよ」(最終回・第十一話)と紬が言い、二人は向き合い続けようとする。それはろう者と聴者の間だけに限らず、恋愛を成立させるために不可欠なプロセスなのではないだろうか。

注

(1) ルネ・ジラール『欲望の現象学――ロマンティークの虚偽とロマネスクの真実』古田幸男訳（叢書・ウニベルシタス）、法政大学出版局、一九七一年、七ページ
(2) 同書九五ページ
(3) 同書一二〇ページ
(4) 同書三〇一ページ
(5) 鴻巣友季子『謎とき『風と共に去りぬ』――矛盾と葛藤にみちた世界文学』（新潮選書）、新潮社、二〇一八年、一八二―二〇八ページ
(6) イヴ・コゾフスキー・セジウィック『クローゼットの認識論――セクシュアリティの20世紀』外岡尚美訳、青土社、一九九九年、三三ページ
(7) 大森美佐『現代日本の若者はいかに「恋愛」しているのか――愛・性・結婚の解体と結合をめぐる意味づけ』晃洋書房、二〇二二年、六九ページ
(8) 同書一八七ページ
(9) 同書八六―九二ページ

第4章　女性像
——仕事と結婚

日本では特に一九六〇年代の高度経済成長期以降、女性は結婚したら働くことをやめて、専業主婦になることがメジャーなライフコースとされていた。女性の結婚「適齢期」（という考え方があった）は二十四歳までとされ、それまでに結婚相手を見つけることが至上命題のように見なされていた。八一年に放送された山田太一脚本の『想い出づくり。』（TBS系）では、そのような社会的圧力にさらされる女性たちが描かれている。現在は結婚しても働き続ける女性が多くなったものの、依然として家事負担は女性のほうが大きく、仕事と結婚生活の板挟みに悩んでいる。現代のテレビドラマは、そのような悩める女性像を描く。

研究テーマ4―1「現代女性像：1」では、『逃げるは恥だが役に立つ』（『逃げ恥』）を取り上げ、結婚によって女性が担うことになる家事労働の経済的価値について考える。研究テーマ4―2「現代女性像：2」で取り上げた『私の家政夫ナギサさん』（『わたナギ』）は、仕事も家事も頑張らなければならなくなった現代の女性の姿を描いている。家事を代行してくれる「家政夫」は、性別役割分業を逆転させたファンタジーといえる。研究テーマ4―3「現代女性像：3」では、働く女性の生きにくさを描く『獣になれない私たち』（『けもなれ』、日本テレビ系、二〇一八年）と、その生きにくさに抵抗する『わたし、定時で帰ります。』（『わた定』、TBS系、二〇一九年）を取り上げている。テレビドラマのなかで職場の矛盾に声をあげるのはなぜ女性ばかりで、男性は傍観的なのかを考える。

研究テーマ4―1　現代女性像：1――『逃げるは恥だが役に立つ』

女にとって結婚は「常に」問題――『逃げるは恥だが役に立つ』のフェミニズム思想

『逃げ恥』では、大学院を修了しても就職できない森山みくり（新垣結衣）が、津崎平匡（星野源）の家で家事代行のアルバイトを始める。そのうち、みくりの親が千葉に引っ越すために家事代行が続けられなくなることを告げると、津崎は給与を払うので「事実婚」することにして、自分の家に住まないかと提案する（第一話）。

シーン1：

津崎：そして、OC法[1]に基づいた専業主婦の年間無償労働時間は、二千百九十九時間になります。

それを、年収に換算すると
みくり：三百四・一万円！（略）
津崎：もちろん諸条件は話し合う必要がありますが、試算した結果、事実婚というかたちで森山さんをここへ住まわせ、給与を支払い主婦として雇用することは、僕にとっても有意義であるという結論に達しました。
みくり：〔目を見張る〕

　同居をするうちに、二人は次第にお互い好意をもつようになる。だが、ドラマ終盤、会社をリストラされた津崎は、みくりに給与を払えず別れなければならなくなるのではと不安になり、焦って結婚を申し込む（第十話）。

シーン2：
津崎：試算してみたんです。
みくり：〔なんだろうと微笑〕
津崎：結婚すれば、雇用契約は必要なくなります。いままでみくりさんに支払っていた給料分が浮いて、生活費ないしは貯蓄に回すことができます。
みくり：〔いぶかる表情〕（略）
津崎：〔提案に難色を示すみくりに〕みくりさんは、僕と結婚したくはないということでしょうか？

みくり：〔困った顔〕
津崎：僕のことが、好きではないということですか？
みくり：それは、好きの搾取です！　好きならば、愛があるならなんだってできるだろうって、そんなことでいいんでしょうか？　わたくし森山みくりは、愛情の搾取に、断固として反対します！

筆者は、「それは、好きの搾取です」というみくりの台詞を聞いた瞬間、思わず「おーっ」と声が出てしまった。その理由はあとで述べるとして、社会学者の上野千鶴子は、放送終了後『逃げ恥』のこのような展開を「Twitter」（現「X」）上で痛烈に批判した。

「逃げ恥」のシナリオ作家は主婦論争の都留重人論文を読んだのだろうか？「私が自分の女中（原文のママ）と結婚したとする。私が女中に支払っていた給料を払わなくてよくなる。やっていることは同じなのに、その分だけ、日本のＧＤＰは減る」…これはおかしい、というのが「不払い労働」論だった。(2)

批評家のＣＤＢは、二〇二一年一月の『逃げるは恥だが役に立つ　ガンバレ人類！新春スペシャル』（ＴＢＳ系）の放送前に、上野の批判にふれながら、次のように述べている。

フェミニズムの知識を持った女性が企業雇用からこぼれ落ちて「主婦」にならざるをえない

時、主婦という存在そのものを職業として再解釈していく。それが「逃げ恥」という作品の中心にあるテーマだ。それは確かに、新しくもラディカルでもない。上野千鶴子の言う通り、半世紀以上前に出版された論文を読み直すような物語だ。（略）

「逃げるは恥だが役に立つ」というタイトルの「逃げる」とは、経済的後退の中で生きることを強いられた世代にとってのフェミニズムの撤退戦、逃げながら戦う物語であることを示しているように思える。そして学問であれ物語であれ、そうした人々の役に立つものがいつの時代にも必要なのだ。(3)

筆者は、撤退戦というCDBの『逃げ恥』評に全面的に共感する。むしろ「上野先生、急ぎすぎ、怒りすぎ、テレビドラマに求めすぎ！」といいたい。原作の海野つなみや脚本の野木亜紀子が、主婦論争を読んでいたかどうかはわからない。ただし、『逃げ恥』は間違いなくフェミニズムの思想を吸収した作品である。ドラマを冷静に読み解けば、批判した上野の「不払い労働」論を忠実になぞってさえいることが明らかになる。上野の著書で主婦の「不払い労働」について書いた部分を読んでみよう。

家事労働は、金になろうとなるまいと、労働にはちがいなく、主婦がやらないとなれば誰かに代行してもらわなければならない。その意味で「有用で不可欠」な労働でありながら、女性に対してどんな法的・経済的な補償も与えられず、無権利状態におかれているとなれば、これ

は不当に報酬の支払われない「不払い労働 unpaid labor」だということになる。(4)

そして、かつてはブルジョア家庭で家事使用人がおこなっていた家事労働を、労働者階級の主婦が担うようになっていく。「「家事労働」を行なうのが「主婦」であり、逆に「主婦が行なう労働」が「家事労働」である、という定義は、だから歴史的には新しい」(5)と上野はいう。

先ほど取り上げた『逃げ恥』のシーン1を見てみよう。シーン1では、「OC法を基に算出した専業主婦の労働力」が「三百四・一万円」と、登場人物の台詞で家事労働の価値を明確に「可視化」しているではないか。そして津崎は、「主婦としての雇用」=結婚を偽装するというややねじれた形態を取りながらも、みくりにそれを給与として「支払う」という契約を結ぶ。

ロマンティック・ラブ・イデオロギーへの抵抗──「好きの搾取」とは

問題は、シーン2だ。津崎は、雇用契約を解消してみくりと結婚し、みくりを「主婦」とする。つまり、彼女の家事労働を「不払い労働」に変えようと提案したことになる。この展開は、上野に批判されてもしようがない。

だが、そこで出てきたのが、みくりの「それは、好きの搾取です」という台詞である。この台詞は、二重の抵抗を含んでいる。一つは家事労働の不払いに対する抵抗である。シーン2の直前、みくりは、商店街活性化のイベント企画の手伝いをノーギャラで依頼しようとする商店街の住民に向かって、「人の善意に付け込んで、労働力をタダで使おうとする」のは、「やりがい搾取だ」と批判する。同じように、家事労働を不払いにするための結婚申し込みは、好きという感情に付け込んだ搾取の提案にほかならないと津崎に指摘したのである。

もう一つは、ロマンティック・ラブ・イデオロギーに対する抵抗である。ロマンティック・ラブ・イデオロギーとは、「運命の人と出会い、恋愛し、結婚する」ことが人生の正しい道だとする考え方である。視聴者は、このロマンティック・ラブ・イデオロギーによって、無意識にテレビドラマへの「期待」を作り上げている。引かれ合った二人が、結婚というゴールにたどりつくことを、恋愛の「成功」と見なす。しかし、みくりは恋愛が結婚になり、さらには専業主婦になる結末をもたらすことに抵抗したのである。

さて、シーン2のあと、二人はどうなったか。津崎はみくりに雇用契約ではなく、家庭の「共同経営責任者」になる新たなシステムを再構築しようと提案する（最終回）。二人は婚姻関係になることはなく、再就職した津崎の収入と商店街活性化の手伝いを始めたみくりの収入を合わせて生活費にして同居を続ける。家事は話し合いで分担を決めていくことにした。確かにみくりの商店街の仕事は非正規雇用だし、家庭の「共同経営」で不払いの家事労働を男女でシェアすることは根本的な解決ではないかもしれない。だが、二十一世紀の社会と折り合い、交渉しながら、一歩前に進む男女の姿を可視化することはできているのではないか。

研究テーマ4―2　現代女性像：2――『私の家政夫ナギサさん』

仕事も家事も一人で頑張らなくていい――『私の家政夫ナギサさん』呪いを解く魔法の言葉

『わたナギ』は、製薬会社のMR（営業職）の相原メイ（多部未華子）が主人公。メイは支店で営業成績トップの「できる営業」だが、家事が大の苦手だ。家事代行会社に勤める妹の福田唯（趣里）が姉の部屋のあまりの散らかりぶりにあきれて、スーパー家政「夫」の鴫野ナギサ（大森南朋）を派遣するところからドラマが始まる。この『わたナギ』は、女性と仕事の関係を考えるうえで、実に多くの矛盾と葛藤を内包した（もちろん肯定的な意味で）ドラマだと思う。

メイは、幼いころから母親・美登里（草刈民代）に「しっかり外で仕事をしなさい」「女性もバリバリ仕事で活躍して家庭と両立できなければダメだ」と言われて育った。美登里自身は結婚したあとも働きたいと思っていたができず、専業主婦になったことを悔やんでいた。自分ができなかった生き方を娘に託したのである。だが、メイは「女性も仕事で活躍して、家庭と両立できなければ」という母親の言葉が、「呪いの言葉」になっていると言う。

メイが就職した二〇一五年の既婚女性の雇用就業率は四四・三％[6]と、家庭と仕事を「両立」している女性は増えているようにみえるが、実態はどうなのだろうか。社会学者の筒井淳也によれば、「日本の家事分担には夫婦間の圧倒的な不公平があ」る。メイのように母親と同居していない独身者で、「毎日」「週に数回」夕食を自炊している人は、男性では五七％、女性では八九％だった。それが結婚すると夕食の用意をする男性は一四％と極端に減り、女性は逆に九四％と増える。「結婚して夫と家事を分担して負担が減った、ということにはならず、むしろ家事で忙しくなる[7]」

メイもまた、製薬会社のＭＲとしてのキャリアを築こうと寝食を惜しんで働きながら、「女だから」家事もできなければというプレッシャーにさらされている。『わたナギ』第三話で美登里は、カオスのように散らかったメイの部屋を見て、なんでもそつなくこなす子だと思っていた娘が、実は家事が苦手だったことに初めて気づく。それでも美登里は、メイに言う。

美登里：ちゃんとできるようにしなきゃ。いまからでも遅くない、やればできるわよ。いまもう二十八だし、結婚だって考えなければならない年だし。

メイは母親の言葉どおり、家政夫のナギサに頼ることをやめ、それまでよりも朝一時間早く起きて家事も完璧にこなそうとする。そのうえ仕事も手を抜かず、深夜まで自宅で医薬講演会の準備をする。その結果、メイは講演会が終わると、過労とストレスで入院してしまう。そんなメイにナギサは、次のような言葉をかける。

ナギサ：そんなに全部一人で頑張らなくてもいいと思います。どんなに頑張っても、倒れてしまっては、元も子もありません。

仕事も家事も「全部一人で頑張らなくてもいい」。これほど働く女性が癒やされる言葉があるだろうか。このあとメイは、ナギサと家事代行の本契約を結び、家事から解放される。メイは、帰宅しても家の明かりがついていることで安心感に包まれ、「家事を代行してもらえば、仕事に集中できる」ことを実感する。

家政夫というファンタジー――『私の家政夫ナギサさん』から考える格差

家事を代わりにやってくれる人がいて、仕事に専念できる。働く女性にとってこれ以上ない環境を、メイは得ることができた。家政「夫」＝男性が家事を全面的に負担してくれるこのドラマの設定は、家事分担に圧倒的な男女差がある日本社会の現状を「逆転させた」ファンタジーといえるだろう。ただ、やや興ざめかもしれないが、家事代行を依頼できる収入がある女性は、日本にどれくらいいるのかという疑問も生じる。一度立ち止まって考えてみよう。製薬会社のＭＲは、二十代でもそんなに給与がいいのだろうか。

筒井は、家事代行という職業自体、雇う側と雇われる側の所得格差によっていることが多いとする。アメリカではベビーシッターやナニー（住み込みのシッター）を雇う家庭が珍しくない。ベビーシッターやナニーを雇うのは、「フルタイムの共働きによって得られる高い世帯所得」がある家庭であり、雇われるのは移民の女性だという。(8) ベル・フックスは、フェミニストもこのような女性間の格差・分断を見逃しがちだと指摘する。フックスは、フェミニズムの先駆的な著作とされるべティ・フリーダンの『女らしさの神話』は、大学教育を受けた中産階級や上流社会の白人既婚女性という、きわめて選ばれた人々の地位向上しか念頭にないと批判する。

フリーダンと同じように家事から解放され、白人男性と同じように専門職につくことのできる女性が増えたとき、誰がそうした女性の子どもの面倒を見るために、そして家庭を維持するために狩りだされることになるのだろう。(略)彼女は、非白人女性が存在していることや白人女性のなかにも貧しい人びとがいることを無視している。(9)

日本で家事代行として移民女性を雇用する例は多くないと思うが、世帯間の所得格差は確実に存在する。経済的に恵まれた家庭しかナギサさんを雇えない現実を、とりあえず脇に置いて成立している意味でも、『わたナギ』はファンタジーなのである。だからダメだということではない。文学研究者の武田悠一は、次のようにいう。

ファンタジーは現実世界に対する直接的な解決策を示すことはできません。しかし、だからといって、(略)〔ファンタジーを〕現実からの「逃避」と決めつけることはできないと思います。自分が生きている世界の「現実」にどうしてもフィットしないという感覚にとらわれた者にとって、その「現実」とは別の世界で展開する物語を語ることによってしか、みずからが「現実」に対して感じている齟齬を表現することができない、ということがあるからです。[10]

この節の最初で、『わたナギ』は肯定的な意味で、多くの矛盾と葛藤を内包したドラマだと述べた。なぜかといえば、結婚しても家事の負担が自分だけにのしかかってくる現実に直面し、その状況を多くの女性がすぐに変えられそうにないからだ。そして家事をアウトソーシングする経済的余裕をもてないからこそ、日本社会の現状を完全に「逆転させた」、家事を代行してくれる家政「夫」＝男性がいるファンタジーが必要なのである。

女性の成功＝男性化なのか？——『私の家政夫ナギサさん』の女性上司像

日本のテレビドラマで描かれる、仕事でバリバリ活躍する女性や仕事で成功した女性には、どのようなイメージがあるだろうか。筆者がすぐさま思いつくのは、天海祐希が演じた『離婚弁護士』（フジテレビ系、二〇〇四—〇五年）の間宮貴子、『ＢＯＳＳ』（フジテレビ系、二〇〇九年、二〇一一年）の大澤絵里子である。天海は、「理想の女性上司」ランキングでは常に上位に名前があがる。二〇一九年の新入社員アンケートでも二位で、「頼もしい」「姉御（肌）」などのイメージがあるそうだ。[11]

天海祐希が体現する理想の女性上司は、弁護士・警察官・医師などの「専門職」に就いていて、性格的には勝気で「男っぽい」。同じようなイメージの女性職業人では、『アンフェア』（フジテレビ系、二〇〇六年）の雪平夏見（篠原涼子）、『ストロベリー・ナイト』（フジテレビ系、二〇一〇年）

の姫川玲子（竹内結子）などが想起される。雪平、姫川はともに、警視庁捜査一課で唯一の女性班長であり、男性刑事に「女に何ができるか」と言われながらもその評価をくつがえそうと奮闘する。

ここであげたドラマの「理想の女性上司」は、強烈な個性で現場を引っ張っていくリーダーである。これを「交換型リーダーシップ」という。女性に管理職のイメージを調査すると、多くは「交換型リーダーシップ」で職場を統括する男性管理職を思い浮かべるそうである。女性に求められる社会的な期待（女性らしさ）と、男性的リーダーシップの間にギャップが生じてしまうことで、女性がリーダーを目指さなくなる。社会学者の大沢真知子は、次のようにいう。

〔女性リーダーのロールモデルが〕常に長時間労働をしている「ガンダムウーマン」タイプだけであったりすると、逆効果になる。たとえば家事も両立している女性でも管理職になることが可能だと思わせるロールモデルでないと、リーダーを目指す女性が増えない。つまり、モデルの中に多様性が必要なのだ(12)

家事との両立が条件にあげられていることは一度置いておこう。だが、長時間労働をものともしない滅私奉公型の働き方ではなく、ワークライフバランスを保った働き方でも管理職になれる職場環境が必要だという意味であれば納得もできる。大沢は、望ましいリーダーとして「変革型リーダーシップ」という新しいリーダーのかたちも示している。変革型リーダーは、組織のなかで、各人が内発的な動機によって自律的に仕事に取り組む環境を作り出すことに気を配るリーダーである。

『わたナギ』でメイの上司になる古藤深雪支店長（富田靖子）は、この変革型リーダーとして描かれている。古藤は、支店長として赴任する前日なのに、メイの誕生日を祝う支店の飲み会に手作りの誕生日ケーキを持って現れる。赴任前に、支店の社員のプロフィルをすべて把握したのだという。古藤は、メイを北横浜エリアのチームリーダーに指名し、昇進試験を受けることを勧めたりする。

前に書いたように、メイは期待に応えようと頑張りすぎて倒れてしまう。従来のドラマであれば、古藤がパワハラ上司としての本性を徐々に現すという展開も予想されるのだが、『わたナギ』は違う。柔らかい態度で支店の社員の背中を押す姿勢が一貫している。

そして最終回では、古藤が結婚していて、その夫がいつも相談に乗ってくれる薬品卸売会社勤務の駒木坂春夫（飯尾和樹）だとわかり、メイたちは驚く。「うちのカミさんは、お菓子作りが趣味で」と話していた駒木坂の妻が、古藤だったのである。『わたナギ』では、古藤がメイにとって働く女性、女性管理職のロールモデルになっているようである。そのほかのテレビドラマは女性のロールモデルを的確に提示できているのか、考察が必要である。

研究テーマ4―3　現代女性像：3――『獣になれない私たち』／『わたし、定時で帰ります。』

働く女性の生きにくさ

ここまで見てきたように、現在ドラマで描かれる働く女性は、例外なく職場での「生きにくさ」を感じていた。本テーマでは、この生きにくさの所在がどのように表現されているのかを考えてみたい。『けもなれ』の主人公・深海晶（新垣結衣）は、ＥＣサイトの制作・運営会社で営業アシスタントを務めている。ワンマン社長の九十九剣児（山内圭哉）は、営業部のアシスタントである晶に、出張や会食の手配などの秘書業務から得意先でのプレゼンまで、次々に命令してくる。営業部長が辞職して空席になっているため、新人教育の責任まで負わされる始末である。

社長からの業務命令のメールは、早朝だろうが休日だろうがおかまいなしだが、晶は誰よりも早く出社して会議資料を準備する。そんな晶の印象を、行きつけのビールバーで出会う根元恒星（松田龍平）は、「おきれいだけど嘘っぽい。完璧な笑顔がキモい。俺ああいう人形みたいな女ダメだわ」と酷評する（第一話）。「いつも無理して死にそうで、周りに都合よく使われているギリギリ女」だとも言う（第七話）。

一方は、社員の勤務時間や業務範囲などまったく考慮せずに仕事を言いつける「男性上司」。他方は、非正規雇用から中途採用されたが、アシスタント的な地位にとどまる「女性社員」という明らかな権力関係が、晶の生きにくさの根本にある。晶は、「営業アシスタントは秘書ではありません。秘書の業務はいたしません」などの事業内容の改善要求を社長の九十九に突き付ける。だが九十九は、特別チーフクリエイターなどという怪しげなポジションを作って晶に与えただけで、業務改善の要求にはまったく取り合わない。晶の叫びは、大声で自説をまくしたてる九十九によって圧殺されてしまう。レベッカ・ソルニットが『説教したがる男たち』のなかで書いている状況が、まさに『けもなれ』の晶と九十九社長の関係に当てはまる。

言葉を発し、話を聞いてもらい、権利を持ち、社会に参加し、尊敬を受け、完全で自由な人間として生きられるような空間。そこには女性は入れない。かしこまった言葉で言えば、これが権力が行使される一形態だ。同じ権力が、罵倒することによって、物理的な脅迫や暴力によって、また往々にして世界の構造そのものによって、女性を沈黙させ、存在を消し去り、無力にする。(13)

『けもなれ』第九話で晶は、「社長に逆らうと怖いから、面倒だから、黙ってやり過ごして、みんなむちゃくちゃだって思ってるのに表向きは言うことを聞いて、裏で文句言って〔る〕」と、九十九に向かって「吠える」。だが周りの社員は、九十九の迫力に押されて沈黙したままだった。ぼうぜんとした晶は、無礼な発言でしたと謝って引き下がってしまう。最終回の第十話で晶は、「自分を殺して、本当に死んでしまう前に、辞めます」と九十九に退社の意思を示す。周りの社員も晶に心動かされ社長に苦情を言い始めるのだが、九十九は「俺は、認めへんぞー」と変わらないままである。なんだかモヤモヤする結末ではある。「生きにくい側が逃げるしかない」「逃げられるだけまし」というのが、日本の職場で女性が置かれた現実なのだろうか。

『わたし、定時で帰ります。』——自分らしい働き方とは

『わた定』には、働く女性が日本の職場で見舞われるさまざまなトラブルが盛り込まれている。ECサイト制作会社でディレクターとして働く東山結衣（吉高由里子）は、十八時の定時で帰ることをポリシーにしている。有給休暇もすべて消化する。そのため、残業が当たり前のこの会社では、変わった人と思われている。新しく部長になった福永清次（ユースケ・サンタマリア）は、「ほんとに定時で帰ってる。（略）もっと頑張ろうよ、もっと仕事してる人もいるんだし。自分のことしかしない人なの？　お給料もらえれば、それでいいっていう人？」と結衣に皮肉を言う（第一話）。

部長の福永は、保身のために部下に無理な働き方を強いる典型的なダメ上司だ。福永が持ち込んだ星印工場のサイト制作の案件は、通常クライアントに請求する予算の半分で引き受けたものだった。一定の作業を外注する予算がないために、社員は休日出勤を余儀なくされる（第八話）。この案件でチーフ・ディレクターを務めていた先輩社員の賤ヶ岳八重（内田有紀）が、家庭の事情で休職を願い出ると、福永は「どうするのよ。星印。チーフが抜けるってさ」「ありえないよね」と非難する。ひたすら謝罪する先輩の姿を見て、結衣はチーフを引き継ぐことを申し出る。そんな結衣に福永は、「定時で帰るってポリシー貫くって、僕は悪いことじゃないと思うよ。でもさ、定時で

帰るチーフだと、みんなの士気が下がらないか、そこが心配でね」と残業するよう圧力をかける（第八話）。

星印工場の新しい広報課長が、福永を信頼できないと言ったために福永はプロジェクトの担当を外されるが、予算不足で社員が過重労働になっている状況は変わらない。最終回の第十話で結衣は、働き方改革を社是に掲げる社長に直訴する。社長は、「環境も制度もすべて整えた。なのにみんな定時で帰らない。有休を取ろうともしない。どうしてだ」と結衣に問い返す。結衣は次のように答える。

結衣：現場の人たちは、みんな不安なんです。居場所がなくなるんじゃないかとおびえたり、認められたくて無理をしたり、孤独な時間を仕事で埋めようとしたり、変わっていく世の中についていけなかったり、誰にもその気持ちが言えなくて怖いんです。だから、仕事に命をかけてしまう人もいるんじゃないでしょうか。でもそれは間違っています。

『わた定』は、「定時で帰る」「休暇を取る」という労働者にとっては当然の権利が、無理解な上司やほかの社員の無言の圧力でないがしろにされている現実を明らかにする。そのほかの回でも、育休期間が保障されているのに、「〔育休で〕いつまでもダラダラやってたら、会社に席なくなっちゃうでしょ」と職場復帰を焦る賤ヶ岳（第一話・第二話）や、体育会系のノリで、発注先の女性社員に飲み会参加の強要などセクハラまがいの要求をしても自覚がないクライアント（第四話・第五話）などが描かれている。

なぜ最初に声をあげるのは女なのか――傍観・妥協する男たち

『けもなれ』でも『わた定』でも、職場の矛盾に最初に声をあげるのは、いつも女性である。普段「獣になれない」と感じている同じ年代の女性が中心的な視聴者層だから、主人公を闘う女性にしたのかもしれない。だが、例えば非正規雇用では女性が男性の倍以上の比率になっているように、日本の職場のさまざまな矛盾が女性に押し付けられやすいことを、主人公の設定に反映しているともいえる。(14)

典型的な職場は、浮世離れした身軽な労働者に合わせてつくられている。彼は（言わずもがな、男性だ）子どもや高齢者の世話や、炊事、洗濯、通院、買い物で煩わされることもない。（略）全従業員が毎日同じように出勤するのが当たり前の職場では、出勤・退勤の時間も融通が利かない。学校や保育所や病院やスーパーは、勤務地の近くにまとまっているわけでもなく、みんなばらばらだ。そんな職場は、女性にとって不便でしかない。女性が働きやすいように設計されていないのだ。(15)

そして、『けもなれ』でも『わた定』でも、声をあげる女性に対して、男性は傍観しているか、または妥協して訴えをスルーしようとする。前に書いたように、『けもなれ』で業務の改善要求を社長の九十九に突き付けた晶だったが、恒星に「社長には、ぜんぜん伝わってなかった」「悔しいっていうより、虚しい」と述懐する。だが、恒星は「人なんてそう簡単に変われないだろ」と言う（第一話）。実は、晶のことを「周りに都合よく使われているギリギリ女」と酷評している恒星もまた、会計士としてある会社の粉飾決算に加担させられても「断ることができない男」なのだ。晶への酷評は、自己嫌悪の裏返しである。

『わた定』で結衣の職場の副部長・種田晃太郎（向井理）は、会社を辞めて家に引きこもっている弟に「人間は寝なくとも死なない。死ぬ気でやれば乗り越えられる」（第九話）と叱咤するほどの仕事人間である。星印工場の案件で、急に納期を早めてほしいとのクライアントの要求をのんでしまう部長の福永を批判せずに、「納期の件は、僕が交渉します」と請け負う（第八話）。予算不足で福永が社員にサービス残業を求めたときも、「〔残業月八十時間〕超えるようでしたら、僕がカバーします。管理職は残業つきませんし」と引き受けてしまう（第九話）。

『けもなれ』で晶が、「社長に逆らうと怖いから、面倒だから、黙ってやり過ごして〔る〕」と社長に直言するのも、『わた定』で結衣が「休みを取りたい」と社長に直訴したのも、自分や女性だけのためではない。男性を含めた労働者すべてに共通した要求のはずだ。

フェミニズムは全人類を変えようとしてきたし、いまでもそうだ。すでに多くの男性がその試みに携わっているが、いかにフェミニズムが男性にも利益をもたらしうるのか、いかに現状が男性にも害を与えているのかについては、はるかに多くのことが検討されるべきだろう。[16]

『けもなれ』で晶が、意を決して社長に直言したときに、周りの社員は沈黙していた。晶が退職届を出す段階になってはじめて、SEチームリーダーの佐久間久作（近藤公園）が「何が不満かたくさん言ってきたよ。俺も深海さんも」「少しくらい聞いてくれたっていいじゃない」と言い始める。『わた定』の結衣も、かつて残業続きで倒れたことがある元恋人の種田を気遣っていた。最終回になってはじめて種田は、「結衣の気持ちがいまになってわかった。なんで俺の顔を見るたび休めって言ったのか。なんで俺に働きすぎだって、怒ったのか。俺が間違ってたんだな」と気づく。傍観的・妥協的な「獣になれない」自分を男性も脱し、『けもなれ』で晶が退社に追い込まれることないよう、社長の横暴さに対して一緒に声をあげ、『わた定』で結衣が福永に残業を迫られたときに、むしろ定時で帰るのがノーマルだと、闘う女性主人公と連帯する日はくるのだろうか。

注

（1）無償労働の貨幣価値の算出方法。

（2）上野千鶴子によるポスト。二〇一六年十二月二十二日（https://x.com/ueno_wan/status/811878809892859904）［二〇二一年一月二十日アクセス］

（3）CDB「みくり激怒に「楽しくない」という声も…『逃げ恥』最終回はなぜ〝善意の魔法〟を解いたのか」「文春オンライン」二〇二一年一月二日（https://bunshun.jp/articles/-/42606）［二〇二一年一月三十一日アクセス］（のちにCDB『線上に架ける橋――CDBのオンライン芸能時評20

１９―２０２１』〔論創ノンフィクション〕、論創社、二〇二二年〕一八一―一九三ページに所収。）
（４）上野千鶴子「家事労働論争」『家父長制と資本制――マルクス主義フェミニズムの地平』（岩波現代文庫）、岩波書店、二〇〇九年
（５）同書五〇―五一ページ
（６）厚生労働省「平成27年版 働く女性の実情」厚生労働省、二〇一五年（https://www.mhlw.go.jp/bunya/koyoukintou/josei-jitsujo/15.html）［二〇二一年八月二十四日アクセス］
（７）筒井淳也『結婚と家族のこれから――共働き社会の限界』（光文社新書）、光文社、二〇一六年、一〇三、一一六―一一七ページ
（８）同書一五〇―一五一ページ
（９）ベル・フックス『ベル・フックスのフェミニズム理論――周辺から中心へ』野崎佐和／毛塚翠訳、あけび書房、二〇一七年、一八―一九ページ
（10）武田悠一『差異を読む――現代批評理論の展開』彩流社、二〇一八年、七三ページ
（11）明治安田生命「明治安田生命「理想の上司」アンケート調査を実施！ 理想の上司は男性「内村光良」さん、女性「水卜麻美」さんがともに4連覇！ 番外編！理想の新入社員では、男性「大谷翔平」さん、女性「渋野日向子」さんがNo.１！」明治安田生命、二〇二〇年（https://www.meijiyasuda.co.jp/profile/news/release/2019/pdf/20200127_01.pdf）［二〇二一年十二月三十日アクセス］
（12）大沢真知子『21世紀の女性と仕事』（放送大学叢書）、左右社、二〇一八年、一八六ページ
（13）前掲『説教したがる男たち』二三―二四ページ
（14）総務省統計局「労働力調査（詳細集計）２０２３年（令和５年）年次平均」（総務省統計局、二〇

二三年〔https://www.stat.go.jp/data/roudou/sokuhou/nen/dt/index.htm〕〔二〇二四年二月七日アクセス〕）での非正規比率は、男性一八・〇%に対し女性は四六・一%になっている。
（15）キャロライン・クリアド＝ペレス『存在しない女たち――男性優位の世界にひそむ見せかけのファクトを暴く』神崎朗子訳、河出書房新社、二〇二〇年、一〇二ページ
（16）前掲『説教したがる男たち』一八五ページ

第５章　ジェンダーとLGBTQ

二十一世紀になってゲイなどのセクシュアル・マイノリティが登場するテレビドラマが多くなった。だからといって、日本社会から差別や偏見が完全になくなったわけではない。ドラマがセクシュアル・マイノリティの姿をどのように描いているのか、描写がかえって差別・偏見を助長する方向にはたらいていないか、詳細に分析する必要がある。また、セクシュアル・マイノリティへの理解は、これまで人間の本性であるかのように考えられてきた異性愛者やシスジェンダーであることは本当に確からしいものなのか、問い直すことに結び付いてくる。

研究テーマ５―１「ＬＧＢＴＱについて」では、『おっさんずラブ』〔テレビ朝日系、二〇一八年〔第一シリーズ〕〕で異性愛男性が戸惑いながら次第に同性愛への理解を深めていく過程が重要であることを指摘している。また、ゲイ以外のセクシュアル・マイノリティを描くドラマが少ないなかで『女子的生活』（ＮＨＫ、二〇一八年）はトランスジェンダーが主人公である。研究テーマ５―２

「ＬＧＢＴＱ 相互理解ということ」で取り上げた『30歳まで童貞だと魔法使いになれるらしい』（『チェリまほ』）は、主人公二人がお互いの性的指向を理解していく過程を丁寧に描いている。研究テーマ5―3「「男らしさ」とは」では、ドラマ『半沢直樹』（ＴＢＳ系、二〇一三年〔第一シリーズ〕）の銀行内での男性同士の権力闘争のなかで、「男らしさ」がどのように表現されているかを見ていく。研究テーマ5―4「ホモソーシャルな物語とは」では、『ゆとりですがなにか』（日本テレビ系、二〇一六年）で男性主人公たちの連帯が描かれる一方で、性差別を訴えていたゆとり世代の女性が見逃されがちなことを指摘する。

研究テーマ5―1　ＬＧＢＴＱについて――『おっさんずラブ』／『女子的生活』

ためらいないカミングアウト――『おっさんずラブ』黒澤武蔵部長はありか

『おっさんずラブ』は、放送年の「新語・流行語大賞」のベストテンに入るなど、一大ブームを巻き起こした(1)。そのブレークを目の当たりにしながら、筆者のなかではやや複雑な思いが交錯した。『おっさんずラブ』ブームによって、ゲイ男性の恋愛模様をコミカルに描けるほどに、ゲイの存在が日本社会で認知されたことを喜ぶべきかもしれない。だが、待てよ。当事者のゲイ男性たちは、ドラマで面白おかしく表現されることを不快に思い、傷ついていないのだろうか。

『おっさんずラブ』のコミカルさを作ったのは、なんといっても吉田鋼太郎演じる黒澤武蔵部長だろう。黒澤部長が部下の春田創一（田中圭）に向ける情熱は、並大抵のものではない。スマホの待ち受け画面は春田の写真になっているし、オフィスでは部長室のブラインド越しにときどき春田の様子を観察している。第一話、黒澤に呼び出され春田が待ち合わせ場所の公園に行くと、黒澤がバラの花束を持って近づいてくる。そして、いきなり愛の告白を始める。

黒澤：好きです。はるたんが……好きです！　本当はずっと、自分の心にしまっておこうと思ってた。でも、見ちゃったよね。〔スマホの待ち受け〕写真。

男性からの突然の告白に戸惑う春田に対して、黒澤は「俺は結婚していて、妻がいる」「だから、ちゃんと〔離婚〕するまで、待っていてほしい」と矢継ぎ早に続ける。黒澤は、男性が男性に求婚することになんのためらいもない。その勢い、スピード感が『おっさんずラブ』のコミカルさの基調である。ウィリアム・シェークスピアなどの舞台出身で、強面のイメージがあった吉田鋼太郎が演じるから、なおさらだ。さらには春田と同居生活を始めた会社の後輩・牧凌太（林遣都）も、ゲイだった。春田を好きになった牧は、黒澤部長に言う。「春田さんから手を引いてください」「俺は春田さんが好きです。たとえ相手が部長でも、絶対に渡しません！」。黒澤部長―春田―牧の三角関係。そこに、以前、牧と付き合っていた武川政宗主任（眞島秀和）や黒澤の妻・蝶子（大塚寧々）も加わる。

主要登場人物のうち三人がゲイで、ドタバタの恋愛劇の主軸が同性愛というところに『おっさんずラブ』の新しさがあった。ただし、黒澤部長たちの面白おかしい立ち振る舞いで笑わせるこのドラマを、当事者のゲイ男性たちは不快に思い、傷ついていないか、という問いは残る。

異性愛男性の当事者性とは――『おっさんずラブ』後輩・牧への思い

実家で一人暮らしになった春田は牧がゲイとは知らず、転勤したばかりで家が決まっていなかった牧を誘って同居を始めた。家事をそつなくこなす牧との暮らしに満足していた春田だったが、牧にキスを迫られ動揺してしまう。そして、かいがいしく家事をしていたのも、自分が好きだったからか、と牧を責める。耐えきれなくなって牧は家を出ていく。牧を追いかけながら、春田は自分に問いかける。

春田：もし牧が女だったら、あの告白はうれしかったのだろうか。ただ、牧が男だから、ダメなのか？　俺は……俺は。俺はロリで巨乳が好きなんだよー。クソーッ。

ゲイ男性が描かれるドラマでは、異性愛の経験しかなかった春田のようなストレート男性の戸惑いこそ大事なのではないだろうか。ゲイ男性からの告白は、異性愛者が（登場人物だけでなく視聴者が）ゲイを自分とは違う世界の話とせずに、当事者性をもって同性愛を受け止めるための物語装置である。二〇二〇年に話題になった『チェリまほ』の黒沢優一（町田啓太）に対する安達清（赤楚衛二）の戸惑いも同じである。三十歳まで童貞だったために人の心を読めるようになった安達は、自分に対する黒沢の恋心を知ってしまう。[2]

近年のドラマでは、主役でも脇役でもゲイ男性が登場することは珍しくなっている。だからといって、日本でゲイの存在が社会的に認知されたと考えるのは、やや安易だろう。社会学者の森山至貴は、次のように戒めている。

性の多様性を擁護する主張は、ともすると「なんでもあり」で片付けられがちですが、「なんでもあり」という浅い理解と共感は「大きな勘違い」と「知ったかぶり」の温床でもあります。[3]

ゲイに対する偏見はいまだに根強い。自分がゲイであることをカミングアウトしてもいい環境なのか、それをきちんと受け止めてくれる相手なのか、ゲイ男性は慎重なうえにも慎重に見極めなければならない。それをイヴ・コゾフスキー・セジウィックは、「クローゼットの中から周りをうかがう」という巧みな比喩で表現した。自分にとって重要な人、例えば親兄弟、学校の友人、職場の同僚の前では、「あえてクローゼットの中にとどまろうとする場合が非常に多い」。クローゼットから出る（カミングアウトする）のは、勇気のいる行動なのである。[4]

ただ、ドラマのゲイ表現も旧態依然のまま止まっているわけではない。例えば、どちらかの容姿や振る舞いが「女性らしい」から恋愛関係が成立するのだろうという誤解から、かつてはゲイ男性を女性っぽく描く表現がデフォルトだった。異性愛の前提で、ゲイ男性を認識してしまう誤りである。だが、『おっさんずラブ』の牧も『チェリまほ』の黒沢も、「女性らしい」言葉遣いや振る舞いをしているわけではない。男性として男性を愛しているのである。

性自認（自分がどの性かというアイデンティティ）と性的指向（セクシュアリティ、どの性を愛するか）の組み合わせはきわめて多様で、「男と性自認している人は女を愛する」という異性愛関係に限定されない。意識的か無意識か、テレビドラマの表現も、徐々には変化しているようである。

Gは多いがLBTQは少ない――『女子的生活』みきはどう理解されたか

ＬＧＢＴＱをテーマにしているはずの本論だが、ここまではＧ（ゲイ）の話しかしていない。そう、それはそのまま日本のドラマの状況を反映している。ゲイが登場してくるドラマは多数あるが、Ｌ（レズビアン）やＴ（トランスジェンダー）を扱ったドラマはそれよりも圧倒的に少ない。さらに、Ｂ（バイセクシュアル）やＱ（クエスチョニング）の人が出てきたドラマってあった？というくらい記憶に残っていないのである。ゲイが登場するドラマが多い理由として、美しい男性同士の恋愛をあくまで観賞の対象としてめでるＢＬ（ボーイズラブ）小説・マンガを消費する受け手がすでに存在していたことが考えられる。ただし、ＢＬの制作者や批評家は、ゲイ男性を単に「見られる」存在として描くのではなく、「現存するゲイ差別を克服するものを描く」ことを意識し変化しようともしているという。(5)

『女子的生活』は、トランスジェンダーの小川みき（志尊淳）が主人公。トランスジェンダーについて、さまざまに考えさせてくれるドラマである。みきは、アパレルメーカーで働いていて、企業アカウント「女子的生活」でおしゃれな女子の生活を発信している。みきは、化粧やファッションを完璧にして、きれいな女性になることを目指している。そんなみきの家に、高校時代の同級生・後藤忠臣（町田啓太）が、住むところがないと言って転がり込んでくる。後藤は、自分の目の前にいるのが、同級生の「幹生」とは最初気づかない。そのうち食べ方の癖から、みきが幹生であることがわかって、混乱してしまう。混乱する後藤に対して、「初回特典」（一回しか説明しない）と言って、みきは自分のことを説明しだす。

みき：「実はね、私女の子になりたいの」「女の子になって女の子とカップルになりたい」「私はかわいくてきれいな女の子が好きなの」

「初回特典」なのに、ここで多くのことが語られている。まず、みきは「容姿（服装や化粧など）に関する「女らしさ」「男らしさ」の割り当てに抵抗する」異性装者（トランスヴェスタイト）として現れる。[6] ジュディス・バトラーは、トランスジェンダーに限らず、そもそも「女らしさ」「男らしさ」というアイデンティティは、行為や身ぶりなどの身体的記号によって「捏造され保持されている偽造物にすぎないという意味で、パフォーマティヴなもの」だという。異性装者が異性の服をまとうパフォーマンスは、見かけがもたらす「女らしさ」「男らしさ」を意識的に利用することで、女／男になる行為である。

> ジェンダーを模倣することによって、異装はジェンダーそれ自体が模倣の構造を持つことを、明らかにする(7)

　みきは、男性の格好をすることに違和感があり、化粧やファッションで美しい女性になることを目指している。みきは合コンで、オーガニック系のセレクトショップで店員をしているゆい（小芝風花）と出会う。ゆいは、表面的には自然食品を愛する素朴な女性のように見えるが、陰では毒舌で厭世的である。自分はトランスジェンダーだと、みきがゆいに明かしたあとの二人のやりとりが面白い。

ゆい：変態のくせにきれいでムカつく。
みき：そっちこそ、まがいもののくせに透明感すごくて、びっくりするわ。

　トランスジェンダーのみきは、ゆいに「きれいでムカつく」と、女性としてのパフォーマンスを評価される。一方で、解剖学的な性と性自認が一致しているはずのゆいは、パフォーマンスを「まがいもの」と言われてしまう。毒舌だが相手を承認した二人の相互評価は、ジェンダーとはパフォーマティブなものだ、としたバトラーの指摘そのままではないか。
　身体の性別移行は望まないが、女性として女性を愛したいと思っているみきは、ゆいをホテルに誘う。みきは、バトラーがいうように「身体性という意味をもつ偶発的な三つの次元――つまり解剖学的なセックスと、ジェンダー・アイデンティティと、ジェンダー・パフォーマンス」[8]を越境（trans）する存在なのである。三つの次元を越境するみきのあり方が複雑で混乱しているように見えるとしたら、むしろ問題は、それらを固定した関係でしか考えてこなかった私たちのほうにあるといえるだろう。[9]

［追記］
『作りたい女と食べたい女』（ＮＨＫ、二〇二二年〔第一シリーズ〕、二〇二四年〔第二シリーズ〕）は、自らがレズビアンであることを自覚していく女性を描いている。

研究テーマ5―2　LGBTQ 相互理解ということ　――『30歳まで童貞だと魔法使いになれるらしい』

相手に尽くす「純粋な関係性」

ＬＧＢＴＱを主題にした研究テーマ５―１で、ゲイ男性からストレート男性への告白を考察した。その際に、『チェリまほ』で、触れるだけで人の心を読めるようになった安達清（赤楚衛二）が、黒沢優一（町田啓太）の自分への恋心を知ってしまうシーンも事例としてあげた。

この節のもとになる原稿が雑誌に掲載されたあと、読者から、「昔に比べ、性的指向は複雑だという認識が広がりつつあるいま、黒沢がゲイと扱われているのには少し抵抗を感じました」「〔町田さんは〕彼なりの性別を超えた深い愛情表現ができたのではないかと思います」という感想をもらった。同性愛を「性別を超えた愛」と呼ぶことの是非はともかくとして、痛いところを突かれた。実に的確な批判と思う。というのもLGBTQは、性自認や性的指向の非決定性（＝自分の性や愛情対象の性別を決めるのが必ずしも不可欠ではないこと）をこそ提起しているからである。本テーマでは、その点に注意しながら『チェリまほ』を詳細に考察していきたい。

『チェリまほ』をトータルで見ると、安達と黒沢がどのようにお互いを理解していくか、人間関係を築く過程が主題になっていることがわかる。それは、社会学者のアンソニー・ギデンズがいう「純粋な関係性」を求めたやりとりのように思われる。

純粋な関係性とは、社会関係を結ぶというそれだけの目的のために、つまり、互いに相手との結びつきを保つことから得られるもののために社会関係を結び、さらに互いに相手との結びつきを続けたいと思う十分な満足感を互いの関係が生みだしていると見なす限りにおいて関係を続けていく、そうした状況を指している。(10)

生殖によって家系を絶やさないためとか、家族で働き生活を維持していく経済的理由とか、ほかの目的のための手段として夫婦、家族、友人になっているのではない。「純粋な関係性」とは、ともに時を過ごすことから得られる満足感によって成り立つ関係である。『チェリまほ』のなかでは、次のような台詞に安達と黒沢の関係性が表現されている。

安達：黒沢といると、びっくりすることもあるけど、気づいたら笑ってて、一緒にいるのが心地よくて、そんな時間も悪くないなって思えて、いや、そういう理屈とか抜きで、俺……俺、黒沢が好きだ。（第七話）

この「純粋な関係性」は、他者（例えば親）から強制されたものでもなく、こうしなければならないという社会的な規範によるものでもなく、本人同士が自由意思で選んだ結合である。だから、相手と一緒にいることで満たされている感覚を本当にもてているのか、自分に問いかけなければならない。また、相手にも自分と同じような満足を感じてもらえるように、努めなければならない。そして、「純粋な関係性」は、どちらかがその感覚をもてなくなったら関係を解消する自由も含むのである。ギデンズは、「純粋な関係性」が成立するためには、相手への「自己投入（コミットメント＝深く関わること）」が必要だとする。

自己投入を生みだし、共有の歴史をつくり出すためには、一人ひとりが相手のために尽くしていく必要がある。（略）二人の関係性が無期限に維持できる、いわば保証のようなものを、言葉や行いで相手に与えなければならないのである。(11)

『チェリまほ』には、黒沢や安達が、相手のためを思ってコミットメントする場面が多く登場する。第四話で黒沢はチンピラに絡まれた安達を助け、救急箱を持ってきてけがを手当てする。安達は、ためらいなく傷の治療をしてくれる黒沢を「笑顔も優しさも完璧で、ちょっとムカつく」と思っていた。だが、黒沢に触れることで彼の心の声が聞こえる。

黒沢：〔心の声〕失敗したぁ、きっとうざったいよなぁ、こんなふうに傷の手当てしたり、けんかの仲裁だってそうだ、気づくと体が勝手に動いてる、本当に安達のことになると余裕ないな俺。でも、何もしないよりは、できることはしたいよね。こんなんじゃ引かれるかな。
安達：黒沢、ありがとう。本当に感謝してる。手当ても、さっきのことも。
黒沢：大げさだなあ〔笑う黒沢〕。
安達：〔心の声〕完璧だと思ってたけど、悩んで焦って、俺と一緒だ。それなら、俺も何かできるかも。

黒沢は、安達のために自分ができることを常に探している。そして、自分への黒沢の思いを知った安達も、黒沢のために何かできるのではないかと、考え始める。最初は自分にまったく自信がもてなかった安達は、黒沢から愛されるような長所が自分にもあると知り、自己肯定感を得ていく。そして、これまで考えもしなかった積極性を人間関係にもてるように変化するのだ。

相手の心を読めること――カミングアウトへの戸惑いと理解

相手に触れるだけで心の声が聞こえるという設定は、いかにもマンガ的な仕掛けなのだが、黒沢は自分が知らない間に、恋心を安達にカミングアウトしたことになる。他方、安達は魔法の力を得て全能になるわけではない。むしろ、逆に黒沢の気持ちがわかってしまうことで、「やばい、いろいろ考えすぎてうまくしゃべれねえ」と、コミュニケーションができなくなってしまう（第二話）。それは自分の家族や友人から、対面して音声で（それが普通だが）同性愛者だとカミングアウトされたときの戸惑いとなんら変わらないのである。

カミングアウトは、伝えられた側にとっては、それまでよく知っていると思っていた相手が、ふいに「他者」として現れるかのような面がある。そして、そのギャップが大きければ大きいほど、カミングアウトを受けた側は戸惑い、何かを突きつけられた気がしてしまうだろう。[12]

文化人類学者の砂川秀樹は、「カミングアウトは、伝える側と伝えられた側との関係が作り直される行為だ。いや、作り直される行為の始まり、という方が正しいだろう」[13]という。『チェリまほ』でも、相手の声を聞くことで、安達と黒沢の関係の作り直しが始まる。最初、安達は「俺はどうしたいかなんて、さっぱりわからない。（略）直接好きとか言われたわけじゃないし。俺は何も知らない、気づいてない。ただの趣味が合う同期。うん、それでいこう」と、黒沢の思いを受け流し、避けようとする。だが、「どんなかたちでもいい、安達に会いたい。声が聞きたい。できれば笑ってほしい。これ以上は、安達も望んでない。そばにいられるなら、俺は同期でいい」と思っている黒沢の心を知り、不誠実だった自分を責める。

安達：最低だ、俺。〔心の声〕何が放っておくだ。自分の都合でおびえたり、甘えたり。黒沢はいつでも俺に優しくて、俺のことを考えて、それに本気なのに。（略）あんなこと言わせて。自分だけ、ホッとして。放っておくなんて、できないよ。（第二話）

最終回（第十二話）で安達は、魔法の力で黒沢の心を読んでいたことを黒沢に打ち明け、「魔法がなくなっても、何回間違えても、そのたびに黒沢のことを知っていきたい」と訴える。そんな安達の告白に黒沢は、「安達が俺の心を読んでくれたから、俺たち付き合えたんだな。だから、その力には感謝してる。でも、魔法は関係ない。安達を好きな気持ちに。ずっと見てきたんだ、魔法があったって、なくたって、安達は安達だよ」と返す（第十二話）。『チェリまほ』では、黒沢のカミングアウトに安達が誠実に向き合うことで、二人の間の相互理解が深まり、新しい関係が作り上げられた。

性的指向への中立さ

最初にふれた問題――ＬＧＢＴＱが提起する性自認や性的指向の非決定性について考察したい。

『チェリまほ』全体を丁寧に見ると、黒沢は性的指向としてはゲイといっていいが、性的指向が非決定なのはむしろ安達のほうなのではないだろうか。同性愛者である黒沢の恋心を知ってしまった戸惑いもあるのだが、それと同じくらい、いやそれ以上に自分が恋愛未経験者だという安達のコンプレックスが、黒沢の思いに向き合うことをためらわせていたように見える。

第三話、職場の飲み会での王様ゲームの結果、黒沢が安達にキスをすることになった。キスの瞬間、安達が怖がっているように黒沢には見えていることを、安達は黒沢の心の声（「安達めちゃくちゃ怖がってたな。そりゃ、そうだよな。やっぱり」）から感じ取った。キスのあと落ち込み、屋上で一人たたずんでいる黒沢を追いかけて次のように言う。

安達：ほんと俺、見たとおりモテねぇし。キスどころか、誰とも付き合ったことがないっていうか。それで、すっげぇ緊張したっていうか、ビビっただけで、だからつまり、お前が何か反省したりとか、落ち込むことないから。（略）あの、えーと、あの、つまり、いやじゃなかったよ、お前のキス。

この台詞のあと、安達は「放っておけばいいのに、できなかった。この気持ちがなんなのかわからないけど、たぶん、俺、コイツのこと、ただもっと知りたいんだ」と思うようになる。

『チェリまほ』には、性的指向について偏見がない人物が多く登場する。特に、安達と黒沢の同僚の藤崎希（佐藤玲）には、性的指向に対する中立さ＝偏見のなさを感じる。藤崎自身は、「恋愛に興味がない」アロマンティックだが、そのことを隠したまま、結婚の話を持ち出す母親に会うのが苦痛だと、女性の同僚と話している。安達は最初藤崎がアロマンティックだとは知らずに、「みんな恋愛の話好きだなって思いましたけど。べつに人生それだけじゃないっていうか、俺、恋や愛がなくても、それなりに楽しいっていうか」と藤崎に言う。

その後、藤崎の心を偶然聞いた安達は、「人生恋愛だけじゃない」とサラッと言える安達を好ましく思っていて、黒沢が安達のことを好きなことにも気づいていると知る。そのうえで「安達くんには、幸せになってもらいたいなぁ、相手が黒沢くんでも、恋をしても、しなくても」と思い、見守っていることがわかる（第四話）。『チェリまほ』では登場人物たちの性的指向に対する偏見のなさが、安達と黒沢が新しい関係性を築くことを後押ししていることは間違いない。

［追記］

『恋せぬふたり』（NHK、二〇二二年）は、アロマンティック・アセクシュアルの男女を描いたドラマである。

研究テーマ5―3　「男らしさ」とは――『半沢直樹』

『半沢直樹』はなぜ爽快なのか――ホモソーシャルな闘争空間

『半沢直樹』では、「やられたらやり返す。倍返しだ！」という名台詞に、筆者も大いに留飲を下げた。だが、ここまで女性像、ＬＧＢＴＱと考察してきて、筆者には一点迷いがある。『半沢直樹』がもたらす爽快さは、筆者が男性だから感じる爽快さではないのか。

『半沢直樹』の醍醐味は、多額の融資が回収不能になるなど危機一髪のトラブルを半沢直樹（堺雅人）がどう切り抜けるか。そこには必ず東京中央銀行「内」の権力闘争が絡んでくる。このドラマでは、「銀行は人事がすべて」。一度でも失敗したら出世コースから脱落する崖っぷちに、半沢は立たされる。銀行内で半沢が対峙するのは、宿敵の大和田暁常務（香川照之）はじめすべて男性である。日本の現実の銀行でも総合職の女性は非常に少なく、役員や管理職はほぼ男性だといわれればそれまでなのだが、男性だけで作られる場に舞台を設定することで、『半沢直樹』には特徴的な物語空間が生み出される。

そこには、セジウィックがいう「ホモソーシャル」な要素が充満している。ホモソーシャルとは、男性間の社会的絆を表す言葉である。現代の多くの社会で、男性は男性同士の親密な関係があり、同時に性愛を伴うホモセクシュアルな関係と見なされるのを恐れ・嫌悪する（ホモフォビア）。特に「ホモソーシャル」は、ホモセクシュアルな関係とは区別される「男同士の絆」を指すものとして使用される。(14)

本テーマでは「男同士の絆」という観点から、スピード感ある展開で視聴者の心をつかんだ『半沢直樹』第一シリーズ「西大阪篇」を中心に詳しく考察していきたい。「西大阪篇」は、東京中央銀行西大阪支店の浅野匡支店長（石丸幹二）が西大阪スチールへの五億円の融資を独断で強引に進めたことから始まる。ところが西大阪スチールは融資後すぐに倒産。浅野支店長は、融資焦げ付きの責任を融資課長の半沢一人に負わせようとする。

この事件で半沢に敵対するのは、浅野支店長、江島浩副支店長（宮川一朗太）、西大阪スチール社長の東田満（宇梶剛士）と東田の愛人・藤沢未樹（壇蜜）である。さらには、大阪国税局統括官の黒崎駿一（片岡愛之助）が、半沢たち銀行とどちらが先に東田の財産を差し押さえるかという抗争に加わってくる。反対に半沢に協力し助けるのは、西大阪支店の融資課員である中西英治（中島裕翔）・垣内（須田邦裕）・角田（モロ師岡）の三人と、西大阪スチール倒産に連鎖して倒産した竹下金属社長の竹下清彦（赤井英和）、そして銀行同期の渡真利忍（及川光博）である。東田の愛人・未樹についてはのちにふれるが、「西大阪篇」の中心は男性同士の抗争である。

西大阪スチールの債権回収に奮闘するうち、中西はじめ三人の融資課員の男性は課長の半沢への信頼を強めていく。例えば垣内は浅野支店長から半沢の動向を監視するように命じられたが、最終的に命令を拒否する。また、西大阪スチール倒産の被害に遭った竹下社長は、半沢が町工場の技術を評価して融資する銀行員だとほかの経営者から聞いて、協力するようになる。こうして、男性同士の絆は強まっていく。特に注目されるのは、大和田常務の行動である。第一シリーズの前半「西大阪篇」では、大和田は半沢を陥れるように動いていない。むしろ、五億円の債権回収という難題や出向の危機を半沢がどう乗り越えるか、あたかも手強いライバルの出現を待望しているかのようである。セジウィックは小説に出てくる男二人・女一人の三角関係を分析し、恋敵＝ライバルになる二人の男性の絆が、「愛の対象〔争われる女性〕と〔男性〕ふたりをそれぞれ結びつける絆と同程度に激しく強い[15]」としている。

反対に「西大阪篇」の権力闘争で、女性の存在が消されていることにも注目したい。半沢に対する本社の評価を下げて出向に追い込もうと、浅野支店長は西大阪支店の査察（裁量臨店）を急遽画策する（第三話）。本社から送り込まれた人事部次長の小木曽（緋田康人）らが、半沢たち融資課を厳しく問い詰める場面には、半沢と中西ら融資課の男性三人のほかに融資課員らしい女性が一人出席していた。

半沢や融資課員の男性三人と小木曽たち検査役の間では激しい言葉の応酬があるのに対し、この女性は何も尋ねられないし発言もしない。ホワイトボードに資料を張るのを手伝う程度である。ほかの男性行員にはすべて台詞があるのと対照的に、一人だけ沈黙しているのは奇異に思える。同じことは、大阪国税局でも起こっている。統括官の黒崎から調査の進行が遅いと叱責されるのは、いつも男性職員である。この叱責場面の前列には女性職員もいるのに、黒崎との間になんのやりとりもない（第四話）。

さて、筆者が感じた『半沢直樹』の爽快感の理由。それは、「男同士の絆」で形成される権力闘争を擬似体験できるからだろう。力弱きものが力あるものに対抗し、そして勝つ。『下町ロケット』（二〇一五年）、『陸王』（二〇一七年）、『ノーサイド・ゲーム』（二〇一九年）など、池井戸潤原作の日曜劇場には、似たプロットのものが多い[16]。日曜二十時の大河ドラマに続く、日曜二十一時の爽快感ではないだろうか。

泣かない半沢、泣く近藤——「男らしさ」とは何か

『半沢直樹』の主人公・半沢は、銀行内の権力抗争に巻き込まれて上司に責任を押し付けられ、またその結果左遷の危機に陥っても、「やられたらやり返す。倍返しだ！」とまなじりを決して立ち向かっていく。大和田常務のような重役だろうと、堂々と逆らって自説を述べる。半沢は、「人事がすべて」という銀行の組織原理を否定せず、くじけずに出世の階段を上っていくことを目指す（新入社員のときの抱負が「頭取になる」だった）。半沢は、どんな困難に遭っても「泣かない」男なのである。[17]

「男は泣かないものだ」という男性性（男らしさ）は、日本だけのものではないようである。グレイソン・ペリーによれば、社会心理学者のロバート・ブラノンとデボラ・デイビッドがまとめた男性性の基本的な構成要素は、次の四つである。

ひとつ目は「意気地なしはダメ」。二つ目は「大物感」。上に見られたいという欲求（略）、三つ目の「動じない強さ」では、とりわけ危機的状況における男性のたくましさと自信と自立心（略）〔四つ目の「ぶちのめせ」は〕男性の振る舞いにおける暴力性、攻撃性、大胆さ[18]（略）。

半沢は、「大物感」以外の三つの男性性の要素を兼ね備えた「男らしい男」ということになる。半沢と対照的なのは、大学時代半沢と同じ剣道部に所属し、同じ銀行に入社した近藤直弼（滝藤

賢二）である。近藤は、秋葉原東口支店の課長代理だったとき、上司の小木曽からノルマが達成できないことを厳しく叱責され、統合失調症になってしまう。半年間休職し、出世コースから外れた近藤は、第一シリーズ前半「西大阪篇」では本社に帰る見込みがない大阪本店営業システム課勤務。さらに第一シリーズ後半では人事部付きで研修部屋に押し込まれたあと、タミヤ電機に出向になる。タミヤ電機の経理部長になった近藤は、出身の東京中央銀行から融資を受けようと京橋支店に向かう。だが、融資課長代理の古里則夫（手塚とおる）から、「近藤さんそれでも元銀行員ですか。みっともない」と提案書に難癖をつけられ、統合失調症が再発しそうになる。京橋支店を出て、歩道に倒れ込んで泣いているところに半沢が通りかかる（第六話）。近藤は、「泣く男」なのである。

ペリーによれば、男性は先に引用した男性性の基本的な構成要素を常に維持するような社会的圧力にさらされていて、その構成要素が欠ける（男らしくなくなる）と、自分の存在そのものの否定につながるという。

> 男性の頭には必ず司令官がいる。無意識的な内なる声がマイクで命令している（略）男性は何かにしくじると、自分に価値がないと感じ、自己嫌悪に陥ったり不満を他人に向けるかもしれない。(19)

ペリーは『男らしさの終焉』のなかで、男性を束縛している「男らしさ」の殻を脱ぎ捨て、よりフラットな人間関係を構築するように勧める。だが、『半沢直樹』の解決方法は、反対方向に進む。

歩道に倒れ込んだ近藤を見かけて半沢は、近藤を剣道場に誘う。半沢と打ち合ううちに近藤は精神的に吹っ切れて、男性性を回復する。近藤は出向先のタミヤ電機に溶け込んで、よりよい会社にすべく奮闘するようになる。[20]

半沢の妻・花は良妻なのか――「男らしさ」の成立には女性が不可欠

銀行内外での殺伐とした権力闘争が連続するなかで、家庭に帰ってきたときの半沢と妻・花（上戸彩）とのやりとりは、『半沢直樹』のホッとする時間かもしれない。花は、銀行内での夫・直樹の立場にあまり関心がないようにあっけらかんとしていて、出世してほしいと圧力をかけるでもない。第一シリーズ前半「西大阪篇」で危機を乗り切らなければ、マニラに出向になると聞かされたときも、「海外生活。まいっか」という具合である（第五話）。

それでも花は、上司夫人が開く親睦会には出席して夫の立場がよくなるよう振る舞う。また、「西大阪篇」では浅野支店長の不正を暴く手がかりを、本人も意識しないうちに支店長の妻から聞き出し、半沢の窮地を救う。「すまないな、花にまでそんな心配かけて」と半沢が言うと、「だって銀行員の妻だもん」と花は答える。『半沢直樹』では、花のように「陰で夫を支える」妻が肯定的に位置づけられている。ホモソーシャルな銀行「内」の権力闘争の「外」に、それを支える女性が不可欠なものとして組み込まれているのである。[21]

だが、花が「支える妻」を初めから喜んで引き受けていたかというとそうではない。『半沢直樹』をよく見ると、花にも葛藤があったことがわかる。花は先輩（吉田羊）に誘われて、一週間だけフラワーデザインの仕事を手伝いにいく（第四話）。その際先輩に、「もったいないよ。才能あるのにどうしてやめたの？」と聞かれた花は、次のように答える。

花：作品に没頭しちゃったら、家庭のことが二の次になることはわかっていたから、主人にはもう飽きちゃったって言ってやめたんです。そうでも言わないとやるように説得されちゃうから。

「西大阪篇」で東田の愛人だった未樹は、ネイルサロンを開こうとしていた。半沢は、東田から貢がせた金で開業しても長続きしない、銀行から融資を受けるべきだと勧める。「きみが本気なら俺も本気で相談に乗る」と未樹に自立を促す。それに対し、妻の花の自立には答えを出さないままである。もし、花が「支える妻」でなくなったとしたら、ホモソーシャルな男だけの闘争空間が保てなくなってしまうことを半沢は予感しているのではないだろうか。

研究テーマ5―4　ホモソーシャルな物語とは――『ゆとりですがなにか』

宮下茜「忘れられたゆとり」

本書では第6章「現代の若者像」の研究テーマ6―2「「ゆとり世代論」を超えて」で、『ゆとりですがなにか』からドラマの若者像を考察する。その考察のためにドラマを再視聴すると、リアルタイムで同作品を見ていたときに筆者が感じていた違和感、モヤモヤも同時によみがえってきた。違和感の所在は、わかっている。違和感をもたらすのは、このドラマの宮下茜（安藤サクラ）、そして結婚式当日、新郎・坂間正和（岡田将生）が逃げ出すドタバタで終わる二人の結婚である。

研究テーマ6—2では「上の世代から「ゆとり」とやゆされる若者たちもまた、（略）自分たちなりの倫理観に基づいて人生を生きている」と、『ゆとりですがなにか』のプロットをまとめている。坂間は、後輩社員の山岸ひろむ（太賀、現・仲野太賀）の無軌道ぶりに翻弄され、自分より上の世代と同じように世代間の摩擦を感じるようになる。だが、偶然出会った同世代の山路一豊（松坂桃李）、道上まりぶ（柳楽優弥）とお互い支え合い、やがてそれぞれが自分なりの生きる手応えをつかんでいく。

この物語の流れは、『ゆとりですがなにか』のテーマにぴったりフィットしている。結論から先にいえば、『ゆとりですがなにか』にフィットしていると筆者が感じる流れは、坂間、山路、道上、そして山岸という男性登場人物だけの「男同士の絆」によって支えられている「ホモソーシャル」（セジウィック）な物語世界である（研究テーマ5—3参照）。そして、筆者もまた視聴者として、そのホモソーシャルな物語世界から視聴の快楽を得ていたのだ。

一方、茜の存在と坂間との結婚のエピソードは、ゆとり世代論という物語世界にしっくり収まらない異質な要素に思えるのだ。ここでは、茜もまた、ゆとり世代であることは忘れ去られている。成馬零一は、『池袋ウエストゲートパーク』（TBS系、二〇〇〇年）によりながら、宮藤官九郎のホモソーシャルな物語世界に言及している。

本作のホモソーシャルな男たちの共同体に女が入り込み、色恋沙汰が起きることでグループに不協和音が起きるという構造は、後のクドカンドラマで繰り返し描かれることになるのだが、基本的に宮藤のドラマは男女の恋愛よりも仲間同士のつながり、それも異性を排除した共同体に理想を投影している。[22]

仕事も結婚も／仕事か結婚か――茜の二面性と結婚願望

はたして『ゆとりですがなにか』では、どうなのか。筆者もまたホモソーシャルな視点から距離を置くために、茜を中心に『ゆとりですがなにか』の物語をたどってみたい。茜と坂間は食品会社の同期で、半同棲のかたちで七年半付き合っている。坂間は、本社営業から直営店舗の店長に飛ばされた「さえない」社員だ。それに対し、茜はエリアマネジャーへと昇格した「できる」社員である。

得意先とトラブルを起こした後輩の山岸を坂間がキツく叱責すると、次の日山岸は「会社辞めまーすwww」「あんな上司と働いていたらマジで死ぬわ」と、「LINE」で上司や同僚に一斉にメッセージを送ってきた。坂間は、本社に呼び出され茜と上司の早川道郎（手塚とおる）から事情聴取される。このときの茜は、厳しい口調で坂間を問い詰める（第二話）。

坂間：僕らもゆとりだけど、まだ怖い先輩がいて、厳しく指導されたギリギリの世代です。でも彼らは叱られた経験がない、というか叱られないための方法しか学んでない、だから、叱られたら終わりなんです。
茜：次世代バッシングですか？
坂間：いや、そんなんじゃ。
茜：平成生まれとかゆとりとか、なんでも世代のせいにして、個性を否定する考え方じゃないですか。
坂間：そんなんじゃないです。（略）
茜：謹慎処分です。

ところがこのような厳しい事情聴取のやりとりがあった夜、茜の家では、茜はデレデレな感じで坂間に話しかける。

茜：〔実家から送ってきた佐賀牛の〕焼き方は？　レア？　ミディアム？　ねえ、まーちん。
坂間：どっちでも。
茜：あ、三連休あるじゃん。ねえ、どっか行かない？　温泉とか、有休使って遠出しようよ、それか物件見にいく？　吉祥寺にいいのあったよ、２ＬＤＫ。〔舌打ち〕いつまで引きずってんだよ。
坂間：〔沈黙〕
茜：何？　どっちでもって。ここ私んち。いま二人の時間。肉の焼き加減より重要なことはないっ。

茜は職場ではカチッとしたスーツ姿なのに、家ではルーズなルームウエアを着て、髪をおでこの前で結んでいる。口調ばかりか、姿もまったく違う人物のような印象を受ける。職場と自宅で人格が変わることは、大いにありうる話である。だが、茜の場合、スイッチを切り替えるように両極端なのだ。茜は二人の恋愛関係について「同じ会社じゃなかったらって思うよ、最近。お互い見たいところだけ見て、見せたくないところは隠して、仕事の愚痴言い合って」と言う。だが同じ職場で立場に格差ができてしまったために、「まーちんのことが好きだから、仕事にも恋愛にも没頭できないのがヤなの」と嘆く（第一話）。

「できる」社員の茜は、エリアマネジャーからさらに昇格し、新店舗立ち上げのプロジェクトマネジャーとして仙台への赴任を打診される。しかし、長年付かず離れず付き合ってきた坂間のことを気にして即答できなかった（第五話）。茜は、坂間との結婚について、次のように言う（第三話）。

茜：あいつ結婚なめてるっつーか、結婚をなんかの理由にしようとしてる感じが見え見えなんだよね。（略）そういうんじゃなくて、私は結婚だけがしたいの、わかる？　余計なものがいっさいない、理由なき結婚。

茜は、仕事で疲弊した心身をお互い癒やすとか、いまが年齢的なタイミングだからとか、そのようなことが絡まない「理由なき結婚」をしたいというのだ。茜は、社内で順調に昇進している優秀な社員なのに、仕事にそれほど執着がない。「仕事か結婚か」という二者選択が問題にならないのである。第八話で坂間が会社を辞めて実家の造り酒屋を継ぐことを告げると、会社の同僚という利害関係がなくなるためか、茜はすぐさま「しよう、結婚、いますぐ」と言いだす。仙台への栄転もあっさり捨てて、一緒に会社を辞めるという。「仕事も結婚も」ではなく、結婚だけを選び取るのだ。

このような女性の生き方は、性別分業のジェンダーバイアスの議論を経てきた現在では、意外に思える。菊地夏野は、日本の女性は現在二重の社会的圧力にさらされているという。

大学でジェンダーに関心をもって授業を受けにくる学生を見ていると、最近「女性の幸せは家事や子育てだけでなく仕事でも活躍することだ」という意識をもっている子が多い気がして、それを見ていると学生の頃からそういうプレッシャーのもとにあるのはすごく大変なんじゃないかなと思ってしまうんですね。フェミニズムって本当はむしろ女性に対する「活躍しなくてはいけない」とか「結婚して子育てしなくてはいけない」といったさまざまな抑圧からの解放を目指すものだったはずなのに、その正反対のものとして捉えられていることにも戸惑いがあります。[23]

茜はゆとり世代として、「仕事も結婚も」というプレッシャーを受け流しているのだろうか。それとも、「結婚が女の幸せ」と考える古い価値観に回帰した女性と考えるべきなのか。

坂間の逃走劇――男同士の絆による修復

茜は坂間との結婚がいったん破談になった時期に、上司の早川とラブホテルで一夜を過ごした（第七話）。そのことを坂間に言わずにいたが、結婚式の一週間前にバレてしまい、坂間は激しく動揺する。そして結婚式当日、坂間は式場に向かう行列から離れて、走って逃げ出す（最終回・第十話）。そのとき、次のように茜に言う。

坂間：だって、茜ちゃんしか傷ついてないじゃん。俺、全然恥かいてないじゃん。あんなつまんないことで、俺、優位に立ちたくねえし。あんなことで茜ちゃんに負い目感じてほしくないし。

放送時にリアルタイムで視聴していたときには、この逃走劇の意味も消化できなかった。相手だけが負い目を感じての結婚はいやだ、自分も結婚式から逃げ出すくらいの恥をかいて同等になろうとした、というのが素直な解釈かもしれない。ただ、利害得失の関係がない「理由なき結婚」という茜の価値観を、坂間も共有していたとはいえないだろうか。茜は坂間を追いかけず、一人で神社の三三九度の儀式をして、披露宴の新婦席に一人で座って待っていた。坂間が披露宴に帰ってきたときに、茜は次のように言う。

茜：席を立たなかったのは、我慢したのは、正和さんの……ダメだ〔泣きながら〕、坂間家の嫁にな

るためだから。（略）

坂間：こんなの二度とごめんだよ。茜ちゃんじゃなかったら、ここまでしないし、できないし。うんＳ、俺も茜ちゃんとしか結婚しないことを誓います。

一方で、坂間が逃走している間、披露宴の司会として座をもたせようと奮闘したのが山路であり、逃げ出した坂間を披露宴に連れ戻したのは道上だった。ここでは、ホモソーシャルな男同士の絆が、壊れた二人の関係を修復するために機能したのである。『ゆとりですがなにか』では、成馬が指摘する宮藤ドラマの構造＝「色恋沙汰が起きることでグループに不協和音が起き」てはいない。だが、坂間と茜の結婚がメインになったドラマの後半でも、ゆとり世代の「ホモソーシャルな男たちの共同体」は、明らかに保たれていた。連帯すべき女性がいないため、一人で披露宴の席に座っていた茜の孤軍奮闘とは対照的だった。

『ゆとりですがなにか』には、坂間の母・和代（中田喜子）、妹・ゆとり（島崎遥香）、兄嫁・みどり（青木さやか）、道上の妻・ユカ（瑛蓮）など多くの女性が登場する。だが「仕事も結婚も／仕事か結婚か」という迷いや、坂間と「理由なき結婚」ができないという躊躇を、茜と連帯して共有することはなかった。成馬が指摘するように、宮藤官九郎の女性連帯の物語は、翌二〇一七年の『監獄のお姫さま』（ＴＢＳ系）まで待たなければならないのである。[24]

注

（1）放送批評懇談会編「GALAC」二〇一八年九月号（放送批評懇談会）で「おっさんずラブ現象」の特集を組んでいる。本論との関係では、特に滝野俊一「「おっさんずラブ」はストレートな〝純愛〟ドラマである」を参照のこと。
（2）放送批評懇談会編「GALAC」二〇二一年五月号（放送批評懇談会）で「「チェリまほ」の魔法とは？」を特集した。
（3）森山至貴『LGBTを読みとく――クィア・スタディーズ入門』（ちくま新書）、筑摩書房、二〇一七年、三八ページ
（4）前掲『クローゼットの認識論』九七―九八ページ
（5）堀あきこ／守如子編『BLの教科書』有斐閣、二〇二〇年、二二六ページ
（6）以下、トランスジェンダーのさまざまな現れ方については、前掲『LGBTを読みとく』五〇―五一ページ参照。
（7）ジュディス・バトラー『ジェンダートラブル――フェミニズムとアイデンティティの攪乱』竹村和子訳、青土社、一九九九年、二三九―二四二ページ
（8）同書二四二ページ
（9）前掲『LGBTを読みとく』五三ページ
（10）アンソニー・ギデンズ『親密性の変容――近代社会におけるセクシュアリティ、愛情、エロティシズム』松尾精文／松川昭子訳、而立書房、一九九五年、九〇ページ
（11）同書二〇四ページ

(12)砂川秀樹『カミングアウト』(朝日新書)、朝日新聞出版、二〇一八年、一五六ページ
(13)同書三ページ
(14)イヴ・コゾフスキー・セジウィック『男同士の絆――イギリス文学とホモソーシャルな欲望』上原早苗/亀澤美由紀訳、名古屋大学出版会、二〇〇一年、一―二ページ
(15)同書三二ページ。半沢に対する大和田のライバル「愛」=「男同士の絆」は、大和田が半沢の敵か味方かわからなくなる第二シリーズでさらに顕著になる(国税局〔第二シリーズでは金融庁〕の黒崎との関係も同じである)。
(16)池井戸潤原作には『花咲舞が黙ってない』(日本テレビ系、二〇一四―一五年)のように、女性を主人公にしたドラマもある。
(17)第一シリーズで半沢が泣くのは、唯一最終回(第十話)のクライマックス(大和田に謝罪を迫る場面)である。
(18)グレイソン・ペリー『男らしさの終焉』小磯洋光訳、フィルムアート社、二〇一九年、二〇ページ
(19)同書二一ページ
(20)近藤が男性性を回復した結果、いったん半沢は裏切りに遭うのだが、男同士の絆は崩れない。
(21)第一シリーズ後半の羽根夏子(倍賞美津子)、第二シリーズの白井亜希子(江口のりこ)など、半沢に敵対する女性は、常に銀行の「外」にいる。
(22)成馬零一『テレビドラマクロニクル――1990→2020』PLANETS/第二次惑星開発委員会、二〇二一年、一三九ページ
(23)菊地夏野/河野真太郎/田中東子「分断と対峙し、連帯を模索する――日本のフェミニズムとネオリベラリズム」、「総特集 フェミニズムの現在」「現代思想」二〇二〇年三月臨時増刊号、青土社、

一四ページ

(24) 前掲『テレビドラマクロニクル』三七〇―三九二ページ

第6章　現代の若者像

日本のテレビドラマは、十代・二十代の若者を主人公にしたドラマを多数制作してきた。若者を描くことで、急速に変化する日本社会の「いま」を表現することができると制作者が考えるというのが一つの理由だろう。さらには、活力がある若者を主人公に据えることで、前向きな明るいトーンのドラマを提供することができる。民間放送の場合、提供スポンサーがCMを届けたいターゲット・イメージと重なってくるので、営業的にも好ましい。テレビドラマ研究は、ドラマが現代の若者のどのような側面を表象しているのか、しているとしたらそれは的確か、あるいは古い価値観のままで若者を捉えていないかなどを見ていく必要がある。

研究テーマ6―1「『やまとなでしこ』以後」では、世紀の変わり目に制作された『やまとなでしこ』（フジテレビ系、二〇〇〇年）が、所有しているモノ＝商品によって自己を他者と差別化しようとする一九八〇年代から九〇年代のトレンディードラマに見られた価値観を否定し、心を重視するストーリー展開になっている意味を考察する。研究テーマ6―2では、『木更津キャッツアイ』（TBS系、二〇〇二年）が、都会に出ていこうとせず地元にとどまる若者たちに、どのように現代社会が投影されているのかを見ていく。また、『ゆとりですがなにか』では、大人たちから勝手気ままな「ゆとり」と見えるものの、実は自分たちなりの倫理観で必死に生きている若者たちが描かれていることを指摘する。

研究テーマ6―1　『やまとなでしこ』以後

トレンディードラマをリセット

『やまとなでしこ』は、二十世紀最後の年（二〇〇〇年）の最終クール（十―十二月）という世紀の変わり目に放送された。一九八〇年代末から続いたトレンディードラマのリセットを意識的に試みた作品であり、テレビドラマ史の視点からは、『やまとなでしこ』以前と以後といってもいいメルクマールになっている。本テーマでは、二十一世紀の日本ドラマの起点ともいえる『やまとなでしこ』の意義を考察したい。

主人公のスチュワーデス（当時CAはこう呼ばれていた）・神野桜子（松嶋菜々子）は、フライトが終わるたびに金持ちの男を探すために合コンを繰り返す。持ち前の美貌と男を籠絡するテクニックで、「合コンの女王」と呼ばれている。合コンの際に桜子がチェックするのは男性の容姿や性格ではなく、身に着けている時計やアクセサリー、特に車のキーだ。合コン仲間で同僚の武藤操（今井陽子）や後輩の塩田若葉（矢田亜希子）、奥山なみ（須藤理彩）との会話で、桜子は次のように言う。

桜子：いちばんチェックしなければいけないのは車のキー。そこから年収、不動産、持株、男の財力が徐々に姿を表してくる。そのとき私、この人に賭けてみようって思うの。（略）
若葉：先輩、それ恋じゃないですよ。
桜子：実は私、まだ本物の恋はしたことがないの。
操：じゃあ何、桜子の言う本当の恋って。
桜子：中央競馬会の馬主のピン。

（第一話）

中央競馬会の馬主になれるのは、年収五千万円以上で億の資産条件をクリアした本物の金持ちだという。スチュワーデスは当時、女性にとっては憧れの職業、男性にとっては高嶺の花だった。そして高収入の男性と出会うための合コンや、高収入を表象する時計や車などのアイテム、これらすべてがバブルの時代やトレンディードラマを想起させる。

トレンディードラマは、若者を主人公にした男女群像劇であり、登場人物の恋愛関係が物語展開の主軸になるジャンル特性をもつ。トレンディードラマを牽引したフジテレビのプロデューサー・大多亮は、トレンディードラマに必要な要素として、次の三点をあげる。①ロケ地…とにかく話題になっている場所、若い人が集まってくる場所でロケをする。②衣装…スタイリストを導入し、視聴者がみんな着たがるような衣装を着せる。③音楽…主題歌や劇中にかかる音楽は、若い人が聴きたがるものをかける。[1]

『やまとなでしこ』でも、桜子が住んでいるのは代官山、合コン会場は南青山のレストラン。桜子はカードが限度額になるまでブランドの服を買いあさり、合コンのたびに違う衣装を身に着ける。ドラマのなかで効果的に使われている主題歌はMISIAの「Everything」で、二〇〇〇年代女性アーティスト最大の売り上げを記録した。もちろん、第一話の冒頭から怒濤のように繰り出される合コンシーンや桜子の価値観は、トレンディードラマの要素を際立たせるために、これを意識的に大げさに表現したものだ。そしてトレンディードラマが表象する価値観は、『やまとなでしこ』の後半でリセットされる。

目に見えないものが真実——記号消費への批判

桜子は合コンで出会った大病院の御曹司・東十条司（東幹久）にプロポーズされるが返事を曖昧にしたまま、より条件がいい男を探すために合コンを続ける。そんな桜子が、中原欧介（堤真一）や佐久間為久（西村雅彦）、粕屋紳一郎（筧利夫）たちと出会ったのも合コンの場だった。欧介は才能の限界を感じて数学者になる夢を諦め、失恋のショックもあり留学先から帰って家業の魚屋を継いでいる。粕屋も信用金庫の行員なのに、自分と欧介も医師だと偽って桜子たちとの合コンに参加する（佐久間は医師）。桜子は欧介がジャケットの胸ポケットに馬主のピンを刺しているのを目ざとく見つけ、資産家だと勘違いして欧介に近づく。実は馬主のピンは、得意先の御隠居から欧介が預かったものだった。
日本では一九八〇年代に「記号消費」という概念が盛んに使われるようになった。高度経済成長を経て、衣食住が満たされるようになると、実用的な欲望ではなく、他者との差別化を図るために消費者が商品を選択するようになる。例えば衣服は防寒や身体の一部を隠すためではなく、高額なブランドを着て他者に優越していることを示す記号になる。レストランは味よりも立地が記号として重要視される。
欧介が身に着けていた馬主のピンは資産家を表象する「記号」であり、桜子は欧介の「記号」から欧介の「実体」を判断して近づいたことになる。だが、欧介の「真の」実体は、多額の借金を抱えつぶれそうな魚屋である。欧介は職業を偽って合コンに参加したことを悔い、真実を話そうとするが、かつて失恋した恋人の雪子にうり二つの桜子に引かれているため、なかなか言いだせない。

桜子：さっき婚約者と別れました。（略）欧介さんと巡り会えたからです。（略）
欧介：まだ知り合って間もないし、桜子さんに何一つ自分のことを話してない。
桜子：でも、私にはわかるんです。
（第一話）

欧介は、東京湾の釣り船デートで桜子が釣った真鯛を、心を込めて料理するという。

欧介：お金より心が大事ですよね。

桜子：いまなんて？（略）お金より心が大事？　欧介さんはお金持ちだから、そんなことが言えるんです。子どものころから一度もつらい思いをしたことがないんじゃないですか。心なんてきれいごと言ってたら、一生貧乏から抜け出せない。貧乏人を幸せにしてくれるのはお金、お金だけ。あたし、貧乏なんて大嫌い。

欧介：桜子さん、どうしたんですか？

（第一話）

実は、桜子は富山の貧しい漁師の家に生まれた。貧しさから逃れるために、高校卒業後に上京してスチュワーデスになったのだった。『やまとなでしこ』では、馬主のピンを身に着けた欧介／魚屋の欧介、スチュワーデスの桜子／貧しい家に生まれた桜子などの対概念がふんだんに登場する。前者の目に見える表象は偽りであり、後者の真実の実体を覆い隠しているとする。そしてお金と心も、目に見えるもの／見えないものという対になっている。

第七話では欧介の母・富士子（市毛良枝）が脳梗塞で倒れ、入院する。富士子は意識がまだはっきりしないなかで、見舞いにきた桜子を欧介の昔の恋人・雪子と勘違いして言葉を交わす。

富士子：欧介、貧乏だけどきっとあなたを幸せにできるわ。お金じゃ買えない、たった一つのものので。

桜子：一つお伺いしたいんですけど、お金じゃ買えない大切なものがあるとしたら、そのたった一つのものってなんですか。

富士子：それは欧介と一緒にいたら、わかるでしょ。

欧介の母・富士子のこの言葉は、桜子自身の亡くなった母・撫子（片岡礼子）が幼い桜子に言い聞かせた言葉とそっくりなのだった。「お金よりもっと大切なものがあるの。世界中のどこにも売ってない大切なもの。きっとね、みんな生まれてくる前から、それを探してる。お金じゃ買えない、たった一つのものよ」という母の言葉を桜子は思い出す。目に見えるもの、記号化された豊かさ＝バブルとトレンディードラマのリセットが、ここから始まる。

ただ、富士子も撫子も、「お金じゃ買えない、たった一つのもの」とはいったいなんなのかを、桜子に具体的に言ってはくれなかった。それは「生まれる前から探している」「自然にわかるもの」、もはや言語化さえできないものなのである。東十条との結婚式のさなか、欧介が魚河岸で倒れたという情報を耳にした桜子は、式を投げ出しウエディングドレスのまま病院に駆けつける。桜子は自分がどうやって病院まで来たのか、記憶がないという。後日あらためて欧介の前に現れた桜子は、次のように言う。

桜子：私はあなたを永遠に失ってしまうかもしれないと思いました。そのときの気持ちなら説明できます。お金には換えられない、たった一つの大切なものがあるとしたら、（略）あなたはいつの間にか、ずっと前から、私のなかにいた。

（第十話）

そして最終回（第十一話）、数学をやりなおすためにアメリカに再渡航した欧介を桜子は追いかけていき、二人は結婚する。生まれる前から運命づけられていた一人に出会い、そして結ばれる。なんと、ロマンティックなエンディングだろうか。ロマンティック？？　そう、本書の読者ならお気づきのように、『やまとなでしこ』がトレンディードラマをリセットした末にたどりついた結論は、まさにロマンティック・ラブ・イデオロギーだった。ロマンティック・ラブ・イデオロギーとは、「運命の人と出会い、恋愛し、結婚する」ことが人生の正しい道だとする考え方である（研究テーマ4―1を参照）。

桜子は間違っていたのか――失われた三十年からの視点

ただし、このような『やまとなでしこ』への評価は、バブルが崩壊して長期的な経済的停滞から抜け出せない「失われた三十年」を経た視点に立ったものかもしれない。『やまとなでしこ』が放送された二〇〇〇年は、いずれ景気が循環して日本経済は勢いを取り戻すと、まだ「夢を見ていた」時期だったのではないだろうか。だが、二十一世紀に入ると、一〇年に日本航空が会社更生法の適用を受けて上場廃止される。女性の憧れの職業だったスチュワーデスも解雇整理の対象になり、多くが非正規雇用になった。呼称も、性別表象がないようにキャビンアテンダント（CA）と言い換えられる。

「失われた三十年」を経た二〇二〇年代だからこそ考えたいのは、合コンに血道をあげていた時期の桜子は、すべてが否定されるべき存在だったのかという点である。回を追ってこのドラマを見ていくと、「お金じゃ買えない、たった一つのもの」があると欧介の母・富士子から言われ、自分の亡くなった母・撫子の同じ言葉を思い出した第七話あたりから、桜子の生気が失われていくように思えるのだ。真っ当な人間になったともいえるのだが、それはもしかしたら、ロマンティック・ラブ・イデオロギーに沿った保守的な安心感なのかもしれない。

二〇二〇年代の桜子は、合コンで高収入の男を探すのではなく（それは現実的にかなり難しい）、自分のスキルで貧乏から脱してやると意気込んで上京し、目をキラキラさせながら職場でのし上がっていく桜子かもしれない。もちろん、最高かつ対等なパートナーを見つけることに貪欲であってもいい。それも一つのファンタジーなのだが、現在求められているのは、ときには傍若無人に自分の道を切り開いていく主人公のドラマではないだろうか。

研究テーマ6―2　「ゆとり世代論」を超えて――『木更津キャッツアイ』／『ゆとりですがなにか』

『木更津キャッツアイ』の時代感覚――マイルドヤンキーの視覚化

近年の脚本家のなかで、宮藤官九郎ほど若者と真摯に向き合い、描こうとした脚本家はいないのではないだろうか。『木更津キャッツアイ』は、以降のゼロ年代若者論に視覚的な像を提供した画期的な作品である。筆者はかつて、『金曜日の妻たちへ』シリーズ（『金妻』、ＴＢＳ系、一九八三―八五年）が、「第四山の手論」に見られるようなスタイリッシュな郊外像を喚起したことを論じた。(2)

『木更津キャッツアイ』は、それと同じ役割を、ゼロ年代の若者論で果たしている。成馬零一は、このドラマを次のように評価する。

高校卒業後も地元に留まり仲間たちと学生時代の昔話ばかりしているぶっさんたちのライフスタイルは、二〇一四年に『ヤンキー経済消費社会の主役・新保守層の正体』（幻冬舎新書）でマーケティングアナリストの原田曜平が定義した〝マイルドヤンキー〟の姿を十二年前に先取りしていたと言える。(3)

『木更津キャッツアイ』の登場人物、ぶっさん（岡田准一）、バンビ（櫻井翔）、アニ（塚本高史）、マスター（佐藤隆太）、うっちー（岡田義徳）は、同じ木更津第二高校の野球部に所属していた。野球部は地方大会の決勝まで進出したが敗退する。それ以降、東京の大学に通うバンビ以外の四人は、千葉県木更津市を出ずに暮らしている。マスターは居酒屋「野球狂の詩」を営んでいるが、ほかは定職にも就いていない。第三話、バンビが東京での合コンをセッティングする。参加メンバーになったぶっさんは、次のように言う。

ぶっさん：俺、東京行くの初めてなんだわ。
一同：ええっ!?（略）
ぶっさん：行こう行こうと思うんだけど、なかなか難しくて。

バンビ：行かねえほうが難しくねえ？　その年で。

ぶっさんのように地元での暮らしに満足して、遊びでも都会に出ようとは思わない若者。これが若者への面接調査の結果から原田曜平が提起した「マイルドヤンキー」の行動特性とぴったり重なる。原田は、マイルドヤンキーを簡単に説明するなら、「上『京』志向がなく、地元で強固な人間関係と生活基盤を構築し、地元から出たがらない若者たち[4]」のことだとする。

彼らの多くは（略）中学生時代と地続きの「居心地の良い」生活をキープしたいだけなのです。

（略）

彼らが頻繁に足を運ぶファミレスもファストフード店も大型ショッピングモールも、中身は全国どこでも一律ですから、郷土愛とは何の関係もありません。[5]

地元や地元友達を捨て、どんどん新しいライフステージに移行し、新しい友達を増やしていく人は、自分たちとは異質で脅威的な存在です。[6]

マイルドヤンキーたちの地元意識は、「どこの土地でも置き換え可能な、カタカナの「ジモト愛」と名付けてもいい」と、原田はいう。また、昔のヤンキーの「成りあがり」精神はどこにもなく、「徹底したキャリア志向のなさ」が、マイルドヤンキーの特徴だとする。

原田は、宮藤の『池袋ウエストゲートパーク』と『木更津キャッツアイ』を、このようなマイルドヤンキーの原型を表現した作品だと評価する。確かに、高校時代の野球部仲間とだけ一緒に行動し、常に集合するのはマスターが経営する「野球狂の詩」というぶっさんたちの行動様式は、マイルドヤンキーそのものに思える。

キャッツアイの「地元」愛とは――「地方にこもる若者たち」

岡山県倉敷市で調査をおこなった社会学者の阿部真大も、『地方にこもる若者たち』で同じような若者像を描いている。阿部が面接調査した「約四人に三人の若者たちが「イオン的なところ」で余暇を過ご」す。阿部は、「大都市のような刺激的で未知の楽しみがあるわけではないが、家のまわりほど退屈なわけではない、安心してほどほどに楽しめる場所。それが、多くの若者を捉えて離さないイオンモールの正体である(7)」という。一方で阿部は、地方にこもる若者たちは、「収入が低く、未来の見通しも悲観的」だとする。そのような若者たちを金銭面で支えているのは親だ。彼らは、「親と離れては生きていけないのだ。つまり、低賃金のもたらすディスアドバンテージを親との同居によってカバーしている状態にある(8)」。

そうして見ると、『木更津キャッツアイ』の五人は、全員親と同居している。第一話で、アニはプロ野球入りが有望な弟・純と夕食の量で差をつけられる。

母：今日から晩ごはんは歩合制ですから。

アニ：歩合制だあ？（略）
ぶっさん：そりゃしょうがねえよ、純は地元のエースでアニは無職なんだから。

また、出身校の教頭からは、「お前らから野球取ったらなんの取りえもないゴロツキだ」「二十歳過ぎてフラフラしている人間をほかになんと言えばいいんですか」とやゆされる（第一話）。『木更津キャッツアイ』が、原田や阿部の著作に先立つこと十数年前に放送された作品ということを考えると、宮藤が描いたゼロ年代の若者像の的確さに驚かされる。

ただし、ぶっさんたちにとって木更津が本当に「どこの土地でも置き換え可能な、カタカナの「ジモト」」だったのかについては、もう少し丁寧に番組を読み込んだほうがよさそうだ。西田善行は、戦後に新日鉄（当時）の企業城下町として発展した木更津の繁栄と衰退を追う。そして、『木更津キャッツアイ』のぶっさんたちの自宅（例えば、ぶっさんの理髪店、バンビの呉服店など）が、「どこの土地でも置き換え可能な」ロードサイドではなく、戦後に形成された西口みまち通り商店街に位置していると指摘する。つまり、『木更津キャッツアイ』の舞台は、「かつての（繁栄していた）木更津を彷彿とさせるもの[9]」になっている。

ぶっさんたちにとって、木更津は「ジモト」ではなく、「地元」だったといえないか。そうして見ると、ぶっさんたちの行動様式は、『池袋ウエストゲートパーク』のマコト（長瀬智也）の行動様式と同質のものと考えたほうがいい。マコトは、池袋西口公園商店街の果物屋の息子だった。西田の指摘から、『あまちゃん』（ＮＨＫ、二〇一三年）の岩手県南三陸町や、アイドルグループＧＭ

Tのデビュー曲「地元に帰ろう」など、地域社会と若者を宮藤がどう捉えていたかに議論を展開することもできる。

『ゆとりですがなにか』――新しい世代の倫理

ただ、ここでは再び『ゆとりですがなにか』に検討の焦点を移したい。この作品は、宮藤の若者論の現時点での到達点といえる。主要登場人物はいずれも一九八七年生まれで、いわゆる「ゆとり世代」に属する。シナリオ集の「まえがき」で宮藤は、「彼らの口から出る「ゆとりなんで」と俺の発する「最近の若い奴らって」、実は同義語なんじゃないか。世代間の思考停止を招く呪いの言葉なんじゃないか。考えるのを諦めず、ひたすら掘り下げたら何か見つかるんじゃないか」という。(10)

わざわざドラマのタイトルに「ゆとり」という言葉を入れ宮藤が目指したのは、現代の若者を安易に束ねて語ることからの脱却だった。成馬は、そのために宮藤が仕掛けたプロットを次のように指摘する。

本作が巧みだったのは、「ゆとり世代」をモチーフにしながら、大人対若者という対立構造を選ばなかったことだ。ゆとり第一世代の坂間は、上司からは「これだからゆとりは」と、厳しい目で見られる一方、自分たちより年下の一九九〇年代生まれの世代には、頭を悩ませるという板挟みの立場にある。(11)

坂間が勤める食品卸会社の新人の山岸ひろむ（太賀、現・仲野太賀）は、営業のために得意先に顔を出すような「泥仕事はしたくない」と先輩の坂間に言い放つ。ところが、山岸の発注ミスで仕出し弁当屋の野上（でんでん）から食材が届いていないという連絡が坂間のところにくる。電話だけで事後処理をすまそうとする山岸に坂間は怒り、山岸を引っ張って仕出し弁当屋に出向き直接謝罪する。謝罪がすんで山岸は「初めて、ちゃんと叱ってもらえた気がします」と坂間に礼を言う（第一話）。ところが、山岸はその日のうちに「LINE」で「会社辞めまーす」と連絡。さらに得意先での謝罪を強要されたと、坂間のパワハラを会社に訴える（第三話）。

坂間は上司など上の世代から、山岸と同じ「ゆとり世代」と括られることをいやがる。自分たちは「ゆとり第一世代」で、「僕らもゆとりだけど、まだ、怖い先輩がいて、厳しく指導されたギリギリの世代です」と言う（第二話）。

坂間は、得意先回りを「泥仕事」と言ってさげすむ山岸に共感できない。彼自身の倫理観をもっている。番組終盤には「いろいろな経験ができて、社会人生活の元が取れた」と言って、会社を辞め生家の酒蔵を継ぐことになる（第八話）。小学校教師の山路は、年下の教育実習生・佐倉悦子（吉岡里帆）に翻弄されながらも、学習障害の生徒への対応などを通じて（第六話）、教師としての手応えをつかんでいく。道上も、大学受験で十一浪しながら風俗店の呼び込みを続けていた。だが、職場で苦闘している坂間の姿を見て、「自分探しをしている場合じゃない」と植木屋で働き始める（第七話）。

上の世代から「ゆとり」とやゆされる若者たちもまた、けっしてお気楽に過ごしているわけではなく、自分たちなりの倫理観に基づいて人生を生きている。宮藤は、そのような若者を「掘り下げ、見つけた」のではないだろうか。ただ、宮藤が提示した若者像は卓抜だったにしても、少し立ち止まって考えたいことがある。ぶっさんも坂間も彼らなりの幸福を見つけ生きているのだから、それでいいじゃないかといわれればそれまでなのだが、何か彼らを覆う社会の重苦しさを感じるのである。マイルドヤンキーたちについて語られてきた「居心地のよい人間関係をキープする」「徹底したキャリア志向のなさ」という特質は、実は日本社会の「失われた二十年（いや三十年）」のために、若者がそのようにしか生きられなかったからなのではないか。

橋本健二は『アンダークラス』で、男性二十代の大多数（七八・八％）が「生活に満足」と答える一方で、「幸福だ」と答えているのは半数（四六・五％）にすぎないことを指摘している。特に、低所得者層の男性では、幸福と感じている人の比率はさらに低くなる（三五・〇％）[12]。この満足と幸福のギャップこそが、現代の若者を象徴しているように思われる。

注

（1）前掲『ヒットマン』一〇―一一ページ

（2）藤田真文「ドラマはどこまで現実か　鎌田敏夫が描く80年代日本社会　第3回「金曜日の妻たちへ」と近代家族の揺らぎ（1）――東京郊外の視覚化」、放送批評懇談会編「GALAC」二〇一三年十一月号、放送批評懇談会（本書第11章「東京郊外の視覚化――『金曜日の妻たちへ』と近代家族の揺らぎ」にあたる。)

(3)成馬零一「2000年代の宮藤官九郎――〈ジモト〉と〈共同体〉の再編をめぐって」、前掲『テレビドラマクロニクル』二二二ページ

(4)原田曜平「マイルド化するヤンキー――悪羅悪羅系残存ヤンキーとダラダラ系地元族」『ヤンキー経済――消費の主役・新保守層の正体』(幻冬舎新書)、幻冬舎、二〇一四年、二五ページ

(5)原田曜平「地元から絶対に離れたくない若者たち――マイルドヤンキー密着調査」、同書四一―四二ページ

(6)原田曜平「ヤンキー135人徹底調査」、同書一四七ページ

(7)阿部真大『地方にこもる若者たち――都会と田舎の間に出現した新しい社会』(朝日新書)、朝日新聞出版、二〇一三年、一五、三三ページ

(8)同書六七、七二ページ

(9)西田善行「国道十六号線/郊外の「果て」としての木更津――『木更津キャッツアイ』は何を描いたのか」、塚田修一/西田善行編著『国道16号線スタディーズ――二〇〇〇年代の郊外とロードサイドを読む』所収、青弓社、二〇一八年、二二六―二二九ページ

(10)宮藤官九郎『ゆとりですがなにか』KADOKAWA、二〇一六年、三ページ

(11)成馬零一「2010年代の宮藤官九郎――東日本大震災後の日本社会をめぐって」、前掲『テレビドラマクロニクル』三五七ページ

(12)橋本健二『アンダークラス――新たな下層階級の出現』(ちくま新書)、筑摩書房、二〇一八年、一〇一―一〇五ページ

第7章　現代の家族

ホームドラマというジャンル名もあるように、家庭は職場とともにテレビドラマで最も多く描かれる場所である。『肝っ玉かあさん』（TBS系、一九六八―七二年）、『ありがとう』（TBS系、一九七〇―七五年）など、一九六〇年代から七〇年代のホームドラマは、老夫婦・息子夫婦・孫という三世代家族が登場人物になるものが多かった。そこでは、しばしばコミュニティ（隣近所）を含め、登場人物を包み込む温かい人間関係が描かれた。だが、七〇年代末以降、現実社会で核家族化が進んだこともあり、夫婦間の性別役割分業の不平等や親子の世代間対立などを扱う深刻なストーリーのドラマが多くなる。テレビドラマ研究では、ドラマがどのような形態の家族を描いているか、描かれた家族がどのような社会問題を表象しているかが分析の焦点になる。

研究テーマ7―1「家族ドラマの困難さについて」では、一人暮らし世帯が急速に増える現代に家族ドラマを制作することの困難さを、一九六〇年代を舞台にした朝ドラ『ひよっこ』から考察する。同ドラマで描かれる家族は、必ずしも父母がそろった家族ではないのだ。研究テーマ7―2「不倫ドラマ、その先へ」は、いったん結婚したら結婚相手以外との性交渉をタブーとする不倫ドラマの倫理観が、現代の不倫ドラマでは変容していることを指摘する。そこから発展して、ポリアモリー（複数愛）という異性間（あるいは同性間）の新しい関係構築の倫理から、現代でなお家族であることの意味を考えていく。

研究テーマ7―1　家族ドラマの困難さについて――『ひよっこ』

壊れた家族からの出発

脚本家・岡田惠和は、ドラマのなかで家族を描くことが困難な時代で、家族のあり方を模索しつづけている。なぜ家族を描くことが困難かといえば、ここ数十年で日本の家族のかたちが急速に変化したからだ。二〇二一年六月に発表された二〇二〇年国勢調査速報値で、「東京都の一世帯あたり人数が二人を下回った（一・九五人）」ことがニュースになり、筆者は「ついに！」と思った。夫婦だけとか、一人親と子どもとか、家族の最小単位は二人である。「世帯の平均人数一・九五人」は、東京では、一人暮らし（単独世帯）が家族の世帯数を上回ったことを意味する。

家族社会学者・落合恵美子の『21世紀家族へ』は、高度経済成長によってサラリーマン家庭が増えたことではじめて「専業主婦」が生まれたことを明らかにした。また、同時期に「子どもを二、三人産むのが当たり前」という規範も強くなった。落合は、これを「二人っ子革命」と呼ぶ。家の外で働く夫と専業主婦の妻、そして二人の子どもからなる核家族。非常に画一化した家族が主流になる時代が、「家族の戦後体制」[1]だった。落合によれば、「家族の戦後体制」の安定期は、一九五五年から七五年までである。岡田は、偶然にも筆者と同じ年生まれ。「家族の戦後体制」の真っただなかで育ったことになる。しかし、七五年以降、核家族の比率は頭打ちかむしろ低下していく。核家族のなかでも「夫婦と子ども」からなる〝家族らしい家族〟の減少は著しく、二〇一五年には全世帯の二七%でしかなく、三三%の一人暮らし世帯（単独世帯）に抜かれている[2]。

『ひよっこ』の物語は一九六四年から始まる。「家族の戦後体制」の安定期だが、奥茨城村という農村部にあるため、主人公・矢田部みね子（有村架純）の家は、祖父と息子夫婦、三人の子どもという三世代家族である。みね子は、高校卒業後、家事手伝いとして地元に残るつもりだった。だが、東京に出稼ぎにいった父・実（沢村一樹）が音信不通になり、東京の工場（向島電機）に集団就職しなければならなくなる。「家族が壊れること」から『ひよっこ』の物語が動きだす。

『ひよっこ』に登場する家族の多くは、典型的な核家族ではない。例えば、みね子が向島電機のあとに働く東京・赤坂のすずふり亭の家族構成は、店主の牧野鈴子（宮本信子）、息子でシェフの省吾（佐々木蔵之介）、そして娘の由香（島崎遥香）の三世代である。由香の母は、レストランを立ち上げるなかで過労のため亡くなる。母親の死が原因で、由香は鈴子、省吾と折り合いが悪くなり、家を出ている。すずふり亭があるあかね坂商店街のほかの家も、典型的な家族ではない。中華料理店・福翠楼の福田五郎（光石研）・安江（生田智子）夫婦には子どもがいない（のちに養子を取る）。

和菓子屋・柏木堂の柏木ヤスハル（古舘佑太郎）も、一郎（三宅裕司）が親戚から迎えた養子である。一九六〇年代の日本、それも茨城の農村や東京の古い商店街が舞台であれば、かつてのホームドラマのような、ほのぼのした大家族の物語にしてもいいはずである。しかし、岡田は、典型的な家族から見れば、「誰かが欠けている」家族を物語の中心に据えている。

『ひよっこ』の情緒的な連帯――家族に代わる場所

では、『ひよっこ』が殺伐としたドラマかというと、視聴者はまったく逆の印象をもったのではないだろうか。というのも上京して以来、みね子の行く先々に「家族のように」みね子を包み込む場が待っているからである。近年岡田は、「悪い人、意地悪な人がいっさい登場しない」ドラマ世界をあえて構築しているように思う。みね子が最初に就職した向島電機には、「乙女寮」という女子寮があり、高校の同級生・助川時子（佐久間由衣）とともに入寮する。寮には東北地方や北関東から来た女性工員が暮らしている。寮長の秋葉幸子（小島藤子）をはじめとする先輩は、上京したばかりのみね子たちを温かく迎え、寮や会社での暮らしを一から導いてくれる。舎監の永井愛子（和久井映見）も、寮生から「お母さんみたいだな」と慕われ、気軽な相談相手になる。

手先が不器用なみね子は、トランジスタラジオの組み立てラインで部品の取り付けがうまくできずに、ベルトコンベヤーをしょっちゅう止めてしまう。そのとき、愛子は次のように言う。

愛子：作業はみなの力がそろわないといけません、失敗は連帯責任。でも同じ仲間ですから、責め

たりなんかしない。（第二十七回）

みね子と寮の同室になった兼平豊子（藤野涼子）は、中学時代は成績優秀だったが、家計が苦しくて高校にいけず就職した。自分の不遇を嘆き、最初は周りがすべて敵のようなとげがある言葉をみね子たちに投げかける。そのような豊子の姿を見た時子は、次のようにいさめる。

時子：ここの仲間は、あんたのことちゃんと認めてるよ。そんなふうに、いぢいぢ冷たいようなことを言わなくていいんだよ。（略）新しい自分になれんだよ。（第二十九回）

フラットな関係は、そのあとも続く。向島電機の倒産後にみね子が勤めたすずふり亭店主の鈴子は、「ここに来て仕事をしている間は、上下関係とか、ましてや男だから、女だからというのはない。お互いに言いたいことがあったら言う。対等の仕事をする仲間、わかる?」と、みね子に店の方針を言い聞かせる（第六十三回）。シェフの省吾も、殴るなどして調理を教え込む「軍隊式の上下関係は嫌いだ」と言う（第六十五回）。家族社会学者の永田夏来は、高度経済成長期の家族の役割について次のように述べている。

戦後に登場し、高度経済成長期に普及した近代家族は夫婦が協力して幸せになることが目的とされます。こうした目的が社会で共有されるようになった背景として、「田舎」から出てき

た若者に「居場所」を提供し、社会秩序を維持するという逼迫した問題があったことは押さえておく必要があると思います。(3)

そして、永田はアンソニー・ギデンズの「純粋な関係性」という概念を引用しながら、一人暮らし世帯（単独世帯）が中心になった現代社会では、親密な人間関係を築けずにリスクを一人で抱え込むような人が出ない仕組みが必要だとする。ギデンズがいう「純粋な関係性」とは、「成人したら結婚し家族を持たなければならない」などの常識の枠に左右されず、ほかの人と親密な関係を作ることそれ自体を目的とする人間関係をいう。(4)

『ひよっこ』では、乙女寮、すずふり亭、あかね坂商店街、そしてすずふり亭の隣にありみね子が住むあかね荘、すべてがみね子が安心して身を任せられる「居場所」になっている。

家族である意味——家族の再構築

たとえ一人暮らしでも、ほかの人と親密な関係を作ることができる「居場所」があれば、社会から孤立せずに生きていくことができる。しかし、だとすると依然として「家族である」ことは必要なのか。必要だとすれば、それはどのような理由からなのか。現代で家族ドラマを作ることの真の困難は、この問いへの答えが求められているからではないだろうか。

出稼ぎにいったまま行方不明になっていたみね子の父・実は、強盗に暴行され記憶喪失になっていた。そして実は、たまたま出会った女優の川本世津子（菅野美穂）に保護され、二年同棲していた。実の行方を家族が知り、世津子の家から連れ戻した日、実とみね子、母・美代子（木村佳乃）は、三人で蕎麦屋に入る。いきなり目の前に現れた妻と娘に戸惑いながらも、実はその場を和ませようと冗談を交えながら蕎麦屋で談笑する。そのような実の姿を見た美代子は、後日友人たちに次のように言う。

美代子：私のこど覚えでなくてもね……あぁ、この人のこど好きだぁって思ったんだよ。私のこど、もう一回好きんなってくれっかなぁって。

（第百九回）

以前の記憶が戻らないまま、実は奥茨城村に戻り美代子たちと暮らしはじめる。大好物だったとは知らずに出された食事を「うめえ」と言って食べたり、昔と同じ速さで田植えができたりと、郷里での暮らしになじんでいく。かなり時間がたっても実の記憶は戻らないが、コメ以外の農作物も作って家計を楽にしたいと提案するなど、生きる意欲を取り戻していく。実は、美代子に自分の心境を次のように語る。

実：いや……最近思うんだ。思い出せなくってもいいって。ここで生きてることが……好きだ。

（第百二十四回）

そして、ドラマの終盤、実は美代子に「二回目の」求婚をする。

実：俺……好きだ、美代子のこと。女房だったからとが、関係なぐ……そういうんじゃなぐ……一緒に、生きてくれっか？　美代子と一緒に生きていきたいんだ。

（第百四十六回）

実にとって奥茨城での暮らしは、いったん「壊れた」家族を元に戻すのではなく、新しい家族の「作り直し」、家族でいることの意味の再発見だったのではないだろうか。

すずふり亭では、鈴子と省吾が家を出ていた娘の由香との関係を修復し、さらに省吾は乙女寮の舎監だった愛子と結婚する。省吾は愛子に「［省吾は亡くなった妻と、愛子は戦死した婚約者と］お互い……できなかったこと、してやれなかったこと……一緒にしたかったこと……してみませんか？」と求婚する（第百四十六回）。こうして、すずふり亭でも家族が作り直される。現在のところ筆者は、それでも家族であることの意味について、明確な結論を出すことはできない。だが、実や省吾が言うように「一緒に生きていく」安定的な親密関係を構築し、家族であることで背負うかもしれないリスクも含め引き受けていく。このような意味で、家族の意味を「持続的な共生」と位置づけておきたい。

『ひよっこ』のあと岡田が書いた『姉ちゃんの恋人』（関西テレビ系、二〇二〇年）では、両親を交通事故で失いながら一家の大黒柱として弟三人を支える安達桃子（有村架純）と、父親が自殺し母親と暮らす吉岡真人（林遣都）が、出会い引かれ合う。これも「誰かが欠けた」家族からの出発である。一方、『にじいろカルテ』（テレビ朝日系、二〇二一年）の主人公・紅野真空（高畑充希）は、自らの難病のために医師を続けることを諦めていたが、「虹の村診療所」に居場所を見つけて、家族以外の親密な人間関係に助けられる。岡田は、家族とはこうでなければならないという規範に縛られることなく、家族ドラマの模索を続けている（研究テーマ1―2の『日曜の夜ぐらいは…』も参照されたい）。

研究テーマ7―2　不倫ドラマ、その先へ――『恋する母たち』／『大豆田とわ子と三人の元夫』

不幸に終わらない不倫

本書ではドラマのなかの恋愛と家族についてふれてきたが、ここではその流れで「不倫」ドラマについて考察する。何が流れかといえば、不倫とは恋愛関係にある一方か両方が「結婚していること」が条件だからだ。いったん結婚したら、夫や妻以外と（多くは性交渉を伴う）恋愛関係になることは、「倫理に反する」とされる。そのため、「不倫」ドラマでは、倫理に反した者には天罰が下ると言わんばかりに、関係を清算するために女性が海外に旅立ったり（『金曜日の妻たちへ』）、現世では結ばれないと自死を選んだり（『失楽園』〔日本テレビ系、一九九七年〕）と、不幸な結末になることが多い。そうでなくても、不倫は一時の過ちだったと気づき、夫婦は元のさやに収まる（『金曜日の妻たちへⅢ 恋におちて』〔TBS系、一九八五年〕など）。

だが、二〇二〇年に放送された『恋する母たち』を見ていて、「不倫ドラマも変わったなあ」という感想をもった。登場人物たちは、不倫関係になる瞬間には若干のためらいがあるものの、背徳の重苦しさがないのだ。結婚して三児の母である蒲原まり（仲里依紗）は、落語家の今昔亭丸太郎（阿部サダヲ）から熱烈に交際を申し込まれ、温泉に誘われる。まりは、息子たちが高校の同級生で友人になった石渡杏（木村佳乃）や林優子（吉田羊）にそのことを相談すると、二人から次のように言われる。

杏：それはね、恋っていうより、性欲じゃないかしら。普段は顔を出さないけど、ちょっとしたきっかけで顔を出してきて暴れだす、厄介なもの。みんなもってるものだから、仕方ないわよ。私も経験あるわ。

優子：不倫っていっても多種多様だけど、ただ一人の相手を見つめて生き抜いている人なんか、ほとんどいないいんじゃないの。

（第二話）

杏も優子も、結婚したらいっさい恋愛してはいけないと思っていないし、性的衝動も否定しない。『恋する母たち』では、杏、優子、まりの三人とも、目の前に現れた相手と恋愛関係になり、離婚する。ただし、夫や新しい交際相手との関係は、優子が言うように三人それぞれ「多種多様」だ。まりの夫・繁樹（玉置玲央）は、大手町に弁護士事務所を構える自分を選ばれしエリートと思い、妻は家事・子育てをしていればいいと、まりを見下している。まりは夫が事務所の部下と不倫したことをきっかけに、結婚生活に耐えられなくなり、夫に離婚を切り出す。離婚したまりは末娘を連れて、丸太郎と暮らしはじめる。丸太郎は、「籍より暮らし。世間が後ろ指さそうと、一緒にいよう」とまりを迎え入れる（最終回）。

優子は、会社の部下だった赤坂剛（磯村勇斗）と恋愛関係になる。妻の不倫を知ったあと、作家の夫・シゲオ（矢作兼）は与論島に移住したが、ときどき連絡を取って励ましあう関係を維持している。シゲオは、「離れ離れに暮らしていたおかげで、こんなに仲良くなれるなんて、人生って不思議だなあ」としみじみ言う（第八話）。二人が離婚したあと、赤坂は優子にプロポーズする。だが、優子は「結婚はもういい。誰とも結婚したくない。結婚しないで、一緒に暮らそう。だって、離れられないもの」と返し、同居生活をすることになる（最終回）。

杏は、夫が別の女性と失踪したあとに、失踪した女性の夫だった斉木巧（小泉孝太郎）と恋愛関係になり再婚する。だが、人間関係を結ぶことが苦手な巧との同居がうまくいかず、巧とも離婚してしまう。そんな杏だが、巧が一級建築士の試験に合格したという知らせを受け、巧のもとに駆けつける。

杏：斉木さん、私たちは夫婦として暮らすのは難しかったですけど、違う方法で並んで生きていくことはできないでしょうか。（略）夫婦はダメでも、仕事でなら一緒に並んで生きていけるのではないでしょうか。私、斉木さんの人生に関わっていいたいんです。（最終回）

杏、優子、まりは、再々婚せずに別居、再婚せずに同居、再婚して同居と違うかたちをとりながら、いま愛している人とともに生きることを選んだ。『恋する母たち』に重苦しさがないのは、不倫のあとで結婚のかたちにこだわらない多様な関係を築くことが許されたからだろう。

『大豆田とわ子と三人の元夫』――ポリアモリー（複数愛）の倫理

いったん結婚したら、夫や妻以外の人物と恋愛関係になることが「倫理に反する罪」とされるのは、私たちがモノガミー（一夫一婦制）の文化のなかにいるからだ。モノガミー社会では、一人の人間を愛することだけが「誠実」な愛だとされる。しかし、現代社会には、「〈一対一〉の愛だけが正しいわけではない」「複数の人を本気で愛している」という自分の気持ちに、嘘をつく必要はないのではないか？と考える人々がいる。彼らは、同時に複数のパートナーと「誠実」に愛の関係を築く「ポリアモリー」という生き方を探究している。深海菊絵は、ポリアモリーを実践する人たちのフィールドワークを通じて、ポリアモリーと「二股」や「不倫」との違いを次のように説明する。

> 複数愛といっても、ポリアモリーには条件がある。それは自分と親密な関係にある全ての人に交際状況をオープンにし、合意の上で関係を持つこと。したがって、パートナーに隠れて複数の人と関係を持つようなことはポリアモリーではない。(5)

この「誠実性＝倫理」こそが、ポリアモリーという実践を支えている。深海によればポリアモリーの根底に流れる思考や哲学とは、①合意に基づくオープンな関係、②身体的・感情的に深く関わ

り合う持続的な関係、③所有しない愛、④結婚制度にとらわれない自らの意思と選択による愛、だという。(6)

『大豆田とわ子と三人の元夫』(関西テレビ系、二〇二一年)を見ていて、大豆田とわ子(松たか子)と、一番目の夫・田中八作(松田龍平)、二番目の夫・佐藤鹿太郎(角田晃広)、三番目の夫・中村慎森(岡田将生)との関係は、このポリアモリーに近いのではないだろうかと思えた(「近い」といったのは、とわ子と三人の元夫には、現在性交渉がないからである)。互いに没交渉だった三人の元夫は、とわ子の母親の死をきっかけに出会い、それ以来とわ子の家や八作が経営するレストランに集まっては、さまざまなことを語り合う。最初は三人の誰かがとわ子とよりを戻すのではないかと牽制しあったりもする(「四回目の結婚あるかなって思います。だけどそれはあなたたちじゃありません」と、とわ子に否定されるが〔第一話〕)。とわ子に再婚しそうな交際相手・小鳥遊大史(オダギリジョー)が現れると嫉妬して、交際はどうなっているか三人で問いただしにいったりする(第八話)。

慎森は自分のペースで暮らしたい、鹿太郎は母親ととわ子の関係がうまくいかないなどの理由で離婚したが、とわ子が好きだという気持ちは変わらない。鹿太郎は、とわ子が社長を務める会社で有能な社員が退社したことを知り、落ち込んでいるのではないかと花束を持って慰めにいく(第三話)。弁護士の慎森は、とわ子の会社が乗っ取りに遭いそうになると、「法務でできることはなんでもするから」と、支えることを約束する(第七話)。とわ子と三人の元夫の間には、「オープンな関係／感情的に深く関わり合う持続的な関係／所有しない愛」が成立している。四人には、お互いにいたわりあう家族のような関係が構築されているといってもいいくらいである。

とわ子：いまは一人だけどさ、田中さんも、佐藤さんも、中村さんも、みんな私が転んだときに起こしてくれた人たちだよ。（最終回・第十話）

八作：僕たちはみんなきみが好きだってこと。大豆田とわ子は最高だってことだよ。僕ともう一回結婚しようか。

鹿太郎：僕と一緒になってください。

慎森：僕たち、夫婦になろうよ。（最終回・第十話）

前述の深海によれば、ポリアモリストは複数人（例えば、夫婦とどちらかの恋人）で家族、つまりポリファミリーを形成することがある。ポリファミリーは、ときには家事や育児を分担しながら生活している。深海は「インタビューのなかで、「わたしたちは選びとった家族（family-by-choice）よ」と表現するポリアモリストにたびたび出会った」という。「この表現には、家族は所与のものではなく意識的に築いていくものという認識が見られる。彼らにとって重要なことは「家族する」ことなのである[7]」

とわ子・八作・かごめ——ともに生きる三角形

とわ子の十歳のころからの友人・綿来かごめ（市川実日子）は、「仲がいいのと聞かれると首を傾げる。仲が悪いねと言われると悲しくなる」という間柄だ（第四話）。いまでも家に遊びにきては、勝手にワインを開けて飲んだりしている。とわ子が八作と離婚したのは、八作が自分よりも先にかごめのことを好きになり、結婚しても忘れられないことがわかったからだ。一方、かごめはアロマンティック・アセクシュアル（他者に恋愛的・性的に引かれないこと）で、例えば男性との出会いをセッティングされても、心が動かない。そのため八作の思いはかごめに届かないままだった。

かごめ：でも恋愛はしたくないんだよ。（略）ただただただただ、恋愛がじゃま。女と男の関係が面倒くさいの、私の人生にはいらないの。（略）それが私なんだよ。（第四話）

とわ子の誕生日に八作は二足の靴下をプレゼントする。とわ子は、自分へのサプライズだと思っていた。だがあとで、一足はとわ子の家によく遊びにくるかごめに渡してほしいという意図だったとわかる。とわ子は、八作がかごめをいまでも好きなんだと気づく。

第3章の研究テーマ3―1で、ルネ・ジラールの「《三角形的》欲望」について言及した。ジラールの三角形は、一人の対象を奪い合う激烈なライバル関係だった。だが、とわ子は、夫・八作の心に忘れられない友人・かごめがいると知ったとき、それを忘れさせよう（排除）とはせずに、離婚して自ら身を引いた。それによって、結果的に三人の「共生」が成立したといえるだろう。三人の共生関係は、かごめの突然の死のあと、さらに強化され持続的なものになる。

とわ子：いまだって、ここにいる気がするんだもん。三人いたら、恋愛にはならないよ。
八作：そうか。
とわ子：いいじゃない、こうやって思い出してあげようよ。三人で生きていこうよ。

モノガミー（モノアモリー）であれポリアモリーであれ、深く関わり合う持続的な関係を意識的に選び取って築きあげていく。本章の「なぜ家族が必要か」という問いへの答えも、ここにあるのではないか。本テーマで言及した二つのドラマは、「不倫」ドラマのその先を予感させる。

注

（1）落合恵美子『21世紀家族へ――家族の戦後体制の見かた・超えかた 第4版』（有斐閣選書）、有斐閣、二〇一九年、二二―二三、五二―五四ページ
（2）同書二五一ページ
（3）永田夏来「生涯未婚時代から未婚者包摂社会へ」『生涯未婚時代』（イースト新書）、イースト・プレス、二〇一七年、一五四―一五五ページ
（4）永田夏来「他者と交わるということ――生涯未婚時代の課題」、同書一七六―一七七ページ
（5）深海菊絵『ポリアモリー 複数の愛を生きる』（平凡社新書）、平凡社、二〇一五年、一四ページ
（6）同書二八―三〇ページ
（7）同書一九九―二〇〇ページ

第8章　都市と地域社会

第６章でふれたトレンディードラマ全盛期には、ドラマの舞台は渋谷や六本木などの東京都心に設定され、都会で繰り広げられる若者たちの華やかな生活が描かれていた。だがバブル経済崩壊とともに東京という都市が輝きを失い始めると、『木更津キャッツアイ』のように地方都市にとどまる若者たちを主人公にしたドラマが出てくる。研究テーマ８―１「無印都市とは」では、現在のドラマの都市は場所が特定されるような現実社会の都市名をもつことなく、全国同じような姿をしたショッピングセンターや駅のペデストリアンデッキに象徴される、「無印都市」が舞台になっていることを見ていく。

「無印都市」ではあってもいまだに都市で展開されるドラマが多い一方で、地域社会（「農村」「地方」）を舞台にしたドラマは圧倒的に少ない。研究テーマ８―２「地域社会の描き方」で取り上げる『遅咲きのヒマワリ――ボクの人生、リニューアル』（フジテレビ系、二〇一二年）は、自己実現できる職業が限られ多くの若者が故郷を離れる、伝統的な商店街が衰退し商店が閉店を余儀なくされるなど、地域社会が抱える問題を描いている。地域おこし協力隊員として地域社会にやってきた都会人、都会の競争から離脱して故郷に帰った帰郷者、故郷を離れることなく過ごしてきた在郷者という、さまざまな若者の姿から地域社会にとどまり生きていくことの意味を考察する。

研究テーマ8―1　無印都市とは――『G線上のあなたと私』

無印都市「相模市」

本テーマでは、テレビドラマで描かれる都市空間を「無印都市」という視点から考察したい。無印都市は、社会学者の近森高明が打ち出した都市の見方である。近森は、次のようにいう。

〔チェーン店やフランチャイズなどの〕複製的な消費装置が並ぶ現在の都市状況を、総称的に「無印都市」と名づけたい。これは従来、ネガティヴにとらえられてきた空間のありようを、あえてポジティヴに考えなおすための当座のキャッチコピーと考えてもらえばよい。(1)

無印都市とは、全国どこの街にもあるコンビニチェーンやファストフードのフランチャイズがあふれている都市空間である。ただし近森は、街の風景が均質でつまらなくなったと否定的に捉えるのではなく、無印都市には「別の豊かな経験可能性が切り拓かれている」[2]と指摘する。『G線上のあなたと私』(TBS系、二〇一九年)は、大人の音楽教室のグループレッスンで出会った三人――小暮也映子(波瑠)、加瀬理人(中川大志)、北河幸恵(松下由樹)が、次第にお互いを支え合う関係になっていくドラマである。

『G線上』では、神奈川県厚木市のヤマハ音楽教室、海老名駅(小田急線・相鉄線・JR相模線)周辺、そして三人が一緒にバイオリンの練習をする音楽教室近くのカラオケ店を中心に撮影がおこなわれた。駅に続くペデストリアンデッキには、「相模駅西口ターミナル」という案内表示が出ている。また、幸恵の姑・由実子(夏樹陽子)が入院する病院は実際には横須賀市にあるが、看板は「相模市立市民病院」。理人がバイオリンを練習する平塚市総合公園は、相模市の「相模運動公園」とされる。つまり『G線上』は、架空の無印都市「相模市」のなかで展開されるドラマなのだ。

前述のとおり、トレンディードラマ全盛の一九八〇年代から九〇年代、ドラマの舞台は渋谷や六本木などの東京都心に設定されていた。だが、近森は、渋谷がもっていた「記号的なアイテムを組み合わせて、個性化のゲームがくり広げられるステージとしての都市空間」の機能は、現在失われたとする。それに対して、無印都市での人々の振る舞いは違っている。

「無印都市」のジャンクな消費装置のなかでは、身体はきわめて弛緩し脱力している。コンビニのなかで、TSUTAYAのなかで、モールのなかで、私たちはとくに他者の視線を意識したりせず、まるっきり油断をしてだらしなく過ごしている。身体をゆるやかに弛緩させた状態で、全面的に調整された消費環境に、受動的に身を浸すような態度。それが〈身散じ〉の状態であり、ジャンクな消費装置は、そうした〈身散じ〉を積極的に誘発し助長する消費空間である[3]。

洗練された自分を見せなければという緊張感のなかで過ごす都心というステージから、身体が弛緩し脱力している無印都市にドラマの舞台が移ることの意味を考えてみたい。

必然的な偶然の出会いの場――SC・SM、ペデストリアンデッキ

『G線上』第一話は、大人の音楽教室への勧誘のために、バイオリン講師の久住眞於（桜井ユキ）が、ショッピングセンター（SC）のステージでセバスチャン・バッハの「G線上のアリア」をデモ演奏するシーンから始まる。幸恵は家族と買い物にきていてほかの家族を待つ休憩がてらステージ前の椅子に座ったのだろう。幸恵の足元には、野菜や雑貨で満杯になった買い物袋が置いてある。幸恵は、目を輝かせて眞於の演奏を聴いている。也映子は、職場の同僚だった婚約者に別の恋人ができて婚約破棄されてしまう。寿退社すると会社に言ったあとだったので、婚約破棄されたことを言い出せず、そのまま退職してしまう。寿退社を祝う花束を抱え、SCに立ち寄りぼうぜん自失のまま眞於の演奏を聴く。「G線上のアリア」は、婚約破棄を言い出され婚約者を殴り倒したあと、自宅で泣きながら見ていた映画の劇伴だった。

也映子と幸恵にとってSCは、買い物や飲食などの用事で、また用事がなくても気晴らしに立ち

寄る、日常生活に組み込まれた〈身散じ〉の場になっている。大人の音楽教室との出合いは偶然だったが、ＳＣという日常生活の「必然の場」がその偶然をもたらした。也映子も幸恵も、「Ｇ線上のアリア」のデモ演奏を聴いたあと、眞於が講師をするバイオリン教室のチラシを手に取る。社会学者の若林幹夫は、さまざまな飲食店のフランチャイズや海外も含めた洋服・雑貨のブランド店などの「多様なものがどこにでもある」〈均一な多様性〉を、ＳＣ・ＳＭ（ショッピングモール）が全国各地に提供したとする。

　ＳＣはこの社会に――そしてこの世界に――「均一な多様性」の広がる巨大な閉じた消費の世界を作り出した。（略）その巨大で閉じた消費の空間は、「この町」を超える東京や全国や世界と共通する内容や形式をもつという意味では、巨大な開かれた空間であり、消費する欲望と主体性が解放される空間でもある。[4]

　ＳＣ・ＳＭは、無印都市の住民がそれまで地元で経験できなかった東京や世界と同等の店舗、ブランド、商品との出合いを提供する場になっている。『Ｇ線上』ではＳＣ・ＳＭの広場のベンチや飲食店が、バイオリン仲間という関係を超えて、也映子・理人・幸恵が恋愛や家庭の悩みを打ち明け合う場になっている。撮影には海老名駅前のＳＭ・ＶｉＮＡＷＡＬＫ（ビナウォーク）が多く使われていて、相模市という架空の無印都市の風景を形作っている。
　三人が音楽教室の帰り、よく歩いていた駅に続くペデストリアンデッキも、ドラマのなかでは偶然の出会いの場になっている。理人は海外留学から帰ってきた眞於に、このペデストリアンデッキで二年ぶりに出会う（第二話・回想場面）。眞於は理人の兄・侑人（鈴木伸之）の婚約者だったが、破談になったまま海外に留学してしまった。高校生のころからひそかに好きだった眞於にここで出会ったことが、眞於が講師のバイオリン教室に通うきっかけになる。也映子もまた、婚約破棄を申し渡された元婚約者・村野智史（森岡龍）と、このペデストリアンデッキで遭遇する（第五話）。智史は関係を戻したいと思っていたようだが、也映子は「後戻りなんかできないんだよ、人の時間も」と心のなかで言う。

ペデストリアンデッキは、駅の改札口から幹線道路を越えた反対側の歩道や地上階のバスターミナル、あるいはSC・SMの商業施設まで歩行者を誘導する。これも、都市近郊で多く見られる均質化された風景である。相模市に住む三人は、通勤や通学、買い物などのために鉄道を利用する際、必然的にペデストリアンデッキを通ることになる。『G線上』では、ペデストリアンデッキもまた無印都市・相模市の日常生活を形作る装置と位置づけられている。

心安らぐ場所——カラオケ店、そして音楽教室

『G線上』で主人公たちがおもに活動する場は、SC・SMのほかに、カラオケ店と音楽教室だ。最初は発表会に向けて一緒に練習をするためにカラオケ店に通っていたのだが、そこは徐々に三人の交流に欠かせない場になっていく。第二話、理人は高校生のころから好きだった兄の元婚約者・眞於が忘れられない。カラオケ店での練習を始める前に、まだ知り合って間もない也映子に、どう

やったら初恋を諦められるか相談を始める。也映子から、婚約破棄された過去があると知らされてからのことだった。

理人：あ、ときに小暮さん。教えてもらいたいことがあるんですけど。
也映子：はい、なんでしょう。
理人：どうやって、別れた男のことを忘れた？
也映子：は？　ああ。あー、うーん、ストレートに聞くよねえ。

カラオケ店は、也映子・理人・幸恵にとって、心安らぐ場になる。第九話で恋人として付き合い始めた也映子と理人は、休日に駅近くの広場でデートの待ち合わせをしていた。だが、也映子は鏡に映った自分の服装があまりに気張りすぎていたことに気づき、「髪とか服とか間違えたから、帰る」と言いだす。もめた末に、結局二人が落ち着いたのが、カラオケ店だった。

理人：で、なんでまたここ？
也映子：いったん避難ってことで。
理人：あのさ、なんか意識してんのかもしんないけど、なるべく普通でいましょうよ、俺たち。

カラオケ店は、二人が気張ることなく、普通に緩くいられる場所になっている。無印都市の住民にとっては、家の外で家族以外の人と交流できるクローズドな場なのだ。

『G線上』という番組（原作）タイトルに直接関わるヤマハ音楽教室は、各地域の楽器店がフランチャイズになり主要駅ビルやその周辺に多数の教室を展開している。その意味で、音楽教室もまた、無印都市の構成要素の一つといっていい。也映子は、「居心地のいい場所を一つもっていなさい、誰かに言われた気がする。そういう場所が一つあるだけで、人生はとても楽になる」と言う（第三話）。也映子・理人・幸恵の三人にとって音楽教室は、よそでいやなことがあっても、「人生が楽になる」場所なのだ。家庭の事情でいったん教室をやめなければいけなくなったときにも、幸恵は次のように言っている。

幸恵：私この教室で眞於先生にバイオリン習って、也映子ちゃんや理人くんと一緒に一生懸命練習したり、どうでもいいことしゃべってる時間が、本当に楽しかった。ここに来て本当によかった。私ここで救われました。（第五話）

第七話、幸恵が教室をやめ理人も就職活動で忙しくなり、バイオリン教室に通うのが也映子一人になってしまう。そんな也映子に、講師の眞於が言う。

眞於：また三人で弾けたらいいですね。仲良しですもんね。（略）私、ちょっとうらやましかったです。みなさんのこと。お互いのこと何も知らない、変なしがらみもない。たまたまここで会っただけ。そういうとこから始められて、こんなふうになれるってうらやましいです。すごく。

「大人の音楽教室」が与えてくれる「しがらみのない緩い」人間関係。それは、そのまま「とくに他者の視線を意識したりせず、身体をゆるやかに弛緩させた状態で」過ごしている無印都市での生き方に重なるのではないか。

研究テーマ８―２　地域社会の描き方――『遅咲きのヒマワリ――ボクの人生、リニューアル』

都会人・帰郷者と在郷者

本テーマでは、テレビドラマが地域社会をどう描いたかを見ていきたい。第６章では「地方にこもる若者たち」、前テーマでは「無印都市」に言及した。ここでいう地域社会は都市の対義語である「農村」、さらには侮蔑的なニュアンスを含むが「地方」「田舎《いなか》」と表現したほうがしっくりくるかもしれない。華やかな生活を描けるためか、テレビドラマの舞台はほとんどが都市であり、地域社会・農村を舞台にしたドラマは少ない。『遅咲きのヒマワリ』は、地域社会とそこに生きる若者の心情を写し取った数少ない二十一世紀のドラマである。

『遅咲きのヒマワリ』では、二十五歳から三十歳の登場人物たちが都会人・帰郷者と在郷者として対をなすように設定されている。主人公「都会人」の小平丈太郎（生田斗真）は、東京で派遣社員の契約を切られ、地域おこし協力隊員として高知県の四万十市にやってきた[5]（もともとは栃木県の出身）。また、二階堂かほり（真木よう子）は、四万十出身だが東京の大学の医学部に進学、卒業後も大学に残り、がんの免疫療法の研究をしていた。しかし、教授から郷里の四万十中央市民病院に行くように命じられ「帰郷者」になる。

それに対して「在郷者」の主要登場人物は五人いる。実家の金物店を継ぎ、地域おこし協力隊の隊長をしている藤井順一（桐谷健太）。かほりの姉・島田さより（国仲涼子）は、高校を卒業して市役所に勤めたあと銀行員の夫と結婚し、二人の子どもがいる。高校野球のヒーローだった松本弘樹（柄本佑）は、地元で不本意な人生を送る。弘樹は、現在はさおりと同じ病院で理学療法士のアシスタントをしている。今井春菜（木村文乃）は、市議会議員の父親が経営する不動産会社に勤務しながら、地域おこし協力隊の仕事を手伝っている。森下彩花（香椎由宇）は、高知市の病院から四万十中央市民病院に移籍してきた看護師である。

主要登場人物の職業には二〇一〇年代の日本社会の現実が色濃く反映されている。ゆとり第一世代（一九八四年生まれ）の丈太郎が大学を卒業するころは就職氷河期にあたり、そのために正社員になれなかった可能性がある。医学部を卒業したかほりは、氷河期に関係なく大学付属のがん研究センターに就職できている。東京で暮らしていた二人の間にも分断がある。

一方、「在郷者」たちが高校を卒業した二〇〇二年ごろ、高知県の大学・短大進学率は四〇・〇%だった[6]。取得した資格が地域社会で生かせているのは、看護師の彩花くらいである。順一とさよりは高卒で、それぞれ家業を手伝うか、主婦になり地元スーパーでパートをしている。家が裕福だった春菜は高知市の短大に通い、卒業後は父の会社に就職する。弘樹はプロ野球選手になれず、スポーツ推薦も落ちて地元の大学に通う。教員採用試験を受け続けるも不採用が続く。

故郷を出る／残る決断――それぞれの迷い

高校の同級生だった「在郷者」の順一とさよりは、地元に残ると決めた自分たちの選択が正しかったのか、三十歳になって迷っている。

さより：地元のため親のためにって、地元から出ないで結婚したけど、なんかね。最近特にこれでよかったのかなあって。
順一：こっちが思っちょるほど、必要とされてないいんじゃないのかって。もし、都会に出ちょったらって、思うことあるがや？
さより：そう思わないようにしてる。（第四話）

さよりは、地元に残った自分の選択について妹のかほりとも話す。成績優秀で学校中の男子の憧れの存在だったさよりは、自分よりも目立たなかった妹が東京に出て医師をしていることにいら立ちにも似た感情を抱いていた。

さより：思いつかなかったの。東京に行くなんてこと思いつかなかった。子どものころからずっと、地元でお嫁さんなるのが、いちばん幸せって言われてきたけん。ほかの人生なんて、考えたこともなかった。やけん、かほりが東京へ行きたいって言うたとき、すごくびっくりして、お父さんもお母さんも東京へは行かせんと思っちょった。でも、違うた。
かほり：行かせてもらえるように、努力したからね。
さより：そうやね。私が東京へ行きたいって言うても、反対されたらやめてたって思う。いつも、そう。自分の感情のまま、突き進めない。（第七話）

順一は衰退する商店街を復活させるために、空き店舗を改装した宿泊施設の立ち上げを商店会の会合で提案する。しかしほかの商店主はまったく取り合わず、都会人のほうが斬新な発想ができるのではと、丈太郎に意見を求めた。まったくアイデアがない丈太郎は、「ゆるキャラでも」と思いつきで言うと、商店主たちはそちらに賛成する。順一は怒って、「お前に何がわかる。この町の何がわかるがよ。そんなわかったようなこと言うな」と丈太郎をなじる。市役所の地域おこし課課長の日下哲也（松重豊）も、「〔順一は〕三十年この町を出ることなく生きてきた。それがどういうことだか、わかりますか」と丈太郎に言う。自分の考えの浅さに気づいた丈太郎は、故郷を出る決心と残る決心について、かほりと話す。

丈太郎：大学のときさ、あんとき俺東京に出てなかったら、ずっと栃木いたんだろうな。
かほり：誰だって、そうじゃない。大学のときぐらいしか出るタイミングないだろうし。

丈太郎：そのタイミング逃したらさ、出たいと思っても出れないだろうなあ。
かほり：そうだろうね。
丈太郎：三十年田舎にいてさ、仕事なくなって、外出なきゃなんなくなっちゃって、すげえ勇気いるよな。俺そういうの全然わかってなかった。順一が地元のために頑張ってるのって、ただ地元が好きなだけじゃないんだって。いまさら外なんか出られなくて、地元にこだわるしかなくて、そういうの全然わかってなかった。わかってたら、もうちょっとなんかできたかもしんないのに。

（第四話）

故郷に残る若者は、地域経済の衰退や人口減を目の当たりにして、都会との格差を意識し苦悩している。だが、故郷を離れる決断は簡単にはできない。ここには「豊かな自然」「親密な人間関係」や「郷土愛」などの美辞麗句では片づけられない地域社会の現実がある。

地域社会に定着する――やるべきことは目の前にある

教授の命令で帰郷したかほりは、当初は四万十中央市民病院の仕事にまったく積極的になれなかった。勤務医が少ない農村の病院では、内科医のかほりでも外科的な治療もこなさなければならない。かほりは研究一筋だったために臨床の経験がまったくなく、ミスを繰り返していた。そのようなとき、近所で暮らす大村郁子（倍賞美津子）が心臓発作で倒れているのを丈太郎が見つけ、市民病院に運んでくる。かほりは必死に蘇生措置を施すが、郁子はかいなく亡くなってしまう。落ち込んで震えているかほりに看護師の彩花は、「急に怖くなりました？　この町の人間の命を預かることが」と問う（第一話）。「この町の人間の命を預かる」という言葉は、地域医療が担う重い責任を表している。

そんなかほりも徐々に地域に溶け込み、患者一人ひとりの病状を気にかけるようになる。そんな矢先、東京の教授から研究医として戻ってこないかという誘いを受ける。患者たちからも頼られるようになってきたかほりは、東京の大学に戻るべきか大いに迷い、丈太郎に相談する。

丈太郎：〔どうしたらいいか〕わかんねえよ。俺がわかるのは、お前が仕事のことを真剣に考えてるってことぐらいで。仕事のこととか、地元のこととか、誰かのこととか、真剣に考えれば考えるほど、悩んじゃうんだろうな。（略）でもさ、お前はさ、最初四万十の医者なんかやりたくなかったとか、ここにはなんにもないって言ってたけど、ちゃんと自分のやるべきこと、見つけてさ。
かほり：見つけたんじゃないよ。あったんだよ、最初から、目の前に。（第九話）

かほりは迷った末に、東京に戻って研究医としてやりなおすことを選ぶ。丈太郎は、残していく患者に後ろ髪を引かれるかほりの背中を、次のように言って押す。

丈太郎：〔がん研究で多くの患者を救いたい〕それだけの思いがあったらさ、誰もお前のこと無責任なんて責めたりしないよ。患者さんたちも応援してくれると思う。（略）研究に戻るチャンスなん

だろう。ここじゃお前の夢かなえられないんだろ。だったらさ飛び込んじゃえよ。（最終回・第十話）

丈太郎も「この町の何がわかるがよ」と順一に言われて、地域おこし協力隊という自分の存在意義がわからなくなっていた。だが、やるべきことは「見つけたんじゃないよ。あったんだよ、最初から、目の前に」というかほりの言葉に触発されて、自分が何をすべきか見つめ直す。そして自分が暮らす地域に多くの耕作放棄地があることに気づき、コメ作りに乗り出そうとする。そして、実家の金物店が閉店し職探しをしていた順一も、コメ作りに誘う。だが稲作農家の老人・大河内欣治（ミッキー・カーチス）は、いったん耕作放棄した田でもう一度コメ作りを再開するには五年はかかると言う。地域おこし協力隊の契約期間は三年。丈太郎は、協力隊を辞めてさらに長い期間四万十で暮らすことを決断する。

丈太郎：自分なりに一生懸命やってきたつもりだけど、でもどっかで三年だからとか、ずっといる場所じゃないとか、そういう無責任なところあったと思うんだよね。だから、その三年をやめればいいんだなって思って。地域おこし協力隊辞めて、これからは四万十の人としてコメ作ったり、お年寄りのサポートやっていきたいと思ってる。（最終回・第十話）

四万十住民として定着しコメ作りをするという、丈太郎がたどりついた結論は、けっして斬新なものではない。けれども、地域社会（目の前）にもとからあった産業の価値を生かす、地に足が着いた選択だった。故郷を離れ都会に戻るかほり、新たな定住場所として四万十を選んだ丈太郎。それぞれの迷いと決断は、どちらが正解というものではない。故郷を出ること、残ること。『遅咲きのヒマワリ』は、地域社会に生きる登場人物それぞれの選択の後悔・焦燥感や出直しの決意も含め、多様な声をポリフォニー（多声音楽）のように伝えている。

注

（1）近森高明／工藤保則編『無印都市の社会学――どこにでもある日常空間をフィールドワークする』法律文化社、二〇一三年、五ページ

（2）同書四ページ

（3）同書一四―一五ページ

（4）若林幹夫編著『モール化する都市と社会――巨大商業施設論』NTT出版、二〇一三年、二〇六ページ

（5）四万十市は高知県に実在する市である。ロケ地の自治体名をそのまま使用するのは最近のドラマではむしろ少ない。

（6）高知県教育委員会「学校基本調査」（高知県教育委員会、二〇〇四年〔https://www.pref.kochi.lg.jp/doc/2017062900054〕［二〇二三年三月二日アクセス］）による。

第9章　権力と差別

権力と聞くと、政治家や社長が一般市民や社員に行使するものとイメージされがちである。だが、権力は社会の支配層と見なされる者だけがもっているわけではない。家庭・学校・職場で、親が、教師が、同僚が、相手の意に反して何かをさせようとするときには、必ずそこにミクロな権力が発生する。テレビドラマは、このミクロな権力を描くものが多い。

研究テーマ９―１「権力について」では、大学という組織のなかで世間的な対面を保つために、立場が弱い研究助手や職員に向けられる権力を描く『今ここにある危機とぼくの好感度について』（ＮＨＫ、二〇二一年）を取り上げる。ここでの権力は、恋愛という個人的な感情を利用する、または事件を隠蔽するために過去の出来事の呼び方を言い換え「なかったことにする」ことで行使される。研究テーマ９―２「マイクロアグレッションとは」では、微細な暴力・攻撃がどのように日常生活で行使され、その結果として偏見や侮辱をもたらしているかを見ていく。『問題のあるレストラン』（フジテレビ系、二〇一五年）は、女性社員に対する男性社員の言葉の暴力と、暴力性についての男性社員の無自覚さを描く。研究テーマ9―3「差別を描く」で取り上げる『フェンス』（WOWOW、二〇二三年）は、アメリカ軍基地問題に象徴される沖縄県以外の地域（「本土」）による沖縄差別、沖縄のなかでのブラックミックスに対する差別などをストレートに描く。そして沖縄差別は、性暴力として女性に降りかかってくる。

研究テーマ9―1　権力について――『今ここにある危機とぼくの好感度について』

誰もが権力を行使する

本テーマでは権力について考えたい。権力は社会の支配層がもっているもの、例えば「〇〇界のドン」のような人物をイメージするかもしれないが、必ずしもそうではない。社会学者のマックス・ウェーバーは、「権力（Macht）は、社会関係のなかで抵抗に逆らってでも自己の意志を貫徹するおのおののチャンス――このチャンスが何にもとづこうとも――を意味する[1]」といっている。その関係が、親と子どもでも、夫と妻でも、教師と生徒でも、上司と部下でも、権力を行使するチャンスは存在する。

『今ここにある危機とぼくの好感度について』は、帝都大学が舞台。この大学の理事たちは学内で不祥事が起きると、文部科学省に目をつけられ交付金を減らされるのではないかと、いつもビクビクしている。これは国家権力に対する恐れだ。けれども、このドラマで中心になるのは、大学組織のなかで大学人が行使する権力である。

主人公の神崎真（松坂桃李）は、テレビ局のアナウンサーをしていたが、恩師の三芳総長（松重豊）に請われて、母校の広報課職員になる。赴任早々神崎が命じられたのは、研究データの改竄を内部告発したポストドクター（有期雇用の研究員）の木嶋みのり（鈴木杏）を説得することだった（第一話）。実はみのりは、学生時代に神崎と付き合っていたことがあり、それを知った理事たちが神崎を説得役に指名したのである。みのりが所属しているのはノーベル賞候補とも目されている花形教授の岸谷（辰巳琢郎）の研究室であり、なんとしてもスキャンダルをもみ消したい。鬼頭理事（岩松了）は、次のように言う。

鬼頭：ガセじゃなきゃ、困るんだよ。なんせ彼は押しも押されもせぬウチのスター教授。広告塔でもあり稼ぎ頭でもある。（略）できればただのガセで、さもなくば告発者の勘違い、少なくとも改竄ではなくミスだった。このあたりに落ち着かせれば、公表する必要はないからねえ。

神崎は新入りの職員であるにもかかわらず、内部告発をやめさせる権力をみのりに対して行使することを求められる。神崎とみのりには、正規雇用の広報課員と有期雇用の研究員という立場の違いがある。なおかつ学生時代に次々と彼女を替えていた神崎は、最初名前を聞いてもみのりが誰だか思い出せなかった。一方、みのりは泣いて神崎のゼミに乗り込んできたことがあるといい、みのりの片思いだったかもしれないのだ。須田理事（國村隼）は、「ちょっと久しぶりに再会してみてはどうかな」「ポスドクというのはストレスが多いんだ。きっといろいろと悩み事もあるんじゃないか。相談に乗ってあげたまえ」と神崎に言う。神崎は、正規職員の地位のほかに、恋愛のプライベートな関係でも、権力を行使するチャンス（資源）をもっていると見なされている。

神崎は理事に言われて、助教のポストを用意する具体的な交換条件を出して、訴えを取り下げてほしいと説得する。だが、みのりの意志は固く、まったく説得できない。みのりは、神崎が自分に近づいてきた理由も最初からお見通しだったと言う。

みのり：内部告発って。そんな大それたこと、どれだけシミュレーションとか、検証とか徹底的にやりつくしたうえで事に及んだのかって、ちょっと想像したらわかんないのかな。ホント権力もっている人たちって、見下してる人間に対して想像力ないよね。きみもね、見下すのは勝手だけど、見くびるのはやめたほうがいいよ。痛い目みるから。

「複雑なことが嫌いな彼〔神崎〕は、世界が単純であってほしかった。簡単でシンプルな、自分にもやすやすとわかるものであってほしかった」（ナレーション＝伊武雅刀）。けれども神崎は、文部科学省と大学、理事と教職員、正規雇用と非正規雇用、そして男と女という複雑な権力関係にすでに絡め取られてしまっている。

「必ずや名を正さんか」——権力は言葉をもてあそぶ

このドラマでは、権力と「言葉」との関係が一つの鍵を握る。神崎は、アナウンサーをしていたころからボキャブラリーが乏しかった。台風被害の現場中継でも、「いやー」「なんていうか、何も言えないですね」としか言えない。視聴者からも「話が空っぽ」「中身空っぽ」とやゆされていた。ところが、大学の広報課で上司になった石田課長（渡辺いっけい）からは、「きみは何も言わなかった、意味があることは何一つ。その戦略、その徹底、見事だ」と評価される。神崎は、三芳総長に次のように言う。

神崎：どこに差し障って、どこからクレームくるかわからないですからね、このご時世。だからもう極力意味のあることは言わない、なーんか言ってるけど、何も言わないっていうのがいちばんいいんです。僕の好感度だって、上がりもしませんけど落ちもしませんから。（第一話）

三芳総長は、「なるほどねえ。やっぱり理事たちが、〔神崎の採用に〕賛成してくれたのも、彼のこの危機管理能力のゆえかな」と持ち上げる。告発された岸谷教授はデータ改竄を研究室スタッフに指示する際には、「ちょっとこれ、うまく整えておいて」と言っていた。みのりは、そうした場面を何度も目にしたと大学の調査委員会で訴える。ところが大学は「また新たな逃げ道を見つけてきた」。岸谷研究室の全員に「岸谷教授のおっしゃる「整えて」は「デスクの上などを整理してください」という意味です」という一斉メールが回されたのだ。調査委員に指名された教授たちも買収されたり、大学の罠で解任されたりして、みのりが告発した不正は結局存在しないことにされてしまった。みのりは帝都大学を辞め、九州に旅立つ（第二話）。

ところが最終回の第五話になって、何も言わないではすまされない事態が帝都大学で起こってしまう。最先端の免疫研究をしていた研究室から、外来種の蚊の幼虫が外部に流出した。その蚊の毒は、刺されたら重度のアレルギー症状をもたらす可能性があるという。事実を公表したら帝都大学の信頼は失墜し、大学の肝いりで開催予定の次世代博覧会も中止になるかもしれない。そうなれば莫大な損害を被る。理事たちは、「エビデンスがない」と言って、また事実を隠蔽しようとする。

しかし、三芳総長は、ひそかに神崎にエビデンスをそろえるように命じる。遺伝子解析の結果、帝都大学の研究室から流出した蚊が原因という証拠を得た神崎は、本音を聞かせてくださいと三芳総長に問いかける。

神崎：（証拠が）手に入ってしまったら帝都大の責任は決定的になるってことで、手に入らなかったら次世代博もぶち壊しになることも、先生が責任を取る必要もありません。それでも先生は、証拠を手に入れたいと思いますか。

それに対して、三芳総長は、『論語』の「必ずや名を正さんか」（政治をするなら、まず正しい名前をつける）という言葉を引き、神崎に次のように言う。

三芳：問題には正しい名をつけなければ、それを克服することはできない。（略）蚊の流出が真実なら、どんなにつらくても、それを証拠不十分と言い換えてはならないんだよ。

三芳総長は、言い逃れや言い換えをせずに、率直に大学の責任を認める記者会見を開く。

権力はもろい、だが怖い——その二面性

重度のアレルギー症状をもたらす蚊が外部流出した際、理事会は大学の「好感度」ばかりを気にして右往左往し、健康被害を外部に広げない対策をまったく打ち出すことができなかった。みのりは、研究データ改竄の内部告発を握りつぶされたときに、この醜態を予言するようなことを言っていた。

神崎：人って誰しも弱いしさ、みんな自分の立場を守りたいわけじゃない。理事たちだって、理事たちの立場があったりしてさ。

みのり：でもあの人たちは、自分のこと弱いと思ってないと思うんだよね。権力もってるから、強いと思ってる。強いから間違うわけはないって思ってる。そんな気しない？　（第二話）

あらゆる不祥事を隠蔽できる強い権力をもっているかに見えた帝都大学の理事会は、真の「いま

ここにある危機」を前にすると驚くほど管理能力が欠如していることが露呈してしまう。この番組が放送されていた二〇二一年四月、「緊急事態」「蔓延防止」という言葉だけが(名を正すことなく)独り歩きしていた。効果的な新型コロナウイルス感染症対策を打ち出すことができない日本政府に重ねるように、筆者はこのドラマを見ていた。

一方でこのドラマは、正しさを体現しているように思える三芳総長の権力の怖さにも言及している。第三話で大学百周年イベントとして、学生たちが社会の多様性をテーマにした連続講座を企画した。ところが、日本は世界のへき地だと主張する最終講演の論者が、「日本を侮辱している」とネットで炎上する。大学には爆破予告が届く始末だ。混乱を恐れた理事会は、講演を中止しようとする。しかし、それまで「みなさんが決めてください」と意思決定を理事会に丸投げしていた三芳総長は、決然と自分の権限で講演会の開催を決める。変貌した三芳総長について、三谷准教授(岩井勇気)と室田教授(高橋和也)は、次のように語る。

三谷:今回の件でわかったと思うけど、ほんと帝都大における総長の決定って絶対なんすよ。実は圧倒的な権限が総長に与えられてるんですよね。でも、それを三芳さんいっさい行使せずにきたのは、そういう独裁的な体制を作りたくなかったからじゃないのかな。(略)

室田:皮肉にもこの多様性のためのイベントは、総長の独裁体制を誕生させてしまったということか。そんなの全然わかってなかった。だから俺はお気楽な理想主義者って言われちゃうんだなあ。

(第三話)

制度は設計次第で、思いもしない権力を特定の人物に与えてしまうことになる。このドラマは、その点にも警鐘を鳴らしているのだ。権力がもろさと怖さの二面性をもつことに目配りが利いている。

〔追記〕
『今ここにある危機とぼくの好感度について』の脚本家・渡辺あやは、『エルピス——希望、あるいは災い』（関西テレビ系、二〇二二年）で、自分にとって都合が悪いニュースに圧力をかける政治家と、政治家の意向を忖度して真実の報道を自主規制する放送局内の権力関係を描いた。

研究テーマ9—2　マイクロアグレッションとは——『問題のあるレストラン』

日常的な偏見と侮辱

このテーマでは、『問題のあるレストラン』を、マイクロアグレッションという視点から考察していきたい。マイクロアグレッションは直訳すれば「微細な暴力・攻撃」「不明瞭な暴力・攻撃」。ただし、「微細な、不明瞭な＝たいしたことない」と誤解されがちなので、そのままカタカナ表記で使われている。デラルド・ウィン・スーは、マイクロアグレッションを次のように定義する。

マイクロアグレッションというのは、ありふれた日常の中にある、ちょっとした言葉や行動や状況であり、意図の有無にかかわらず、特定の人や集団を標的とし、人種、ジェンダー、性的指向、宗教を軽視したり侮辱したりするような、敵意ある否定的な表現のことである（略）加害者はたいてい、自分が相手を貶めるようなやりとりをしてしまったことに気づいていない。(2)

『問題のあるレストラン』の第一話では、主人公・田中たま子（真木よう子）の幼なじみで会社の同僚だった藤村五月（菊池亜希子）に対するハラスメントが描かれる。五月は、勤務先の外食チェーン・ライクダイニングサービスで起こした食中毒について謝罪するため役員会を訪れる。その場で社長の雨木太郎（杉本哲太）から、「ウチの謝り方。男だろうと女だろうと、そんなかたちみせていただかないとね」と言われ、全裸での謝罪を強要される。五月は食中毒の全責任を負って、男性ばかり二十人の役員会で全裸になる。この雨木の強要は、「マイクロ」とはいえないパワハラ、セクハラ、犯罪行為だ。実際、五月はたま子たちに後押しされながら、雨木に対して損害賠償の訴訟を起こす（第八話）。

ただ、『問題のあるレストラン』では、このような明白なパワハラ、セクハラ事案だけではなく、マイクロアグレッションもふんだんに描かれる。同社に勤めていた新田結実（二階堂ふみ）は言う。「あの会社は男性中心です。なんでも、俺が俺がです。〔入社面接の際に言われる〕女性が輝くなんて嘘です。俺が俺が詐欺なんです」（第一話）。同社の上司、土田数雄（吹越満）や西脇太一（田山涼成）が、たま子たちに投げかける言葉の数々が、まさしくマイクロアグレッションだ。このドラマは、日常生活に埋め込まれた偏見や侮辱もけっして見逃してはいけないといっているのである。結実いわく「部署では定期的に懇親会と称した、彼らにとっての無料キャバクラ会が催されます」。そこでは、明らかなハラスメントやマイクロアグレッションが野放しだ。

西脇：田中さんは料理するの？
たま子：時間のあるときは。
西脇：ふーん、じゃあなんで結婚できないのかな？　早くしたほうがいいよ。子ども産めなくなっちゃうよ。
（第一話）

たま子は同社が新規開店するレストランのシンフォニックに、五月が開発したフォン（出汁）のレシピを提供するかわりに、五月を現場に戻す約束を部長の土田に取り付ける。しかし、土田はその約束を簡単にほごにする。たま子がそのことを責めると、シンフォニックのシェフ門司誠人（東出昌大）が、たま子の元恋人で破局したことを知っていて、次のように言う。

土田：お前、あのイケメンシェフに欲情してたんだって。門司さんのことしつこく追い回してたらしいじゃないですか。（略）若い男に相手にされなかったからって、そういう言いがかり、勘弁してほしいんですよ。過ぎた女のそういうの引きますよ。（略）怖いんだよ。（略）お前、最近噂ある

よ。夜のバイトしてるって。（第一話）

このドラマで繰り返されるマイクロアグレッションは、けっして気持ちいい視聴感を残さない。女性視聴者にとっては、普段自分が受けている暴力・攻撃が再現されているような気分だろう。男性視聴者は、自分も相手をおとしめるような言動をしていて、土田や西脇と同類なんじゃないかと不安になるかもしれない。

日々の感情をつづったノートに五月は、「無意識に人を傷つける人の前では、こっちが悪意をもたなきゃいけない。怒りたくなんかないんだよ。いやなんだよ。雷が落ちてあいつら死ねばいいのにと思う自分」と書いている（第一話）。このドラマの視聴者も、それぞれの立場で、登場人物の言動に怒りや不快感が湧き上がってくるのではないだろうか。

マイクロアグレッションと防御——多声で語られる男性中心主義

さらに、マイクロアグレッションから自分を防御しようとする側の言葉や行動も、不快感の源になる。同じくライクダイニングサービスの社員だった川奈藍里（高畑充希）は、男性社員のマイクロアグレッションをうまくやり過ごすことが、女性社員の生き方だと考えている。

藍里：誰だって線引いて働いてるんです。それくらいで傷ついたら会社で働けません。日本中の女子社員はみんな、ま、こんなものかなと思って我慢して働いてるんです。そこの線引きできない人

は負けなんです。（第一話）

たま子の高校の同級生・三千院鏡子（臼田あさ美）は、たま子から一緒にレストランを始めないかと誘われる。だが、ずっと専業主婦だった自分にはそんな能力はないとためらう。

鏡子：私のこと、旦那さんに食べさせてもらってるダメな専業主婦だと思って、不良品だと思って。
たま子：そんなこと思ってないよ。
鏡子：だから、そんなことないよとか、自分より上の立場の人から言われるの苦手だって。
たま子：私、上の立場じゃない。
鏡子：だってたま子働いてるもん、専業主婦より上でしょ。（第二話）

また、民事訴訟の話で五月と一緒に上京してきた母親・静子（藤田弓子）は、五月の一件もあり女性が仕事に打ち込むことに否定的だ。

静子：あなたたちがどう思おうが、世間が思ってるの。女が社会でけがするのは、自分から道路に飛び出していくようなもんだって。（略）それなのにどうして、もっと広い道に出ようとするの。傷を広げるようなもんでしょ。（第八話）

藍里、鏡子や静子が語るのは、かつてどこかで自分に向けて発せられた男性の声なのではないか。『問題のあるレストラン』は、自分を守るために退行的になっている女性の声で、男性中心主義の価値観を語らせるポリフォニーともなっているのである。

無関心の暴力性――門司「俺は何もしていない」

シンフォニックのシェフ門司は、納得いく料理を作ることだけが関心事で、周りでおこなわれているセクハラやマイクロアグレッションに驚くほど無関心である。たま子は、雨木社長たちが五月にしたハラスメントや訴訟について話し、できればこんな職場を辞めてほしいと門司に言う。それに対し門司は、次のように答える。

門司：その友達に、ひどいことしたのは、その社長とか、その一部の人間がしたことだろ。
たま子：一部の人間がしたことは、門司くんには関係ないの？
門司：俺はしてない。俺は何もしてない。なんで辞めなきゃいけないんだ。なんでそんな勝手なこと言うんだ。
たま子：そう。
門司：そうってなんだよ。
たま子：わかったってこと。（略）私ね、好きな人ってあんまりできないんだよ。（略）だからわかる。あなたとはダメなんだって。
（第八話）

スーは、マイクロアグレッションへの無関心について、次のようにいっている。

現代のバイアスの形、中でも特に無意識の類のものは、傷つけようという意思よりも助けないという形で表れやすい。これは特に、バイアスに満ちた表現のなかでも「何もしないこと」のうちに表れる。(3)

脇目もふらず自分の道を極めようとする門司の姿は、かつてなら「男らしい」と称賛されたのかもしれない。だが、社内のセクシュアル・ハラスメントやマイクロアグレッションをスルーする門司の鈍感さは、罪深い。五月が起こした損害賠償請求に対して、会社は示談に応じるという連絡が入る。ところが、対応する社員二人が来ただけで、雨木社長は示談交渉の場に現れない。弁護士の烏森奈々美（ＹＯＵ）が「かたちだけの謝罪だったらいらないんですよ」と言っても、社員は「雨木含め、謝罪の意思で統一されております」と言うばかりである。らちが明かないと思ったたま子は、役員会に乗り込んで雨木に次のように訴える。

たま子：あなたがこの部屋を出てすぐに忘れてしまった時間は、彼女にとっての一生でした。あなたにとっての小さなイタズラは、彼女の思い出と夢を壊しました。お願いします。彼女の顔を思い出してください。それが藤村五月の願いです。（第九話）

ケータリングのために、たまたま役員室にいた門司は、たま子の必死の訴えを聞き、心動かされたのかもしれない。このあとレストランを訪れた雨木が「俺、謝るのうまかったろう」と社員に言っているのを聞いて、門司は「あれは嘘だったんですか」と問い返す。「門司くんね、ああいうのは恐喝なの。しょっちゅうあるの」と答えた雨木をにらみ返すと、門司はクビを言い渡される。怒った門司は社長を何度も殴ってしまう。このシーン、自分が見逃してきたセクハラやマイクロアグレッションに対して、門司なりの気づきの結果と解釈したい（やっと納得がいく味になったフォンに、雨木がたばこを投げ入れたことへの怒りだったのかもしれないのだが）。

先ほどふれた「自分はダメな専業主婦だ。不良品だ」という鏡子に対して、たま子はきっぱり言う。「誰？　誰が、どんな時間が、どんな生活が、どんな言葉が、あなたをそう思わせたの？　鏡子。それは、間違ってるよ」。たま子が開店した「ビストロ・フォー」には、引きこもりの母親の世話で学校に通えなくなり人間不信になった雨木千佳（松岡茉優）や、ゲイのパティシエ・几《おしまづき》ハイジ（安田顕）も加わる。ビストロ・フォーは、マイクロアグレッションを断ち切って、人々が自分の足でよって立つ場所になった。

研究テーマ9—3　差別を描く——『フェンス』

「沖縄に目をつぶる」本土

沖縄を舞台にした『フェンス』で描かれるのは、二重三重の差別である。東京でライターをしている小松綺絵（キー：松岡茉優）は、キャバクラの潜入ルポなどを雑誌に書いている。キーは編集長の東諭吉（光石研）に、沖縄に行き、アメリカ兵から性的暴行を受けたと警察に訴えた大嶺桜（宮本エリアナ）を取材するよう命じられる。編集長は、告発した桜の祖母がアメリカ軍基地反対運動に関わっていることから、世論を盛り上げるために事件をでっちあげているのではないかと疑っている。

「お前、沖縄の歴史どれくらい知ってる？」と編集長に問われると、教科書的な知識以外は、「サトウキビ、シーサー、沖縄そば」との言葉が出てくる程度で、キーは沖縄にまったく関心をもってこなかったかのようである。沖縄に対する「本土」の無関心、これが第一の差別だ。沖縄に着いた日、タクシーの車窓から延々と続くアメリカ軍基地のフェンスを見ながらキーは言う。

キー：ずーっと続いていますね。
運転手：ずーっとよ、返還されて五十年たつのにね。（第一話）

沖縄取材の間、キーが住まいとしてあてがわれたアパートはアメリカ軍基地の間近。爆音に驚いてベランダに出るとオスプレイが飛行中だった。視覚と聴覚から、基地に囲まれた沖縄を体感させるドラマの導入である。日米地位協定の壁があり、沖縄県警はアメリカ兵が容疑者になった事件を容易に捜査・起訴することができない。例えば、第三話で起こったひき逃げ事件は、公務中の事故ということでアメリカ兵は逃げ得になってしまう。キーの知り合いでもある県警の伊佐兼史（青木崇高）は、上司の平良清巳（志ぃさー）にその悔しさをぶつける。

平良：地位協定そのものは変えられなくても、運用の線引きは変えられる。政府に交渉する気がないだけ。もし、公務中の事故が、内地で、東京で起こったら、どんなか。変えろってなるよね。沖縄だから見ないふりをするし、見ないふりができてしまう。

伊佐：東京にいるとき、ナイチャーに言われました。沖縄は基地があるおかげで金もらってるんだから、ぜいたく言うなって。そんなにもらってるんなら、なぜ沖縄は日本一最低賃金が低くて、貧困率がこんなに高い。そしたら、沖縄の努力が足りないって。（第三話）

「基地のおかげでお金をもらっている」というナイチャー（沖縄県民以外の「本土」の住民）の沖縄評は、沖縄の住民が浴びせられ続けてきた罵声だろう。桜の祖母・大嶺ヨシ（吉田妙子）は、沖縄戦の体験から基地反対運動に熱心に取り組んでいる。ヨシも言う。

ヨシ：〔大戦中の沖縄は〕本土防衛の捨て石だった。（略）あれから七十年余りが過ぎた。日本中の米軍基地が、沖縄に集められた。沖縄が民意を示しても、救いを求めても、国は動かない。本土からすれば、遠い島の話さ。ロシアがウクライナに攻め込んだ、中国の脅威も迫ってる。だから、目をつぶる。沖縄に目をつぶる。悲しみはなかったことにされる。（第五話）

沖縄の基地問題は、「本土」「ナイチャー」から無視されつづけている（「ずーっとよ」）。彼らの言葉から、憤りがストレートに伝わってくる。

沖縄のブラックミックス——ウチナンチュとして生きる

桜は父親がアメリカ兵のブラックミックスである。出自と見かけによって、彼女の沖縄での立場は複雑なものになり、実際に差別を受けている。アメリカ軍機の部品が保育園に落下する事故があった際、抗議行動に参加しようとした桜は、参加者の一人から「あんたたちなんね？　そんな顔で基地反対っておかしいな。あんたたちが出ていかないから、こんなことになってるんでしょ」と、あからさまに参加を拒絶される。ミックスの友人からも、「基地反対側に立つってことは、私たちが生まれたってことを否定するっていうことだよ」と批判される。

桜が店長をしているカフェバーの店名は「ＭＯＡＩ」という。「模合」は、仲間同士でお金を積み立てて毎月飲み会を開いたり、積立金を順番に受け取っていく沖縄の互助的な仕組みである。だが、桜は「ハーフの子以外にウチナンチュでつながっている子はいない。モアイしたことがない」とも言う（第一話）。沖縄について関心も知識もないそぶりだった雑誌ライターのキーだったが、実は彼女も沖縄生まれでアジア系のアメリカ兵の父親と日本人の母親の間に生まれたミックスだった。ただし、父親が日本を去り母子家庭になってから母親が町内会長からレイプされたこともあり、キーは幼少期に沖縄から東京に移住した。そのため、沖縄に対していい思いをもっていない。キーは、同じミックスであることを桜に打ち明け、桜の気持ちがわかると言う。

キー：わかるよ。同じミックス同士。立ち位置複雑だし。
桜：わからないよ。キーは、日本人に見えるんだから。私は、そんなして見てもらえない。同じじゃない。
キー：沖縄はチャンプルー文化っていうけどさ、排他的っていうか、けっこう差別的っていうか。
桜：ウチナーの問題にしないで。日本人らしい、らしくない〔と自分が言われるのは〕、沖縄だけじゃないさ、どこでも同じ。（略）キーは知らないかもしれんけど、〔告発のあと〕ウチの店がネットでいやがらせされてるって知って、近所の人毎日誰かしら来てくれてる、ハーフの子たちにもなーんにも聞かれてない、困ったら言ってねって、ウチナンチュは優しいよ。ここには基地があって、問題がたくさんあるのに、曖昧にしてるよ。なんでなのって思うかもしれんけど、ずっと反対と賛成が争わなきゃいけんウチナンチュが、それでも一緒に生きていこうとしたら、曖昧にするしかないんだよ。キーが沖縄にいい思い出がないのは知ってる。だけど、沖縄の文句を私に言わないで。私はウチナンチュだけど、沖縄じゃない。沖縄への復讐を私にしないで。（第四話）

東京生活が長かったキーに、簡単に「わかるよ」などと言ってほしくはないのだ。桜は差別されながらも、ウチナンチュとして沖縄で生きてきたし、これからも生きていこうとする。「私は差別されてる。差別をやめてくれ。言えば言うほど、惨めになる」と思っていた自分から、一歩先に進もうとする（第四話）。

暴力は女の子たちに降り注ぐ――社会問題の重層性

そもそものドラマの発端だった桜が告発した性的暴行だが、実際に性的暴行に遭ったのは桜ではなく、高校生の仲本琉那（比嘉奈菜子）だった。桜は身代わりになって警察に被害を訴えたのだった。それを知ったキーは、「〔性的暴行は〕どんなケースでも、訴えるべきだと思うけど。（略）よりによって身代わりなんて。（略）いまからでも、本当のこと言いなよ」と桜に意見する。

桜：高校生の女の子が米兵にレイプされたって言ったら、どうなると思う。大騒ぎだよ。基地反対が盛り上がって、県民大会になるかもしれない。そうなれば、レイプは嘘だって疑う奴が出てくる。あなたみたいに。匿名なんていっても、狭い島だよ。家族は？　どんな子なわけ？　どんな服着てた？　夜遊びは？　高校にまともにいってない。じゃあ、仕方ないさ。そんなふうに女の子たちが言われるの、何回も見たよ。あの子はまだ子どもよ。これ以上被害に遭えって言える？（第二話）

琉那は今回の暴行事件の前に、祖父から性的暴行を受けていた。祖父から口止めされていたのに耐えきれず話してしまったために、「私のせいで家族が崩壊した」と琉那は思っている。母親は酒浸りで、常に父の罵声が飛んでくる。琉那は家に居場所がなくなってしまった。筆者は、琉那の家庭や桜の言葉から、沖縄の女性たちにインタビュー調査をした教育学者の上間陽子の『裸足で逃げる』を思い出していた。

〔高校時代〕女の子たちの疲れた顔を見ることに、私は次第にうんざりするようになっていた。彼女たちの家の話をひとつひとつ知るたびに、私のなかにある、明るく光るものが壊れていくような気がしていた。

私たちの街は、暴力を孕んでいる。そしてそれは、女の子たちにふりそそぐ。(4)

着飾ってアメリカ兵がいるバーに出かける女たちを、男は「アメジョ」とバカにする。アメリカ兵たちはセックスが目的で危険だから、そんなバーに出入りするなと警察官の伊佐に言われて、キーは、アメジョというこの呼ばれ方に反発する。

キー：いーさん〔伊佐〕たちがアメジョをバカにするのは、自分たちのものになるはずだった女が、アメリカの男に取られるのが気に食わないからなんだよ。（第二話）

アメリカ軍基地、差別と貧困、ここには沖縄の社会問題が重層的に絡み合っている。性的暴行に遭った琉那やキーの母親、アメリカ兵と日本人の母親との間にミックスとして産まれた桜とキー、沖縄の社会問題を女性たちは身体的に引き受けている。男女間の権力関係による性差別も、そこに作用している。最初キーは、「身代わりなんて。（略）いまからでも、本当のこと言いなよ」と桜に意見していた。だが、「大嶺桜は誰の身代わりをしてたの。本物の被害者がわかれば、刑を重くできる」と聞かれた警察官の伊佐に対して、キーは反論する。

キー：私もそうしたい。それが正しいと思う。でも、この社会が正しくないから、被害者が名乗り出ることが難しい。この世界が間違ってるから、正しいことができないんだよ。
伊佐：宿題だな。次の宿題。
キー：夏休みの宿題ってさ、楽だったよね。いま思えば。

（第五話）

正論をぶつければ沖縄の社会問題は解決するという安易な結論を、このドラマ『フェンス』は導かない。桜が祖母のヨシに「おばあは、私が辺野古に基地を造るべきだって言ったら、どうする」と尋ねると、ヨシは「あんたたちに、平和な沖縄を残してあげたい。でもね、桜が一生懸命考えて出した答えなら、おばあと意見が違っても、かまわないよ」と事もなげに言う（第五話）。キーもまた、桜たちと関わることで、ウチナンチュが抱えている問題の重さを感じ取ったにちがいない。

注

（1）マックス・ウェーバー『社会学の基礎概念』阿閉吉男／内藤莞爾訳、恒星社厚生閣、一九八七年、八二ページ

（2）デラルド・ウィン・スー『日常生活に埋め込まれたマイクロアグレッション――人種、ジェンダー、性的指向：マイノリティに向けられる無意識の差別』マイクロアグレッション研究会訳、明石書店、二〇二〇年、三四ページ

（3）同書一〇一ページ

（4）上間陽子『裸足で逃げる――沖縄の夜の街の少女たち』（at プラス叢書）、太田出版、二〇一七年、一五ページ

第3部　一九七〇―九〇年代日本

――二つの東京と若者たち

第3部では、一九七〇年代から九〇年代にかけて脚本家・鎌田敏夫が手がけた四つのドラマ――『俺たちの旅』（日本テレビ系、一九七五―七六年）、『金曜日の妻たちへ』（『金妻』）、『男女7人夏物語』（TBS系、一九八六年）、『29歳のクリスマス』（フジテレビ系、一九九四年）――を研究していく。本書の序章で論じた「テレビドラマの研究方法」としては、制作者研究ともいえるだろう。ただ、ここでの関心は、前記の四つのドラマが七〇年代から九〇年代にかけての日本社会をどのように表象しているかという番組研究に比重がある。

テレビドラマは、あくまで脚本家や演出家によって作り上げられたフィクションである。そこに登場する人物は、脚本をもとに俳優が演じたものだ。だとしたら、テレビドラマが放送当時の社会を「表象する」などということが、どうやったら可能なのだろうか。かつて制作されたドラマの脚本家や演出家も、自分が生きている社会をあくまで主観的経験で部分的に捉えることしかできない。一方でドラマの制作者は、放送当時の社会と完全に遊離した「ありえない」設定のドラマばかりを作っているわけにもいかない。視聴者から「本当らしい」と受け入れられるように、ドラマのなかの「社会」を表現しなければならない。

ではどうやって脚本家や演出家は、「本当らしい社会」を知ることができるのだろうか。その一つは、自分がドラマで描きたい対象――若者、女性や家族――について、周りでどのように語られているか（＝言説）に鋭敏になることである。「近ごろの若者はどうも〇〇らしい」「女性は△△のようにするのが正しい」「現代の家族では××が普通になっている」など、社会にはさまざまな言説があふれている。制作者たちは、同時代の言説をドラマに織り込むことで、「本当らしさ」をドラマに付与しようとする。第3部では、若者、女性や家族がドラマ制作当時どのように語られていたか、当時のベストセラーや雑誌記事を参照して把握し、それがドラマにどのように織り込まれているかを見ていく。

筆者は前記の四つのドラマをリアルタイムで視聴していた。だが、そんな筆者でさえ、二十一世紀のいま四つの鎌田ドラマを再視聴すると、当時とは違った論点を発見することがある。当時を生きていない学生や研究者にとっては、前記の四つのドラマで描かれている社会には、違和感しかないかもしれない。だがむしろ、現代とのズレ、違和感こそが、過去のドラマに表象されたものをより際立たせるよりどころになるだろう。

第10章　一九七〇年代日本の若者
――『俺たちの旅』が描く若者像

本章では、一九七五年に放送された『俺たちの旅』で若者がどのように描かれたかを見ていく。研究テーマ10―1「シラケ世代論を超えて」で詳しく述べているように、七〇年代の若者は無気力で社会に関心がない「シラケた」存在と見なされていた。彼らは、大人として成熟せず、責任や義務を免除された半人前であることに好んで甘んじているとされた。『俺たちの旅』の登場人物たちも一見すると無責任なシラケた若者に思える。だが、実は彼らの振る舞いは「個人よりも組織の論理が優先する管理社会」への抵抗だった。

研究テーマ10―2「一九七〇年代の女性像」では、『俺たちの旅』のなかで女性たちがどのように表象されているかを見ていく。自由な開かれた価値観をもっているように見える『俺たちの旅』の男性登場人物も、男性／女性を明確に分ける境界が存在すると考えていた。しかしながら、『俺たちの旅』の男性登場人物は、男性性を獲得するために母親や恋人などの女性を必要としていた。

研究テーマ5―4で取り上げた『ゆとりですがなにか』と同じように『俺たちの旅』もホモソーシャルな物語世界で展開されている。一方で、『俺たちの旅』では、男性と比べて圧倒的に低い位置に置かれている社会状況のなかで苦しみながら、自立しようとする女性登場人物も描かれている。

研究テーマ10―1　シラケ世代論を超えて

青年言説と『俺たちの旅』

鎌田敏夫は、日本テレビの青春ドラマ『でっかい青春』（一九六七年）で脚本家としてのキャリアをスタートする。スポーツを軸に教師と生徒のふれあいを描いてきた日本テレビの青春ドラマシリーズの転機になったのが、一九七五年の『俺たちの旅』である。鎌田はこの番組のメインライターだった。(1)

青春ドラマシリーズのプロデューサー岡田晋吉は、『俺たちの旅』について、「主人公たちは、今まで学校という温室の中にいて、貧乏以外の悩みを経験したことが無かったが、「個人よりも組織の論理が優先する管理社会」に初めて遭遇し、挑戦し跳ね飛ばされてしまうのだ。主人公の年齢を［それまでの青春ドラマシリーズの高校生から大学生に］上げることで、こんなドラマを作り出すことができるというメリットも生まれた(2)」としている。

それでは当時、大学生などの若者はどのように語られていたのだろうか。一九六〇年代末の大学紛争（全共闘運動）の収束や連合赤軍事件などで新左翼運動が退潮したあと、七〇年代に青春期を迎える五〇年代生まれの若者は、「シラケ世代」と呼ばれた。「無気力・無関心・無責任」という「三無主義」が、当時の若者のメンタリティや行動様式を象徴する言葉として使われた。

一九七〇年代の若者論として非常に影響力があった著作は、いずれも精神分析学者の小此木啓吾『モラトリアム人間の時代』（初版：中央公論社、一九七八年）と笠原嘉『アパシー・シンドローム――高学歴社会の青年心理』（初版：岩波書店、一九八四年）である。[3] 小此木啓吾の『モラトリアム人間の時代』では、青年期を社会的な責任や義務が猶予された修業・研修の期間＝モラトリアムとする。古典的なモラトリアム心理では、モラトリアムは「一定の年齢に達すると終結するのが当然のきまりであった」。しかし小此木は、かつては十二、三歳から二十二、三歳までとされた青年期が三十歳くらいまで延長しているのが現代のモラトリアムの特徴であると指摘した。[4]

笠原嘉『アパシー・シンドローム』では、近年は高校後半から大学生、さらには若いサラリーマンまで、「自分とは何か」「自分は何になるのがもっともふさわしいのか」についての自問自答を繰り返すことで、学業や仕事に対して無気力になる若者が増えているとされる。笠原は、これを「スチューデント・アパシー」と呼んでいる。現実からの退避、内的空虚、無気力感、自己本来の課業への無関心、アイデンティティの不確かさをめぐる苦悩などが、症例としてあげられる。[5]

一九七〇年代当時の週刊誌では、若者の「無気力さ」を扱った記事が多く見られる。[6] 表題だけあげると「「走んなくなっちゃった」若者たち」（「サンデー毎日」一九七二年五月二十一日号、毎日新聞社）、「若者たちの〝職場蒸発《アブセンティズム》〟のこの蔓延ぶりをどうする」（「週刊ポスト」一九七三年十月十九日号、小学館）、「急増蔓延若者の心をむしばむ〈むなしさ病〉」（「平凡パンチ」一九七四年三月十八日号、平凡出版）など。これらの記事を見ると小此木や笠原が精神分析学の観点で指摘する以前から、「無気力な若者」という言説が社会のなかで語られていたことがわかる。

また、「シラケ」という言葉も記事に現れている。「若者の〝熱帯多雨林性猿〟化と〝甘えの精神〟に問題はないか」（「週刊ポスト」一九七六年二月六日号、小学館）には、「創造性のないシラケ世代」という言葉が見られる。「〝凹型人間〟である中年は〝凸型人間〟である若者のここを見抜け！」（「週刊ポスト」一九七六年八月二十七日号、小学館）では、「シラケ世代、無気力世代とひとくちにいうが、彼らの考えていることを正確につかみとるのはそう簡単なことではない」と言及されている。

『俺たちの旅』の「働くこと」

松尾羊一は、「七〇年代に入ると（略）汗と泥と根性の青春群像が嘘くさく感じられる時代に入る。シラケの時代である。そこで再び青春ドラマシリーズ第二弾として、考えられたのが、日本テレビのいわゆる〝俺たちシリーズ〟であった」[7]とする。『俺たちの旅』の登場人物たちは、まさにシラケ世代の典型とされる。確かに『俺たちの旅』の主人公・津村浩介（カースケ：中村雅俊）は、大学卒業十日前に内定した東西不動産を「朝礼で社訓を唱えるのはいやだから」といい、わずか一日で退職する（第二十五話）。その後は日雇いのアルバイトで生活費を稼ぐ生活を続ける。そのようなカースケの姿は、大人からすれば、成熟しないモラトリアム人間と映ったかもしれない。しかし、

『俺たちの旅』の主人公たちは、けっして「無気力」「無関心」ではない。カースケたちは、ドラマの最後まで「働くことの意味」を真摯に問い続け、ときには激しい論争を交わしている。

第三十四話「気楽に生きればなんとかなります」では、カースケと東京大学の浪人生だった浜田大造(ワカメ:森川正太)が「なんとかする会社」を設立し、よろず請負業を始める。一方、親友の中谷隆夫(オメダ:田中健)が働く東西不動産は、「とにかく相手を威圧するほど大きな声でモノを言え」と従業員に言いモーレツに働くことを求める会社だ。上司は怒鳴り声でオメダを叱責し、飲み屋に行くと近くで飲んでいる客に急に不動産の営業をしてみろと言う。オメダはその客に殴られ帰ってくる。

上司のオメダに対する仕打ちは、現代の基準ではパワハラであり、先に引用した同番組のプロデューサー岡田の言葉を借りれば会社という組織の「個人よりも組織の論理が優先する管理社会」の異常さを際立たせる。だが、カースケたちは必ずしも岡田がいうように、管理社会に「挑戦して跳ね飛ばされてしまう」わけではない。自分に向いてないと思いながら不動産会社の営業を続けるオメダに、カースケは「どうして」という問いを何度も投げかけながら、次のように言う。

カースケ:やりたくもない仕事をイヤイヤやってるほうがよっぽどいいかげんじゃないか。(略)生きるのが楽しくないヤツのほうが、俺よりバカだよ。

一九五〇年代生まれの「シラケ世代」に属するカースケは、けっして無気力ではなく、生きる力にあふれている。確かに関心が向かうところは全共闘世代のように政治や国家ではないが、自分の周囲の人間たちの困難に無関心ではいられない。同郷の先輩である熊沢伸六（グズ六：津坂まさあき、現・秋野太作）は、カースケに面と向かって「そんな簡単にはいかんぞ、世の中」「お前みたいにいいかげんに世の中を渡っているヤツには、わからんのだよ」と言い放つ。だが、もともと優秀な社員でもなく、倒産しそうな教材販売会社にしがみついているグズ六の現状を背景にすると、かなり滑稽な言葉でもある。

シラケ世代に対する「無責任」という評価は、それに先行する世代が自分たちの価値観（例えば、労働観や会社組織の原理）を揺るがされることを恐れ、若者たちを理解不能な他者として排除した結果と見ることもできる。それは先行する世代が、疑問に感じながらも答えをやり過ごしてきた問題でもあるからだ。

研究テーマ10―2　一九七〇年代の女性像

『俺たちの旅』は男性中心主義なのか

『俺たちの旅』のプロデューサーだった岡田が、興味深いエピソードを紹介している。二〇〇〇年代になってから『俺たちの旅』のシンポジウムを開催したところ大盛況で、(8)質疑応答も活発におこなわれた。ところが「われわれにとっては思いも掛けなかった質問が飛び込んで来た」という。その質問とは、「この作品の中には〝女性蔑視の考え方があるのは何故か？〟というものであった。われわれこのドラマの制作者一同は、全員フェミニストを自任している。女性に憧れていることはあっても、軽蔑などしたことがない（「女性に憧れている、女性を好き＝フェミニスト」というのは誤りだが……）」。しかし、岡田は『俺たちの旅』の「ドラマは、常に「男」の側から描かれていて、女性はその対象物としか出て来ていない」[9]面もあったと反省している。

確かに『俺たちの旅』を見直してみると、ジェンダーの問題に関してギョッとする表現に出くわすことがある。例えば、第三十話「ふられ男が旅に出ました」に、次のようなエピソードがある。東京大学の受験を諦めたワカメこと浜田大造は、郷里の山梨から野菜を調達して東京で直販する商売を始めようとする。そこで地元の有力者である農協役員の叔父に許可をもらうため、いとこの浜田玲子（檀ふみ）[10]に父親を説得するように頼む。

ところが東京大学に現役合格した玲子は気位が高く、「大ちゃんがそんなことしたって、失敗するに決まってると思うけどなあ」「大ちゃんが考えているほど野菜の直販って甘くないのよ」などと、けんもほろろである。たまたま、その交渉の場に居合わせたカースケは、そんな玲子に対して次のような言葉を浴びせる。

カースケ：なんだよその言い方は。男が頭を下げているのにそんな言い方ないだろう。東大一発で受かったからって、ワカメをバカにしてるのか。（略）人の気持ちを思いやるような心のないヤツは女じゃないよ。

男らしさ（男性性）／女らしさ（女性性）という言説を、疑うことなく発話できた時代だった。そもそも『俺たちの旅』は、カースケの親友オメダが、芸者置屋をしている母（八千草薫）や妹（岡田奈々）など女性に囲まれて暮らす環境に嫌気が差し、家出を試みることから物語が始まる。家出したオメダを探しにきたカースケに対してオメダは言う。「男は、一度はあてのない旅に出なけりゃいけないんだ」。オメダは内心は家出を止めてほしいと思っているのだが、カースケは駄目押しで言う。

カースケ：行け。ここで家出しなけりゃ男じゃない。（略）おふくろがなんと言おうと家出しなけりゃダメだ。男は一度あてのない旅に出なけりゃならないんだ。

『俺たちの旅』は、母親の庇護から離れ、男として自立する（男性性を獲得する）旅を描く成長物語なのだ。ただ『俺たちの旅』では男性性を獲得するために、その対象物としての女性を必要としていることに注意したい。シングルマザーであるオメダの母、元教師で厳格なグズ六の母（熊沢しの〔南美江〕。第二話に登場）、カースケが恋しがる、すでに亡くなった母。さらにはオメダの妹とカースケの妹（稲葉みゆき〔秋本圭子〕。第十二話に登場）がもつ「妹の力」など、『俺たちの旅』にはジェンダー論、フェミニズム批評の観点からも、興味深い素材があふれている。

社会的規範としての女性とその自立

野菜の直販を商売にしようとするワカメを「そんなに甘いもんじゃない」とたしなめる玲子のように、『俺たちの旅』ではしばしば女性が社会的規範（あるいは「大人の視点」）の代弁者として現れる。代表例が、カースケやオメダの大学の同級生・山下洋子（金沢碧）である。ここでは、洋子の視点から『俺たちの旅』を再構成してみたい。洋子は大学四年生になっても就職活動をしないカースケに対し、次のように言う（第四話）。

洋子：どうするつもりなの？　みんな就職のことで走り回ってんのよ。受けるところ決まっていないの津村くんだけじゃない。一生の問題よ。
カースケ：就職が？
洋子：そう。のんきなのもいいけど、人間ちゃんとしなきゃいけないときには、ちゃんとしなきゃいけないのよ。津村くん。

その洋子自身の就職活動は、どうだったのだろうか。洋子は、七百人の応募で五人しか採用されないNBSラジオの就職試験に挑もうとする。洋子が大学に入学したと思われる一九七二年の大学進学率は、男性三三・五％に対して女性は九・三％と希少な存在だった。ならば四年制大学卒ということで、就職で引く手あまただったかといえばそうではない。洋子が卒業する七六年の大卒の就職率（卒業者に占める就職者の割合）は、男性七四・五％に対して女性は五七・六％と明らかな男女の格差があった。四大卒女性の就職率は、短大卒女性（六八・九％）よりも低い時代である。ちなみに、二〇二三年の大卒就職率は、男性七一・三％に対して女性は八一・二％と逆転している。[11]

当時の雑誌記事を見ても、四大卒女性の就職の厳しさが伝わってくる。[12]「女子学生座談会「せめて試験だけでも受けさせて…」」（「週刊読売」一九七五年十一月八日号、読売新聞社）に出席した慶應義塾大学のFさんは、「女の人でも、下手な男の人よりもできる人もいるでしょう。（略）だけど、今のところまだ、女、として一括されちゃって」と言う。

当時の四大卒女性の就職のネックになっていたのは、結婚・出産だった。明治大学のKさんは「女の人の側にも、やはり責任があると思いますね。企業側が平等に使ってくれないから、三年でやめるというのと、どうせ三年しか勤めないからいい加減に勤めている、みたいな……」と発言している。一九七五年当時の女性の初婚年齢は二十四・七歳であり、[13]「大学を卒業して三年で結婚して退職」というKさんの発言は、この状況とぴったり合う。

一九七五年十月には、日本女子大学学生自治会が参議院議員の市川房枝らを招いて「女子学生の就職問題を考える会」を開催する。「週刊文春」一九七五年十月三十日号（文藝春秋）の巻末記事「女子大は出たけれど…」は、その集会に冷ややかな目を向ける。「女子を差別する悪質企業はブラックリストを作り公表するという。どうもお嬢ちゃんたちサッパリわかってないらしい」「甘えた考えをまず捨てなくては、就職はもちろん、永久就職のほうもママならんのではないかな」という。

『俺たちの旅』の洋子が直面していたのは、四大卒女性の就職難と四大卒女性は企業の戦力にならなないという言説だった。洋子がカースケに投げかけた「のんきなのもいいけど、人間ちゃんとしなきゃいけないときには、ちゃんとしなきゃいけないのよ」という言葉は、自らの過酷な現実に対するいら立ちも交じっていたのかもしれない。

男女群像劇としての『俺たちの旅』

ただし、洋子はカースケたちに社会的規範を押し付ける存在にとどまっていたわけではない。洋子は、ドラマの進行とともに、カースケたちの自由な生き方の理解者になっていく。第三十四話「気楽に生きればなんとかなります」で、カースケとワカメは人の依頼をなんでも引き受ける「なんとかする会社」を立ち上げる。お互いを会長、社長と呼び合っているカースケとワカメに向かって、サラリーマンを続けているオメダは「お前は、そうやって一生ふざけていくつもりなのか」と非難する。カースケは「どこがふざけてるんだよ」と反論する。

二人のやりとりをじっと見ていた洋子は、カースケの下宿からの帰り道、「会社ができたお祝い」とカースケに一万円を渡す。カースケは驚いて、「ふざけてるって怒んないの、オメダみたいに」「昔の洋子は怒ったのに、もっとちゃんとしろって」と問いかけるのだが、洋子は次のように言う。

洋子：もう怒らない。私、津村くんには、津村くんなりの生き方があるっていうことをだんだんわかってきたのよ。二言目には、ちゃんとしろ、ちゃんとしろって言っていた自分がバカみたい。

洋子の変化の兆しは、すでに第四話・第五話に見られる。幼なじみでいまはやくざになっている金井玉三郎（石橋正次）の出入りに加勢しようとするカースケに、洋子は「誰だって人を裏切らなきゃならないことはあるのよ。それがどんなにつらいことでも。人は裏切ったり、裏切られたり、傷つけたり、傷つけられたりしながら成長していくのよ」と説教し、止めようとする。カースケは洋子の頬を叩き、「どこで読んだんだ、そんなこと。（略）お前、人を裏切るってどんなことか知ってんのか。裏切ったことがあるのか」と吐き捨て、指定された出入りの場所に向かう。

そのあと洋子は自分の過ちとカースケへの恋心を確認して、「私、いい子ちゃんなのよ。世の中のこと何も知らないくせに、何もかも知ってるような気でいて」「それを津村くんが叩きのめしてくれたの」とオメダに告白する（第五話）。

男に諭されて女が目覚めるという展開は、これもまた都合がいい男性中心主義の物語かもしれない。ただし『俺たちの旅』は、男性中心主義では片づけられない結末を用意している。オメダは、第一話で洋子がロッカールームで着替えをしているところに偶然出くわし、洋子の裸身をのぞき見てしまったことに、罪の意識を抱えたままである。その残像は、最終回の第四十六話まで残り続け、洋子が好きだという気持ちを伝えることができない。カースケはそんなオメダの思いを知り、洋子との仲を取り持とうとする。

しかし、洋子は二人に、先輩アナウンサーと一緒に日系人の放送局の技術指導のため南アメリカに行く予定があると告げる。それに対して最初カースケは「二年ぐらいすぐたつよ。行ってこいよ。

こんないいチャンスないじゃないか」と賛成する。しかし出発直前になって、「行ってほしくないんだよ。南米なんかに行ってほしくないんだよ」と洋子に初めて自分の思いを告白する。その言葉を聞いて、洋子は言う。

洋子：津村くん、でも決めたわ。行くことにしたの。（略）私、津村くんを苦しめたくない、中谷くんも苦しめたくない。好きなんだもの、両方とも。

『俺たちの旅』は、カースケとオメダの洋子をめぐる恋愛と互いの友情の葛藤を軸に、グズ六と紀子（上村香子）の恋愛・結婚などが絡む男女群像劇と見ることもできる。特に、カースケとオメダの心情を知りながら、南アメリカに旅立つ洋子の姿は、『男女7人夏物語』の今井良介（明石家さんま）と神崎桃子（大竹しのぶ）の関係に重なるものがある。そこには、恋愛の成就や結婚をゴールと考えない男女関係の新しさがある。

注

（1）ほかに脚本家として桃井章、畑嶺明らが参加している。ここでは『俺たちの旅』のなかで鎌田敏夫が脚本を担当した回だけに言及する。

（2）岡田晋吉『青春ドラマ夢伝説――あるプロデューサーのテレビ青春日誌』日本テレビ放送網、二〇

〇三年、一八六ページ
（3）岩佐淳一は小此木と笠原の著作をあげたあと、「とりわけ小此木の「モラトリアム人間の時代」が与えた影響は（略）ジャーナリズムレベルから学問的レベルまで広い影響力をもち、青年理解のキーワードになった」とする（岩佐淳一「社会学的青年論の視角――一九七〇年代前半期における青年論の射程」、小谷敏編『若者論を読む』〔世界思想ゼミナール〕所収、世界思想社、一九九三年、二四ページ）。
（4）小此木啓吾『モラトリアム人間の時代』（中公文庫）、中央公論社、一九八一年、二〇、三一―三三ページ
（5）笠原嘉『アパシー・シンドローム』（岩波現代文庫）、岩波書店、二〇〇二年、六―七、一九六ページ
（6）大宅壮一文庫の雑誌記事索引で、一九七一年から八〇年にかけて小項目「青年一般」に収録された雑誌記事から関係があるものを閲覧・複写した。
（7）松尾羊一『テレビは何をしてきたか――ブラウン管のなかの戦後風俗史』中央経済社、一九八七年、一〇四―一〇五ページ
（8）このシンポジウムは、二〇〇二年七月十三日に横浜情報文化センターで開催された「放送人の会公開セミナー「名作の舞台裏」第3回『俺たちの旅』」（放送人の会／放送番組センター主催）を指すものと思われる。
（9）前掲『青春ドラマ夢伝説』一九二―一九三ページ
（10）檀ふみは、このあと『俺たち』シリーズの三作目『俺たちの祭』（一九七七年）にレギュラー出演し、中村雅俊と共演している。

（11）文部科学省「卒業者に占める就職者の割合」（『学校基本調査 年次統計』文部科学省、二〇二三年〔https://www.e-stat.go.jp/stat-search/files?page=1&layout=datalist&toukei=00400001&tstat=000001011528&cycle=0&tclass1=000001021812&stat_infid=000031852305&tclass2val=0〕［二〇二四年七月七日アクセス］）による。

（12）「Web OYA-bunko」の「目録検索」（一九八七年までの目録データを所収）で、フリーワードを「女子大生」と「就職」、発行日を「一九七三年一月一日から一九七七年十二月三十一日まで」という条件で検索したところ、三十八件の記事がヒットした。

（13）厚生労働省『人口動態統計年報 主要統計表』（厚生労働省、二〇〇九年）の「婚姻」第4表「夫・妻の平均婚姻年齢の年次推移」（〔https://www.mhlw.go.jp/toukei/saikin/hw/jinkou/suii09/marr4.htm〕［二〇二四年二月十五日アクセス］）による。

第11章　東京郊外の視覚化
――『金曜日の妻たちへ』と近代家族の揺らぎ

本章では、『金曜日の妻たちへ』（『金妻』、一九八三年〔第一シリーズ〕）で描かれた東京郊外と、そこに暮らす近代家族の揺らぎを分析する。研究テーマ11―1「東京郊外の視覚化」では、『金妻』の舞台が東京都心からの人口移動によって形成された多摩地域や川崎市・横浜市の内陸部の郊外であり、おしゃれな住宅地に設定されていることを見ていく。ドラマのヒットによって、フィクションであるはずの『金妻』は、逆に現実の東京郊外を視覚化する表象として引用されるようになった。研究テーマ11―2「ニューファミリーの理想と現実」では、『金妻』の登場人物たちが、当時「ニューファミリー」と呼ばれた新しいライフスタイルを享受する世代だったことを指摘する。そこでは憧れの消費生活と夫婦関係の平等化があるはずだった。だが、理想とは裏腹にニューファミリーの妻たちには、家族内でジェンダー平等が実現されていないという満たされない思いがあった。研究テーマ11―3「「不倫」ブームとは何か」では、「「不倫」ブームを巻き起こした」とされる『金妻』で、実際に不倫はどう描かれていたか、そして登場人物たちは、仲間の不倫に対してどのような態度を示したかを見ていく。第7章研究テーマ7―2で二十一世紀の不倫の描き方に言及したが、比較すると三十年の間に変化したもの/変化しないものがあることがわかる。

研究テーマ11―1　東京郊外の視覚化

学術論文でも普通名詞になった「金妻」

一九八三年二月に始まり第三シリーズまで続いた『金妻』シリーズほど、大きな社会現象を巻き起こしたテレビドラマはないのではないだろうか。社会現象の一つの表れとして、『金曜日の妻たちへ』の略称「金妻」が番組名を指す固有名詞から、普通名詞へと転じて使われるまでになったことがあげられる。(1) 例えば「聞いて私たち『金妻』体験しちゃった…」(「微笑」一九八五年十二月二十八日号、祥伝社)という記事は、映画監督の山本晋也が聞き手になって三人の既婚女性の性生活についてインタビューするものだ。タイトルの「金妻」には、「うわき」とルビがふってある。参加者の一人は、「結婚後の恋愛をわざわざ浮気とか不倫とよぶから、なんか薄暗いものになっちゃうのよ」という。これが、彼女たちに共通した恋愛観である。

多くの学術論文でも同様に、「金妻」は普通名詞として使われている。例えば、宮内華代子「ヘミングウェイの短編小説における夫婦」では、夫婦の危機を描くアーネスト・ヘミングウェイの小説には時代を超えた普遍性があると述べたあと、「現代の「われらの時代」にあっては、我が国でも結婚に関する様々な言葉が流行語となっている。金妻、仮面夫婦、家庭内別居（略）これらはいずれも、結婚を継続することの困難、結婚の形骸化から生じた言葉である」[2]とする。「金妻」を特別注釈を入れる必要がない流行語として使っているのである。

普通名詞「金妻」には共通したいくつかの含意がある。「金妻」は、東急田園都市線など私鉄沿線の「東京郊外」に住み／経済的には恵まれた「中の上の社会階層」であり／自分の人生に充足感がもてずに不倫に走る／三十代の既婚女性という属性をもつ。前記の事例に限らず、『金妻』は一九八〇年代の日本社会の象徴として、多くの研究書で引用されている。それらの研究書では『金妻』は、①八〇年代に新たに形成された東京「郊外」（都市社会学）、②そこに住むニューファミリーという新しいかたちの「近代家族」（家族社会学）、③その近代家族のなかでの女性の居場所（ジェンダー論）の問題と関係づけられている。本章では、都市社会学や家族社会学の業績と対照しながら、『金妻』で何が表現されていたかを見ていきたい。

「第二次郊外化」を先取りしていた舞台設定

一九八〇年代の東京とは、どのような都市だったのだろうか。都市社会学の知見を参照してみよう。倉沢進らは、「南関東の一都三県プラス茨城県南部を三百三十三市区町村に、東京二十三区を縦横五百メートル・メッシュの二千三百三十七小地区単位に分け、この単位地区毎に社会的特性を濃淡の地図に表現」する社会地図を作成した。そして、「単位地区ごとにそこに所在する事業所の

表1　「人口再生産・ホワイトカラー地域」になった市町村

東京都	町田市、東久留米市、東大和市、日野市、羽村市、青梅市、多摩市
神奈川県	横浜市緑区・旭区・磯子区・栄区・戸塚区・港南区・瀬谷区・青葉区・都筑区、川崎市宮前区、海老名市、伊勢原市、厚木市、茅ヶ崎市、藤沢市、開成町
埼玉県	浦和市、志木市、所沢市、川越市、大宮市、富士見市、与野市、吹上町、宮代町、大井町
千葉県	千葉市稲毛区・花見川区・若葉区・中央区・美浜区・緑区、松戸市、柏市、我孫子市、浦安市、四街道市、船橋市、野田市、流山市、八千代市
茨城県	取手市

（出典：倉沢進／浅川達人編『新編 東京圏の社会地図――1975―90』〔東京大学出版会、2004年〕20ページをもとに筆者作成）

種別、そこに住む人々の性・年齢・職業などの属性、核家族や単身世帯などの世帯属性」などで地区の特性を色分けし、七五年と九〇年を比較した(3)。

倉沢らによれば、一九七五年の南関東は、東京圏の中心部から「市街化地域」が広がり、その外側に非市街化地域があるという同心円構造で構成されていた。市街化地域は、都市的要素が複合的に含まれ市街地として成熟した「複合市街地域」と、出産・子育てをおこなう核家族が多い住宅地域の「人口再生産地域」とに分けられる。複合市街地域は東京圏の中心部に集中していて、それを包むように人口再生産地域が広がっていた。特に、市街化地域は二十三区を中心に西側、特に西南方（つまりは、東京都下の多摩地域と神奈川県）に大きく膨らんで広がるという特徴があった(4)。

それが一九九〇年になると、南関東の全域にわたって市街化がさらに進行して、農山村漁村地域が縮小した。市街化の進行をより細かく見ると、七五年の複合市街地域から「郊外高級住宅地域」が分離独立し、人口再生産地域は、「人口再生産・工業地域」「人口再生産・ブルーカラー地域」「人口再生産・ホワイトカラー地域」の三つのクラスターに分離したという。

具体的には、「郊外高級住宅地域」になったのは、湘南の鎌倉・逗子・大磯・葉山と二宮町であり、人口再生産地域のなかで「人口再生産・ホワイトカラー地域」になったのは、表1のように町田をはじめとする東京都下の各市、神奈川県では横浜市の緑・旭など主として内陸側の区、川崎市宮前区、県央・湘南の各市、埼玉・千葉県の東京都近郊の各市町である（表1参照）(5)。鎌田敏夫の『金妻』の舞台は、まさにここでいう新たに分離した「人口再生産・ホワイトカラー地域」だった。

このような東京の変容を主導したのは、いわゆる「団塊の世代（一九四六―四九年生まれ）」だった。浅川達人によれば、団塊の世代が二十歳から二十四歳だった一九七〇年には東京二十三区と川崎・横浜地区で、その年齢層の指標値が高くなっていて、団塊の世代がまずは都心近くに流入してきたことがわかる。彼らが三十歳から三十四歳の八〇年には「埼玉県南部、京浜地区、神奈川県県央部、千葉県の東京湾沿岸部において指標値が高く、その一方で二十三区は指標値を下げている。団塊の世代が結婚や出産を機に居住地を求めて郊外化していったことが示される」という。そして彼らが四十歳から四十四歳の九〇年は、団塊の世代の高指標値地域が埼玉県中部、茨城県南部、千葉県内陸部になり、団塊の世代はさらに都心から離れた地域へと郊外化していった(6)。『金妻』の主役たちは、まさにこの団塊の世代に設定されていた。

現実のおしゃれな住宅地との接続

『金妻』第一シリーズのタイトルバックは、印象的な映像描写から始まる。ピーター・ポール＆マリーの「風に吹かれて」をBGMに、テラスハウス式の分譲住宅が並んだ住宅地が映し出される。街路樹が整序された広々とした舗道を家族連れやテニスウエアを着た女性たちが行き交う。ここに俳優はいっさい登場しない。タイトルバックが終わると、「風に吹かれて」が流れたままで、映像は中原家（夫・宏〔古谷一行〕、妻・久子〔いしだあゆみ〕）のリビングへ。観葉植物の鉢植えが並ぶ出窓、室内にはカミュ・ナポレオンや美術書が入ったサイドボード、フランツ・シューベルトのレコードが置かれたオーディオセットなどがある。『金妻』の主人公になる中原家は、まるで現実のおしゃれな住宅地と連続した現実の家のようである。

『金妻』第一シリーズの舞台は、東急田園都市線のたまプラーザ駅。住宅地の撮影は、多摩市の多摩ニュータウン・タウンハウス落合と鶴牧団地でおこなわれた。この舞台設定は都市社会学でいわれる「第二次郊外化」という社会動向を先取りしていた。社会学者の若林幹夫によれば、「第一次郊外化」では、高度経済成長で都心部に流入した若者が結婚によって東京都下に住宅を求めた。「この傾向は八五年頃には終息するかにみえたが、その直後に始まったバブル経済によって都心の不動産価格が上昇したために、ふたたび郊外への人口流出が始まる」[7]。この「第二次郊外化」で郊外はさらに外縁を広げ、神奈川県川崎市・横浜市の内陸部や埼玉県西部に拡大する。

「第二次郊外化」は、単に郊外の外縁が広がったというだけではなく、住宅の「質」の変化も伴っていた。「ちょっとおしゃれな感じのするデザイン意匠をもった住宅や団地、レンガやタイルをちりばめた舗道や緑道、街路樹や植栽などによって、一九七〇年代までの羊羹型の団地や建売住宅とは違う「舞台」を、パルコ的な消費文化になじんだ人びとに提供していったのである」[8]

『金妻』の主人公たちは、「第一次郊外化」によってできた団地（公団住宅）から、「第二次郊外化」によって形成されたおしゃれな住宅地に転居してきた人たちだった。中原家と友人の村越家（夫・隆正〔竜雷太〕、妻・英子〔小川知子〕）、田村家（夫・東彦〔泉谷しげる〕、妻・真弓〔佐藤友美〕）は、毎週日曜日に中原家に集まり会食をする。その会食の席で語られる六人の出会いは、十年前にまでさかのぼる。

真弓：あのころ、団地の汚い狭い部屋によく集まってさ。
久子：そう……よく、食べたり飲んだりしたわね。
真弓：東彦がさあ洗濯機の水をあふれさしちゃって、あなたたち〔中原家〕の部屋水浸しにしちゃってね。東彦全然謝んないんだもの。水が漏れるような工事をした公団に責任があるんだって。

（第一話）

団地からさらに「第四山の手」へ

「第二次郊外化」によって形成された住宅地を総称する言葉として、パルコが出版する雑誌「アクロス」が打ち出したのが「第四山の手」論である。「今、東京の新しい山の手とは多摩川を越えて神奈川県の藤沢、厚木、そして埼玉県の所沢までを含む、多摩丘陵の上に位置する住宅地である。本誌では、この東西二十㎞、南北五十㎞に及ぶ巨大なゾーンを第四山の手と名付けた」[9]。そこでの生活は「うららかな日曜日の昼間、パパとママと小さな子供が散歩がてらに買物を楽しみ、ファミリーレストランで食事をする、そんなのどかな光景である」[10]。『金妻』第一話にも、集合住宅の整備された空き地でサッカーに興じる中原家の宏と子どもたち、それを幸せそうに見つめる久子の姿が描かれている。

ところで鎌田は、このような「第二次郊外化」「第四山の手」という社会の動きを脚本に偶然盛り込んだわけではない。『金妻』のプロデューサーだった飯島敏宏は、次のように証言している。

鎌田さんと女性ものをやろう、ということで、当時『MORE』とか『with』とか婦人ものの新しい雑誌がザーッと出たでしょう。それを読みまくりました。結局ね、色々なことが少し前とは変わってきている。奥さん同士がイタリアンレストランで昼食をしたりね、家財道具なんかの調度品も変わってきている。つまり家も変わってきていたんだ。最初は横浜を舞台にしようと思っていたんで、根岸に行ったらメゾネット方式の家があったわけです。これだ、と。核家族はこういうところに住んでいるんだ。従来のホームドラマというと、お爺ちゃんかお婆ちゃんがいて、その夫婦がいて、子供がいて、という縦系列の大家族というかな?　そういう世界じゃなくて、核家族の横のつながりをやろうという話になった。[11]

「第四山の手」やテラスハウス式の分譲住宅は、新しい核家族のドラマの入れ物として、意識的に選ばれたのだった。さらに、『金妻』の舞台——東急田園都市線や小田急線の沿線を選択した背景には、飯島自身の経験があった。飯島は本郷で生まれ育ち、結婚後は世田谷と埼玉の団地に住み、そのあとに西生田（小田急線沿線、川崎市多摩区）の分譲住宅を買った。「東京から大量に〔多摩〕川を渡ってこっちに流れ込んできた人たち。その時代のリアリティというのも大きいよね[12]」。プロデューサーの飯島自身が、雑誌「アクロス」がいう第一山の手から第三、第四山の手への移住という歴史を生きていたのだ。

視覚化された東京郊外――図と地の反転

ただこれだけだと、脚本家やプロデューサーがドラマの設定を決めるために、女性誌を丹念にリサーチしたというドラマ作りの定石を語っているにすぎない。むしろ興味深いのは、雑誌「アクロス」が「第四山の手」のライフスタイルを語るときに、必ず『金妻』を引用せざるをえないという点である。若林幹夫は、TBSのドラマが「第四山の手のライフスタイルを鮮明にイメージ化した[13]」と指摘している。ここでは、いわば「図と地の反転」というべき事態が起こっている。

先に引用した「アクロス」の記事では、「金妻文化極まれり」という中見出しがつけられ、この時期にできた郊外の複合型商業施設が「かつて篠ひろ子が『金曜日の妻たちへ3』で演じた第四山の手型主婦が対象となっている[14]」と説明する。同じく月刊アクロス編集室が「第四山の手」論を書籍化した『「東京」の侵略』には、次のような記述がある。

形成されたての「第四山の手」には新鮮で自由な空気が漂っている。やはり金妻のよろめきにしても、もはや古株山の手に属する世田谷・杉並あたりが舞台ではサマにならない。『金妻』や『金花』で、見事に新山の手奥様像をつくりあげた篠ひろ子の役が、一昔前のお茶の間女優ではこなせなかったのと同じことである。[15]

若林は「言葉やコンセプトが、家や住宅地という私たちが暮らす世界の物質的な現実を作り出す触媒となり（略）それらはもはや「虚構」でも「非日常」でもない。（略）現代の郊外においてはそれがひとつの「現実」として生きられるものであるからだ[16]」としている。『金妻』は、都心部の地価高騰がもたらした「第二次郊外化」という人口移動や、そこに形成された「第四山の手」というライフスタイルを、視覚的に統合する輪郭を与えた。そして、一九八〇年代後半に拡大した東京郊外で、多くの人たちが『金妻』という物語を生きようとしたのである。

研究テーマ11—2　ニューファミリーの理想と現実

ニューファミリーの時代

前テーマでは『金妻』シリーズが、テラスハウス式の分譲住宅が並んだおしゃれな住宅地＝「第四山の手」での生活を先取りし、ドラマのなかで視覚化してみせたことを論じた。『金妻』シリーズのおもな登場人物は、一九八〇年代中盤に四十歳を迎えようとする、いわゆる団塊の世代である。七〇年代に結婚して彼らが作った家族は、「ニューファミリー」と呼ばれた。

家族社会学者の落合恵美子は、ニューファミリーの特徴として、①新しいライフスタイルと結び付いた消費生活の変化と、②夫婦関係の平等化をあげている。「消費生活の変化」では、当時流行したサントリーの「金曜日はワインを買う日」というコピーが象徴するように、自宅での食事でも雰囲気づくりを重視するようになった。一方の「夫婦関係の平等化」では、初婚年齢の男女差が戦前の四歳から一九七〇年代には二・七歳にまで縮まり、職場や学校で知り合った同い年あるいは年が近い同級生・同僚カップルが増えてきた。それに伴い、夫婦間で「価値観が似ていること」が重視され、夫も買い物や炊事などの家事をよく担うようになったとされていた。[17]

このようなニューファミリー像は、『金妻』の登場人物たちのライフスタイルにぴったり一致している。彼らのライフスタイルが典型的に表現されているのが、登場人物の家族たちが毎週のように集う会食場面である。第一シリーズでは、中原家のダイニングに置かれた大きなテーブルに、ワインや外国産ビールと手料理がふんだんに並べられている。三組の夫婦が、それらを大いに飲み、かつ食べながら、若いころの思い出話に花を咲かせる。第三シリーズ『恋におちて』では、山下家（妻・由子〔小川知子〕、夫・宏治〔板東英二〕）が自宅に作った中庭（由子は「パティオと言ってほしいわね」と言う）に、友人たちの家族が集まる。

第一シリーズでは、中原家の宏が大学の後輩である神谷（加藤健一）を連れて、スーパーマーケットに会食のための食材を買いに出かけている（第一話）。男だけで連れ立ってスーパーで買い物をする姿が描かれているというのは、これ以前のドラマにはあまりなかったことではないだろうか。第三シリーズでは、山下家の宏治が脱サラして、妻・由子が経営するレストランを手伝おうと料理を勉強していることもあり、仲間の会食の際に厨房に立ち、女性たちが話している間も、かいがいしく料理を運ぶ（第一話）。

妻たちの憂鬱

しかし、『金妻』シリーズは、当然ながらそのおしゃれな住宅地で家族みんなが幸せに暮らしました、という物語ではない。放送評論家の松尾羊一は、『金妻』に登場する女性たちは、「「こんなことで一生を終わっていいものか」という逡巡がついてまわる世代」だという。彼女たちは「生活をエンジョイし優しく包み込むステージング（演出する）の術に長けていても、指からこぼれ落ちるこの不在感[18]」を抱えている。この妻たちの「不在感」は、どこから発しているのだろうか。

落合は団塊の世代が形成したニューファミリーとは、実は妻の「専業主婦化」が最も進行した家族であることを指摘している。女性の何パーセントが働いているかを示す労働力率を年齢層別にグラフにすると、日本では結婚や出産による退職で三十代の労働力率が下がり、子育てが終わると再就職によって労働力率が上がるというM字型曲線を描く。世代別に見ると、M字型曲線の谷が最も深くなった（＝三十代に働いている女性の率が最も下がった）のが、一九四六年から五〇年生まれの団塊の世代の女性たちだった。落合は、「ニューファミリー世代というのは皮肉ですね。対等な夫婦関係をイメージしながら、その経済的な裏づけは一番ない世代だったのですから[19]」という。

同じく家族社会学の山田昌弘は、「衣食住など日常生活の維持、および、子どもを育てる・教育費を負担するなど、労働力の「再生産」に関わる責任」が、すべて家族に集中しているのが近代社会の特徴だとした。前近代社会では、親族や近隣、村などの共同体に、生活水準の確保、労働力の再生産の役割が分散されていた[20]。

さらに皮肉なことに、日本でこのような近代家族が成立できたのは、「成長性を前提とした家族」モデルを高度経済成長の豊かさが支えていたからである。「成長性を前提とした家族」モデルでは、経済的な豊かさや感情的な豊かさが持続的に増大し、世代を超えて、自分の子どもが自分より豊かになることが人生設計に組み込まれていた[21]。

問題なのは、家族のなかに責任の負担の偏りがあり、「他人に比べ過重な負担を強いられる家族成員（特に家事労働の量が多く要求される家族成員は女性であることが多い）に不満がつきまとう」点である。とりわけ、家族のなかで妻に「なぜ、このような負担（家事や世話）を引き受けなければならないのか」という動機づけに関する疑問が生じる[22]。

『金妻』シリーズに登場する家族は、一方で学生運動やウーマンリブ運動の影響を受けて、女性の権利の拡張、男女の平等を理念とした団塊の世代によって作られながら、実生活ではバブル経済崩壊以前の豊かさに支えられ、男性・女性の役割分業を残した近代家族だった。第三シリーズ『恋におちて』に登場する遠藤法子（森山良子）と秋山彩子（篠ひろ子）は、次のように自身の思いを語る。

法子：私が……恋なんか……できるわけないじゃない……二人も子どもがいてさ……なんの取りえもなくてさ。（略）……子どもの勉強をみるたびにヒステリー起こしているような女に、恋なんて

できるわけないじゃないの。（第八話）

彩子：私は、これから言いたいことを言おうと思ってる。したいことをしようと思ってるわ。優等生の彩子さんはおしまいです。（第九話）

落合は、次のようにいう。「〔『金曜日の妻たちへ』は〕今までなら何の不足もないと思われていた生活の中で、主婦たちというのは不満を抱いているものなんだ、ということを前面に押し出しました。（略）〔ウーマン〕リブが言っていたことを少しは知っていたはずの団塊の女性たちが、ニューファミリーの幻影を追い求めて専業主婦になって、何年かして子どもから手が離れて、結局それを実現してしまった。それが、一九八〇年代だったのです」(23)

多様な家族像の提示

しかしながら、専業主婦の生活に飽き足らず、人生の刺激を求めて不倫に走ったという、メロドラマ図式で『金妻』シリーズを片づけてしまうのは単純すぎる。『金妻』シリーズを再視聴すると、夫婦とその子どもから構成される核家族＝近代家族以外のさまざまな形態の夫婦が登場していることに気づく。

第三シリーズの山下家は、子連れ同士の再婚だった。連れ子がたまたま同じ年頃の男の子と女の子だったため、子ども同士の関係や、前妻と子どもの関係の難しさで悩まされる。血のつながっていない子どもを二人抱えた新しい家族の構築の物語が語られるのである。第一シリーズの村越隆正は、妻・英子と離婚し、年の離れた沢玲子（石田えり）と再婚する。しかし、隆正と英子は離婚してからも関係が途切れることなく、ほかの家族も含めた友人関係が継続している。

第一シリーズの田村家は、子どもがいない夫婦である。第十二話で田村真弓は不妊検査を受けてきたことを中原久子に言う。子どもがいなくても夫婦仲良くやっていこうと思うものの、中原家を見るにつけ自分たちは欠落した夫婦なのではと心が揺れ動いている。

真弓：ダメだって言われれば、それはそれで覚悟するじゃない。それはそれでいいんじゃないかって、東彦も私も思っていたんだ。（略）中原さんのうちが、東彦の理想なのよね。元気のいい子どもたちがいて。夫婦が仲良くて。

最終回の第十四話では、隆正と再婚した玲子が妊娠したことを知り、真弓は「子どもができたからって偉そうにするんじゃないわよ」と玲子に八つ当たりする。それを知った夫の東彦は、「バカなんだよあいつは、俺が子どもをほしがってるって勝手に」「人のウチは人のウチだよ。それでやっていこうじゃないの」と真弓を慰める。『金妻』では、子どもがいない田村家のあり方も肯定しているのである。

拡大家族を描く

先ほどふれた第一シリーズの第十二話では、真弓が久子に「元気のいい子どもたちがいて、夫婦が仲良い中原家が夫の理想」と言った直後に、久子のほうが自分の夫・宏と英子が不倫関係にあることを真弓に打ち明けるシーンが続く。驚いた真弓は、それが事実かどうか確かめるために英子のもとを訪れる。また、隆正は宏を呼び出し、宏の不倫相手が自分の前妻だったこともあり、「家庭を壊すのは、俺たちだけでたくさんだ」と言う。「とにかく久子さんに許してもらえよ」「なんでもするよ。俺にできることがあったらなんでもする」と中原夫婦の関係の修復を助けようとする。

山田は、衣食住など日常生活の維持や労働力の「再生産」に関わる責任がすべて家族に集中しているのが近代社会の特徴だとした。それは一方で「家族と見なさない人＝他人の生活には直接責任を持つ必要がないという規範の裏返しである」[24]。だが、『金妻』では女性たちが学生時代から（第一シリーズでは短大から、第三シリーズでは幼稚園から短大まで）築いてきた友人関係を基盤としながら、それが夫たちの友人関係へと広がっていく。そして、登場人物たちが、それぞれの家族の私事にも、親身になって関わっていく。ここには、一つの核家族の枠に収まらない、「友情で結ばれた拡大家族」の姿が描かれているとはいえないだろうか。

それを踏まえ、冒頭でふれた『金妻』の登場人物たちが毎週のように集う会食シーンを思い出してみよう。中原家のダイニングに置かれた大きなテーブル（第一シリーズ）や、山下家のパティオ（第三シリーズ）は、新しい拡大家族の食卓といえる。この点は、『金妻』の放送当時、すでに松尾が指摘していたところである。

彼らにはタテよりヨコのつながりを大事にする特徴がある（略）それが青春の証しを超えて擬似的な骨肉愛に発展する場合だってある。

〝金妻〟シリーズで毎度おなじみのホーム・パーティの賑やかな雰囲気の裏側に家庭の淋しさをまぎらわす過剰なまでの饒舌があるのも、そのためだろう。(25)

松尾の慧眼に驚かされる。『金妻』の代名詞になった不倫でさえ、拡大家族の骨肉愛と見ると、まったく別の姿が現れてくるのである。

研究テーマ11―3　「不倫」ブームとは何か

「浮気」から「不倫」へ

『金妻』は、「社会に「不倫」ブームを巻き起こした」などと形容される。前テーマで見たように家族社会学の文献では、『金妻』は近代家族や夫婦関係の変容を示す時代の指標とされている。「結婚外の恋愛関係、一般用語では「不倫」と呼ばれる恋愛関係も話題になる。一九八〇年代に、既婚者の恋愛をテーマにしたテレビドラマが続けて高視聴率を獲得した（端緒になった『金曜日の妻たちへ』［一九八三年］というタイトルをもじって、「金妻現象」と呼ばれた）」[26]。また、文芸評論の分野でも、例えば小谷野敦『日本恋愛思想史』では「八三年には鎌田敏夫の「金曜日の妻たちへ」の放送も始まった。「不倫」という語が定着したのはこのドラマのためである」[27]とする。『金曜日の妻たちへ』は、本当に「「不倫」ブームを巻き起こし」「「不倫」という語が定着する」ことに貢献したのだろうか。資料分析から、少し丁寧に検証していきたい。

「不倫」と語義が重なる言葉として「浮気」がある。『日本国語大辞典』（小学館）によれば、「浮気」の意味として最初に出てくるのは、「うわついて落ち着きのない性質や状態。心がうかれて思慮に欠けている状態。うわっ調子」である。「浮気」は、第一義的には広く「浮ついた気持ち」を表す。そこから特に「気まぐれに異性から異性へと心を移すこと。決まった妻や夫、婚約者などがいながら、他の異性と恋愛関係を持つこと。また、そのさま。好色。多情」の意味で使われてもいる。

一方「不倫」はどうか。同じく『日本国語大辞典』では「不倫」を「不道徳であること。特に、男女関係で人の道にそむくこと。また、そのさま」とする。「倫理的ではない」というもともとの語義が、特に一夫一婦制という近代家族制度の倫理に反して、夫や妻以外の異性と恋愛関係になることを指すようになる。「不倫」は、当事者の少なくとも一方が「既婚」であることを前提として使われる。『日本国語大辞典』を見ると、「浮気」が江戸期の浮世草子などで使われているのに対し、「不倫」の用例は明治期の文学作品からである。「不倫」のほうが比較的新しい言葉のようだ。

それでは「浮気」と「不倫」は、実際にどのように使われてきたのか。大宅壮一文庫に所蔵され

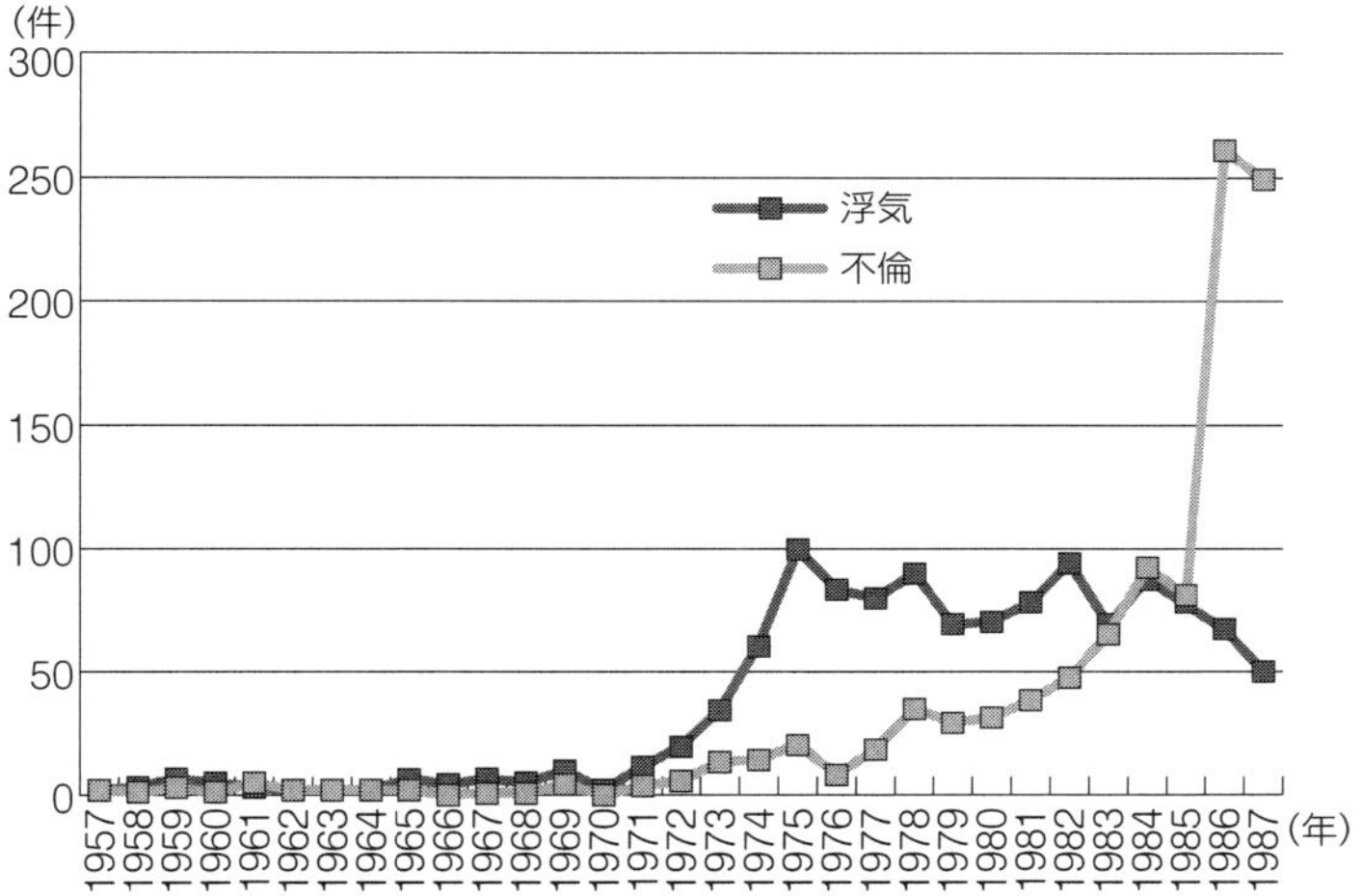

図2　大宅壮一文庫所蔵雑誌に見る「浮気」と「不倫」（筆者作成）

ている雑誌記事のタイトルで変化を見てみた（図2）[28]。「浮気」は、戦前から雑誌に登場しているが[29]、頻繁に使用されるようになったのは一九七〇年代半ばからである。七〇年代、「性の解放」を主張したラディカル・フェミニズム運動が盛んになった影響だろうか、夫や妻以外の異性との恋愛を堂々と語れるようになったのである。言説レベルでは、七〇年代になって「浮気」が「性の解放」を反映した言葉として一般にも使われ始めた。

「不倫」は、「浮気」のあとを追いかけるように一九八〇年前後から徐々に使用回数が増え、八〇年代中盤に「浮気」とほぼ同じくらい使用されるようになっている。特に目立つのは、「不倫」をタイトルにした記事が、八六年に急激に増えている点である。この年「不倫」という言葉が突然ブレークし、流行語のように人口に膾炙したことになる。直接の因果関係はまだわからないが、『金妻』が放送されていた時期とぴったり重なる。

『金妻』のなかの不倫

それでは『金妻』シリーズでは、不倫はどのように描かれていたのだろうか。『金妻』第一シリーズで不倫関係といえるのは、中原宏と村越英子、村越隆正と沢玲子である。ドラマの序盤では、隆正と玲子の不倫を中心に物語が進む。第一話では中原家のダイニングで和気あいあいと若いころの話をしていた三組の夫婦だったが、早くも第二話で隆正が宏と田村東彦をスナックに呼び出して玲子を紹介し、妻・英子と離婚して玲子と一緒になりたいと告白。宏は「お前何を考えているんだ」と隆正につかみかかる。

ここから三組の夫婦に波乱が訪れるのだが、隆正と玲子の不倫関係は『金妻』の典型的な不倫ではない。「金妻」的な不倫とは、「昔から友達関係だった男女がずっと抱えていた思いに気づいて」、または「昔恋人同士だった男女が年を経て再会して」陥る不倫関係である。前テーマで、『金妻』で展開されるのは、複数の友達夫婦が作る擬似的な家族の「骨肉愛」だとする松尾の指摘を紹介した[30]。松尾の指摘どおり第一シリーズでは、学生時代からの友達だった宏と英子の不倫関係がドラマの主軸になるのである。

第一話、三組の夫婦の昔話のなかで、宏の妻・中原久子は、「この人〔宏〕、昔から英子に憧れてるんだから」と宏の恋心をほのめかす。前にふれたスナックのシーンで宏が隆正を非難したのも、英子への好意から発した行動とも解釈できる（第二話）。隆正との離婚が成立したあと自立しようとする英子を助けるうちに、宏は自分の恋情を抑えることができなくなりキスをする（第七話）。

そして、二人は一夜をともにする（第八話）。

しかしながら第一シリーズで二人のベッドシーンは、この一度だけである。そう言われると意外な感じがするかもしれない。「金妻」的な不倫の当事者たちは、非常に抑制的・禁欲的だ。あくまでドラマの中心は、「現在の妻や家族を捨てて、恋愛に走っていいのか」という内面の葛藤（多くは男性側の）にある。家族社会学者の落合が、「「金妻」は不倫ドラマの定番といわれていますが、「昼メロ」とは一味違い」としているのも、このようなドラマ全体の印象からだろう。(31)

第三シリーズ『恋におちて』でも、この『金妻』の典型的な不倫が繰り返されている。第三シリーズでは、秋山圭一郎（古谷一行）と岡田桐子（いしだあゆみ）の関係がドラマの中心である。圭一郎と桐子は恋人同士だったことがあり、かつて同棲をしていた。しかし圭一郎のブラジル赴任を機に二人は別れてしまい、圭一郎は学生時代に桐子の友人だった秋山彩子と結婚する。その後、まったく消息がわからなかった桐子と十数年ぶりに再会する、というところからドラマが始まる。

二人が同棲していたアパートが取り壊される現場を見にいくなどして、圭一郎と桐子にかつての恋情がよみがえってくる。そして、偶然大阪出張が重なり二人は肉体関係をもつ（第五話）。だが、第三シリーズでも二人のベッドシーンは、この一度だけである。関係を断ちがたい圭一郎に対して、圭一郎と彩子の家庭を壊してはいけないと考えた桐子は、「だって昔のことしかないじゃない私たち。それ以上のことはあってはいけなかったのよ」（第十二話）と、それ以上関係を深めることを拒絶しつづける。

同性愛的な空間

『金妻』では第一シリーズでも第三シリーズでも、ドラマの中盤で主人公の不倫関係が決定的になったのち、終盤には夫婦関係の回復の過程が語られる。特に『金妻』の特徴は、夫婦関係の回復に必ず友人夫婦が力を貸す点にある。友人たちは主人公の不倫関係に驚き一時的に非難もするが、最終的には友人間のつながりが壊れることはない。いや、むしろ一組の夫婦の関係回復が、疑似家族ともいうべき友人のネットワークの維持につながっているのである。

ドラマの主軸ではないが、第一シリーズで隆正と玲子の不倫関係について語る久子と英子に、次のような台詞のやりとりがある。

英子：あの人〔夫の隆正〕は、浮気のできるような人じゃないから。（略）すぐ真剣になっちゃうのよあの人、なんにでも。
久子：そこがいいとこじゃないの、村越さんの。

ここでは「浮気」という言葉を、「うわついて落ち着きのない性質や状態」に近い意味で使っている。夫が自分以外の女性と恋愛関係になっても、妻の英子は「いいかげんな気持ちで恋愛しているのではない」とさえ言う。友人の久子も同様である。

第三シリーズの最終回（第十四話）は、圭一郎と桐子の不倫関係が解消され、彩子が圭一郎のもとに戻ったあと、山下家のパティオ（中庭）で女性四人が会食するシーンで結ばれる。その会食の場で、桐子は物語の発端を次のように語る。

桐子：〔彩子は〕秋山さんの心のなかに私がいるのが、我慢できなかったのよ。（略）私に引き合わせて、秋山さんの心を試したかった。（略）自分が勝ちたかったのよ。

このあと彩子がテーブルの上にあったバラの花束で桐子を殴るという修羅場があるのだが、山下由子の次の言葉で四人が再びまとまる。

由子：私たちはさ、幼稚園から三十二年。三十二年の間付き合ってきたのよ。男がどっちいこうが、こっちにこようが、どっちでもいい。

そして彩子は桐子の手を取って「桐子。私は、あなたが好きだった。ずっと昔から好きだった」と言う。そして、四人はお互いの顔を見ながら涙ぐむ。第三シリーズ『恋におちて』は、四人の女性たちが幼稚園から短大までの十六年間築いてきた友人関係、その友人関係を基盤にした愛憎からすべての物語が発生しているように思える。「不倫」という異性愛のタブーを描く裏で、実はすべてのエピソードが四人の女性たちの同性愛的空間を強化するために作用したようにさえ見えてくるのである。

注

（1）「Web OYA-bunko」の「目録検索」で、フリーワードを「金妻」、発行日を「一九七二年一月一日から一九八七年十二月三十一日まで」という条件で検索したところ、二十一件の記事がヒットした。フリーワード「金曜日の妻たちへ」では、十三件だった。

（2）宮内華代子「ヘミングウェイの短編小説における夫婦」「青山学院女子短期大学総合文化研究所年報」第六号、青山学院女子短期大学総合文化研究所、一九九八年、二〇九ページ

（3）倉沢進／浅川達人編『新編 東京圏の社会地図――1975―90』東京大学出版会、二〇〇四年、一―二ページ

（4）同書一二―一三ページ

（5）同書一四―二〇ページ

（6）玉野和志／浅川達人編『東京大都市圏の空間形成とコミュニティ』古今書院、二〇〇九年、四二ページ

（7）若林幹夫『郊外の社会学――現代を生きる形』（ちくま新書）、筑摩書房、二〇〇七年、一五八―一五九ページ。同様の指摘は、前掲『テレビは何をしてきたか』五一―五五ページ。

（8）前掲『郊外の社会学』一六七ページ

（9）鈴木真由美「第四山の手文化はオールド主婦発想脱却で誕生する」「アクロス」一九八七年六月号、パルコ出版、五一ページ

（10）同記事五〇ページ

（11）前掲『飯島敏宏』二四八ページ

(12) 同書二五二ページ
(13) 前掲『郊外の社会学』一六三ページ
(14) 前掲「第四山の手文化はオールド主婦発想脱却で誕生する」五三ページ
(15) 月刊アクロス編集室編著『「東京」の侵略――首都改造計画は何を生むのか』(アクロスSS選書)、PARCO出版、一九八七年、一一―一二ページ。文中の「金花」とは『金曜日の妻たちへ』シリーズのあと、一九八六年に放送された『金曜日には花を買って』(TBS系)のこと。
(16) 前掲『郊外の社会学』一七五ページ。同様の指摘は、片木篤「あこがれのドリームハウス――郊外住宅の原イメージをさぐる」(「へるめす」第十一号、岩波書店、一九八七年)二二ページ。
(17) 落合恵美子『21世紀家族へ――家族の戦後体制の見かた・超えかた 第4版』(有斐閣選書)、有斐閣、二〇一九年、一三六―一三七ページ
(18) 前掲『テレビは何をしてきたか』五九ページ
(19) 前掲『21世紀家族へ 第4版』一四三ページ
(20) 山田昌弘『近代家族のゆくえ――家族と愛情のパラドックス』新曜社、一九九四年、四四―四五ページ
(21) 山田昌弘『迷走する家族――戦後家族モデルの形成と解体』有斐閣、二〇〇五年、一一九―一二〇ページ
(22) 前掲『近代家族のゆくえ』五九―六〇ページ
(23) 前掲『21世紀家族へ 第4版』一五〇ページ
(24) 前掲『近代家族のゆくえ』四五ページ
(25) 前掲『テレビは何をしてきたか』六一ページ

(26) 前掲『迷走する家族』二〇一ページ
(27) 小谷野敦『日本恋愛思想史――記紀万葉から現代まで』(中公新書)、中央公論新社、二〇一二年、一九七ページ
(28) 「Web OYA-bunko」の「目録検索」で、「不倫」が初出する一九五七年から記事タイトルに「浮気」と「不倫」が使われている記事の件数をカウントした。
(29) 大宅壮一文庫の目録での初出は、塚崎直義「夫の浮気は罪になるか?」(「話」一九三四年十月号、文藝春秋社)。
(30) 前掲『テレビは何をしてきたか』六一ページ
(31) 前掲『21世紀家族へ 第4版』一四九ページ

第12章　ウォーターフロントという舞台
——『男女7人夏物語』と引き延ばされた青年期

脚本を担当した鎌田敏夫自身は否定的だが、本章で取り上げる『男女7人夏物語』は、一九九〇年前後にテレビドラマの主流になった「トレンディードラマの先駆け」とされる。トレンディードラマを成り立たせている要素の一つに、話題になっている場所、若者が集まってくる場所をロケ地とすることがあげられる。研究テーマ12―1「ウォーターフロントという舞台」は、『男女7人夏物語』のロケ地として選ばれた東京湾岸が、再開発によって「ウォーターフロント」「ベイエリア」と呼ばれるような最先端のエリアへと変化していたことを指摘する。

研究テーマ12―2「非婚の選択」では、『男女7人夏物語』が恋愛を主軸にした男女群像劇だったにもかかわらず、登場人物たちの恋愛のゴールが結婚にならない、ロマンティック・ラブ・イデオロギーを否定するような物語展開になっていることを見ていく。この点で『男女7人夏物語』は、第4章の研究テーマ4―1で取り上げた『逃げるは恥だが役に立つ』（『逃げ恥』）をはじめとする二十一世紀のドラマを先取りしていたといえる。研究テーマ12―3「終わりのない青春」では、『男女7人夏物語』の登場人物たちが二十代後半から三十代であるにもかかわらず、恋愛に不器用で、成熟した大人として描かれていないことを指摘している。これも第3章の研究テーマ3―3の『silent』と比較してみることができるだろう。

研究テーマ12―1　ウォーターフロントという舞台

ロケ地へのこだわり

『男女7人夏物語』の印象的な冒頭シーン。主人公の今井良介（明石家さんま）が、少々困り顔でマンションのベランダでたばこを吸っている。眼下には隅田川が広がり、そこに架かる清洲橋を車が行き交う。「トレンディードラマの先駆け」とされる『男女7人夏物語』が舞台に選んだのは、当時「ウォーターフロント」「ベイエリア」などとしゃれた呼び方をされるようになった東京湾岸だった。

『男女7人夏物語』が「トレンディードラマの先駆け」といわれるのにはいくつか理由がある。一九八〇年代末にプロデューサーとしてトレンディードラマを先導した大多亮（フジテレビ）は、『男女7人』シリーズを見て「ショックを受けた」という。

明石家さんま、大竹しのぶ、片岡鶴太郎らが繰り広げる男女入り乱れての多重恋愛とそれぞれの男女の恋愛スタイル、そして、美術（セット）のよさ。（略）これは到底かなわない。フジテレビじゃこんなドラマ何年たっても作れないという、大きな差を感じた。（略）山田〔良明〕さん〔フジテレビ・プロデューサー〕と僕が目指したものは、「男女7人」が若者たちに熱狂的に受け入れられたように、若い感性を刺激する新しいドラマだった。(1)

大多亮は、「若い感性を刺激する」トレンディードラマに必要な要素として、次の三点をあげる。①ロケ地……とにかく話題になっている場所、若い人が集まってくる場所でロケをする。②衣装……スタイリストを導入し、視聴者がみんな着たがるような衣装を着せる。③音楽……主題歌や劇中にかかる音楽は、若い人が聞きたがるものをかける。(2)

それでは、『男女7人夏物語』のロケ地はどうだったのだろう。清洲橋が架橋する東京都中央区日本橋中洲と江東区清澄は、歴史的には江戸情緒を残す典型的な下町といっていい。放送批評家の松尾羊一も幼少期の自らの体験と重ね合わせながら、「中央区だと三越から隅田川にかけてが下町である（略）七〇年代はじめの「下町」ホーム・ドラマの世界であり(3)」としている。ところが、同じく隅田川周辺を舞台にしながら、『男女7人夏物語』には下町ホームドラマ的な雰囲気はいっさいない。脚本の鎌田自身が書いた原作小説では、良介のマンションから見える風景は、次のように表現されている。

清洲橋が、すぐ下に見えている。清洲橋は、ライン河にかかるケルンの吊り橋をモデルにした、隅田川十三橋のなかでも、もっとも優雅な美しさを持つ鉄の橋だ。(4)

なぜ、下町ホームドラマの舞台だった東京湾岸が、「トレンディードラマの先駆け」とされる『男女7人夏物語』のロケ地として選ばれたのだろうか。実は『男女7人夏物語』が放送された八〇年代後半は、東京湾岸の社会経済的評価が転換した時期とぴったり重なっていたのである。

新しい東京湾岸像

徳川家康による慶長年間の埋め立て以降、東京湾は時々刻々と姿を変えていった。特に東京湾の埋め立てが進んだのは、工場用地の需要が大幅に高まった一九六〇年代の高度経済成長期だった。七〇年代にはいったん、自然環境の保全などを理由に、東京湾の埋め立てを「必要最小限に抑制する」方針が取られた(「第三次全国総合開発計画」〔一九七七年〕など)。その流れを変えたのが、『男女7人夏物語』放送の一年前、八五年に中曽根康弘内閣が打ち出した内需拡大、民活路線だった。その目玉として東京湾横断道路(のちのアクアライン)の建設計画が復活し、国、自治体、民間グループによる東京湾開発構想が次々と打ち出された。(5)折しもバブル経済前夜、東京都心部の地価が高騰しはじめ、オフィス需要の高まりから、その打開策として湾岸部に注目が集まった。(6)

特に注目されたのが、一九八七年に東京都が打ち出した「東京臨海部副都心開発基本構想」である。埋め立てによって形成された都有地=十三号地に情報通信の拠点として東京テレポートを整備し、十号地には国際展示場（いまの東京ビッグサイト）を核にしたコンベンション機能を整備する。また、有明地区や十号地、十三号地には住宅を配置するとした。居住人口は四万四千人、就業人口は十一万五千人を見込んでいた。[7]

民間グループによる東京湾開発構想の代表例とされるのは、建築家の黒川紀章などが代表を務める「グループ2025」の「東京改造計画の緊急提言」である。黒川は東京湾をクルーズする雑誌の特集で、東京都の構想が実現しても「ウオーターフロントはインテリジェントビルに専有され、あいかわらず味気ない非人間的な街になりかねない。（略）たとえばこの広い埋め立て地に、そこにつくられる副都心に、サラリーマンが一隻のヨットさえ係留できない。そこが東京という都市の貧しさである」[8]と指摘する。

ただ黒川の心配をよそに、女性誌やグラフ誌[9]などでは、東京湾が消費行動の新たなエリアとして注目を集めるようになった。「Hanako」の特集「TOKYOウォーターフロント大全集」では、「「都心から遠くて」「電車も通ってない不便な所で」「移動の方法がわからない」そう思い込んでこのエリアを楽しまないなんてオロカシい。（略）奥の深いウォーターフロント、お楽しみはこれから！」として、レストランやライブハウスなどさまざまなスポットを紹介する。竹芝にある輸入雑貨店ラ・クレマイエールの紹介文では、「パリ直輸入の食器やアクセサリーを選んでセーヌ河畔の散歩気分」と、隅田川河口をセーヌ川に見立てている。[10]

「non-no」の特集「TOKYOベイエリア」では、当時雑誌モデルだった阿部寛をメインキャラクターにして、湾岸のデートスポットを巡る特集を組んでいる。そのなかで雅陶堂ギャラリー（竹芝）

と佐賀町エキジビット・スペース（永代橋）を「ベイエリアを、日本のソーホーといわせた二軒のギャラリー」として紹介する。この「non-no」の特集では、「清洲橋でデートする彼と私の『男女7人夏物語』」と清洲橋を取り上げ、「さんまさんと大竹しのぶさんが夜のデートをしていた清洲橋。（略）今も夜になるとここでデートするカップルが絶えないとか[11]」としている。

このような一九八〇年代後半の女性誌の東京湾岸ブームについて、「LEE」の特集「大人のための東京ベイエリア探検」は次のように端的に表現している。

> 東京が海に面した都市だということを、忘れていたような気がする。と言うよりも、この都会は水にそっぽを向いて発展してきたのかもしれない。しかし、やがて社会の価値観も変わり、物による豊かさだけではなく、環境的にも精神的にも豊かな生活を求めるようになって、やっと私たちは水と緑に目を向けるようになった。
>
> ベイエリア、つまり東京湾を囲む湾岸地域が今、注目され活性化されようとしている理由の一つに、こうした私たちの欲求の変化があるようだ[12]。

一九八〇年代後半、バブル経済へ至る消費文化の勃興のなかで、東京湾岸が再発見されたのである。

『男女7人夏物語』のなかの東京湾岸

『男女7人夏物語』のオープニングは、隅田川花火大会を思わせる花火の映像から始まり、隅田川を行く船の視点から清洲橋や首都高速の高架線を仰ぎ見る。その間に、銀座、有楽町マリオン、カフェバーの映像が挟まれていく。隅田川を行く船から見る風景は、清洲橋のモデルになったケルンのライン川やセーヌ河畔というよりも、倉庫街が立ち並ぶニューヨーク・ハドソン川に近いソーホーのイメージかもしれない。「Baby, get on my Cadillac」「Oh no, I wanna dance my cha cha」という英語による男女の掛け合いから始まる主題歌の「CHA-CHA-CHA」（石井明美）がバックに流れ、アメリカ大都市の雰囲気をさらに醸し出している。

第一話で、男女七人が初めて出会う合コンの会場は、かつて吾妻橋東詰にあったレンガ造りの吾妻橋アサヒビアホール(13)である。一九三一年開業のレトロな外観に、椎名美和子（小川みどり）は「なかなか渋いじゃん」と言いながら入っていく。このビアホールでは、ビールがブーツ形のグラスに入ってくるのだが、飲み方を知らないとビールが洋服にこぼれてしまう。このグラスでのおしゃれな飲み方を知っているかどうかが、女性たちが男性の格好よさを見定める基準になっている。七人の合コン会場になったビアホールは、まさに「Hanako」や「non-no」に出てくる「ベイエリア」のデートスポットそのものである。

『男女7人夏物語』で最も効果的に使われているウォーターフロントの風景は、「ライン河にかかるケルンの吊り橋をモデルにした」清洲橋である。良介と神崎桃子（大竹しのぶ）のマンションは、それぞれ清洲橋を挟んだ対岸にある。良介のマンションのベランダからは、桃子のマンションが見える（第五話）。この設定によって、清洲橋はこのドラマの重要なシーンに繰り返し登場する。

第三話の最後のシーン。浅倉千明（池上季実子）が良介に好意をもっていることを知った桃子は、「あのね、あなたのことを好きだっていう人がここにいるの」「いまからそっちに行くから、橋の真ん中で待ってなさい」と電話する。清洲橋に座り待っている良介。そこに千明が歩いてくる。隅田川を見ながら語り合う二人のバックに、主題歌の「CHA-CHA-CHA」が流れる。

第五話の最後のシーンで、夜電話しているうちに良介に会いたくなった千明が衝動的にタクシーで駆けつけたのも、清洲橋である。第六話の冒頭、次の日の朝に良介のマンションに届け物をしにきた桃子と千明は、玄関で鉢合わせになる。その場に居づらくなった桃子は、清洲橋を走って渡り自分のマンションに取って返す。第九話で、桃子が自分のマンションに来ないかと良介を誘うのも、清洲橋のたもとである。

このように『男女7人夏物語』は、「ウォーターフロント」「ベイエリア」と呼ばれるようになった東京湾岸で、「トレンディードラマの先駆け」と称されるにふさわしい男女群像劇を展開していく。

研究テーマ12―2　非婚の選択

結婚がゴールにならない

一九八六年の放送当時、筆者も『男女7人夏物語』の熱心な視聴者だった。だが、どうにも最終回（第十話）の展開がふに落ちず、すっきりしないままエンディングを迎えた。第一話で、今井良介のベッドに、見覚えのない女・神崎桃子が寝ている。二人とも酔っていて、前の夜の記憶はまったくない。どっちが誘惑したのか、ののしり合いが始まる。奇妙な出会いをした男女が、けんかしながらやがて恋に落ちていく。典型的なスクリューボール・コメディーのオープニングである。

事実、ドラマの後半では、良介と桃子がお互いの好意に気づき、回を重ねるごとに関係が深くなっていく。桃子は良介と浅倉千明の間を取り持つ。だが、第七話の嵐の夜に桃子のマンションの水漏れを心配した良介がびしょぬれになりながら駆けつける。そこに偶然居合わせた千明は、良介が桃子に引かれていることを感じ取り、桃子のマンションを飛び出していく。嵐のなか、千明を探す二人だったが、「どうして、ウチになんか来たのよ」「私のことなんか放っといてよ」という桃子に、良介は「放っとけんかったんや」「俺は、お前が好きやねん」と叫ぶ。

第九話では良介の兄嫁・千歳（加賀まりこ）が、大阪からお見合い相手を連れて上京する。桃子は千歳に会い、「一生良介さんから離れません」と宣言する。その夜、桃子のマンションに泊まった良介だったが、次の朝チャイムが鳴ってドアを開けると、桃子の父親（早崎文司）が立っていた。桃子は父親とともに故郷に帰る新幹線に乗り込む。そこに千明が電話をかけてきて、「このまま帰ったら、私は桃子を許さないわよ」と叱る。桃子は父親を振り切り、新幹線を途中下車する。降りたホームに待っていたのは、良介だった。最終回には男女七人のほかのメンバーも、野上君章（奥田瑛二）と沢田香里（賀来千香子）、千明と大沢貞九郎（片岡鶴太郎）という二組のカップルが出来上がり、椎名美和子もお見合い相手と結婚が決まる。

ドラマをここまで見てきて、ハッピーエンドの雰囲気が漂い、結婚をめぐる第九話が伏線になって、いよいよ良介と桃子も結婚か……と思っていたら、二人には意外な結末が待っている。知り合いの編集者から桃子に、マイケル・ジャクソンの全米ツアーに同行してルポを書かないかという依頼が舞い込む。半年以上も離ればなれになることで、引かれ合うお互いの気持ちは変わらないのか。桃子は迷いながらアメリカ行きを決断し、良介もそれを後押しする。ハッピーエンドでもなく、破局でもない、二人の関係は宙吊りのままエンディングになった。

「非婚時代」

『男女7人夏物語』が放送された翌年の一九八七年、吉廣紀代子『非婚時代』がベストセラーになる。吉廣は、次のようにいう。

小学校の時から男女共学で教育を受けた女たちは、学校を卒業後就職して、経済的自立を遂げると、自分で見聞きし、考え、行動しながら、〝結婚イコール女の幸せ〟というこれまでの社会通念に疑問を抱く人が増え、それぞれに適した生き方を模索しはじめている。その中からシングル・ライフの選択が見られるようになったと言えようか。(14)

吉廣は、当時二十六歳（一九五九年生まれ）から五十歳（一九三五年生まれ）までのシングル女性五十七人にインタビューをおこなった。その結果、「仕事にひかれた」「相手が〔自分の価値観を〕

受け入れてくれなかった」「〔結婚という〕制度に組み入れられたくない」など、「シングルの増加は何よりも個人の意識の変化によるところが大きい」とした。個人の意識変化の背景には、戦後の民主化による女性参政権の獲得、高度経済成長期以降の女性解放運動があると述べる。[15] また、シングル女性の親たちも、「娘が経済的に独立すると、本人の個性、結婚の社会的状況を思い合わせ、〔結婚を〕強要までしていない」[16] という。親の意識変化も、結婚しない女性を支えていた。

厚生労働省の人口動態調査によれば、女性の初婚年齢の平均は、一九六〇年には二十四・四歳だったものが、七七年に二十五歳、九二年に二十六歳と徐々に上昇している[17]（その後二〇一一年に二十九歳になった）。また、国勢調査のデータでも、二十代後半（二十五歳から二十九歳）の未婚女性は、七〇年には一八・一％、八〇年には二四・〇％だったが、九〇年には四〇・四％になり、少数者とはいえなくなった（二〇二〇年には五八・二％である[18]）。

『非婚時代』の翌年、一九八八年には松原惇子『クロワッサン症候群』がベストセラーになる。『非婚時代』がシングル女性の生き方に好意的だったのに対し、『クロワッサン症候群』は女性誌のシングル礼賛記事にあおられ、人生の選択を誤った人たちと辛辣である。

高等教育をうけ、社会をちょっとのぞいて結婚する予定だったお嬢さんたち。それが、女性誌を核とする時代の波にあおられ、働く女になってしまった。仕事に対してビジョンや目的があったわけではなかった。そして、はたと気がついたら三十半ば、不本意なシングル生活の毎日だ。[19]

いずれにせよ『男女7人夏物語』が放送された一九八〇年代後半は、女性の結婚に関する社会意識が大きく変化した時代だった。

旅立つ女

先ほどふれた第九話で、良介の兄嫁・千歳に桃子が「一生良介さんから離れません」と宣言した場面。兄嫁は桃子に矢継ぎ早に質問をして人物鑑定を始める。桃子が現在フリーライターをしていて、将来はノンフィクション作家を目指していることがわかったあと、「そんな人を嫁さんにもろたら、一生の不作やで」と良介に言い放つ。それを受けた桃子の台詞が、奮っている。

桃子：あの私、良介さんと結婚するって決めたわけじゃありませんから。
千歳：ええっ〔と大きな声をあげる〕。
良介：そんなオーバーに驚くなよ、なあ。
千歳：そやかて、いま、一生離れないって、この人言うたやないの。
桃子：私良介さんのことが好きです。すごく。でもまだべつに結婚とか考えてませんから。

兄嫁は「年いくつ？」と駄目押しの質問をして、桃子が二十七歳であることを知ると「女は一生仕事をしているわけにはいかへんのやで」と言う。桃子が「あたしは、一生仕事をしていくつもりです」と答えると、「良ちゃん、こんなややこしい人やめて、亜紀子さん〔連れてきたお見合い相手〕にしなさい……二十七にもなって子どもみたいな顔して」と非難する。一生離れないほど好きな相手なのに、結婚は考えていない。兄嫁からすれば桃子は同じ女性として、まったく理解不可能な「ややこしい」存在である。

この節の冒頭で書いた、放送当時『男女7人夏物語』のエンディングに覚えた私の違和感。いまだったら、その理由をはっきりと指摘できる。当時桃子と同世代だった私は、むしろ良介の兄嫁・千歳と同じ「ロマンティック・ラブ・イデオロギー」にとらわれていたのだ。ロマンティック・ラブ・イデオロギーとは、「相手に〔精神的および身体的な〕コミュニケーション欲求を抱いても、それが結婚に結びつかない限り「正しい」恋愛から排除される」[20]という考え方である。結婚可能な男女二人が、出会い、お互いに結婚したいと意識するときに、それが恋愛と呼ばれる。結婚してからも関係を維持しつづけたいと思うことが、夫婦の愛情（さらには子どもへの愛情）へと展開していくのである。恋愛は結婚へのプロセスであり、結婚へと成就しなかった恋愛は失敗（あるいは終焉）とされる。

山田昌弘によればロマンティック・ラブ・イデオロギーは、十八世紀から十九世紀の西欧のブルジョア中産階級の男女交際の様子を反映していて、二十世紀に庶民階層にまで普及する。近代的恋愛が、実態として日本に普及するのは、一九六〇年代の高度経済成長期以降である。[21]振り返ってみれば、二十代の男女を主人公にしたテレビドラマは、多かれ少なかれ、このロマンティック・ラブ・イデオロギーによって成り立っていた。現在は平均初婚年齢の上昇に伴って、登場人物の設定が三十代まで広がったが、「恋愛結婚イデオロギー」はどこかで意識されている。
お互いが好きだという気持ちを確かめ合い、年長の親族が勧める結婚相手を断ったにもかかわらず、良介と桃子の関係は結婚に進展しない。『男女7人夏物語』は、ロマンティック・ラブ・イデオロギーに支えられたテレビドラマの法則を、見事に裏切ってみせたのである。まさに「非婚時代」のドラマにふさわしい結末である。
ロマンティック・ラブ・イデオロギーの否定という観点からすると、桃子がアメリカ行きを決断し、良介がそれを後押しするという結末も理解しやすい。ただし、鎌田の脚本には、『男女7人夏物語』だけに限定できない歴史的連続性がある。最終回で、次のような良介と桃子のやりとりがある。

良介：お前、行きたいんやろ。
桃子：え？
良介：せっかくのチャンスやろ。行ってこい。

第10章「一九七〇年代日本の若者——『俺たちの旅』が描く若者像」の研究テーマ10—2で指摘したように、同じやりとりをすでに『俺たちの旅』の津村浩介（カースケ：中村雅俊）と山下洋子（金沢碧）に見いだすことができる。洋子は、日系人の放送局の技術指導のために、女性の先輩と南アメリカに旅立つ。ここでもカースケが「二年ぐらいすぐにたつよ。行ってこいよ。こんないいチャンスないじゃないか」と洋子を後押ししている。

そればかりか、実は『金曜日の妻たちへ』第一シリーズの結末も、女の旅立ちで結ばれている。中原宏（古谷一行）と不倫関係になった村越英子（小川知子）は、友人だった宏の妻・久子（いしだあゆみ）を傷つけ、夫婦関係を壊してしまったことに悩む。そして、フランス料理の勉強のためにと、旅立っていくのである（『金妻』では、ロマンティック・ラブ・イデオロギーが完全に否定されていたわけではないが）。

桃子は（そして洋子も、あるいは英子も）、恋愛の終着点が結婚しかないという日本社会の通念から自らを切り離すために、旅立つ。ここに、その後のトレンディードラマの男女関係の原型を見ることができる（例えば、第3章の研究テーマ3—2で取り上げた『東京ラブストーリー』の完治とリカの別れがこれに重なり合う）。

さて、先ほど引用した桃子とのやりとりのあと、良介はこう言う。「その代わり、半年でちゃんと帰ってこいよ」。この台詞が、続篇の『男女7人秋物語』の伏線として、宙吊りのままにされた男女関係のもろさの表現として作用することになる。そして、『男女7人秋物語』終了後に訪れる明石家さんまと大竹しのぶの実生活での結婚は、『男女7人夏物語』の意図を裏切り、ロマンティック・ラブ・イデオロギーによってドラマを補完したと位置づけるのは、二人には失礼すぎるだろうか。

研究テーマ12―3　終わりのない青春

恋愛に不器用な三十代

『男女7人夏物語』で繰り広げられる男女群像劇――それぞれ学生時代から友達だった男女のグループが偶然のきっかけで出会い、複雑な恋愛模様を展開する。一九八六年の放送当時は、まったく違和感がなかったこのような物語の設定も、よくよく考えてみれば時代の産物だったのではないだろうか。

今井良介ら男性登場人物は三十代前半、神崎桃子ら女性登場人物は二十代後半。一九七〇年代末から初婚の平均年齢が徐々に上がってきているとはいえ、良介も桃子も初婚の平均年齢は超えている（一九八六年の初婚平均年齢は、男性二十八・三歳、女性二十五・六歳である）[22]。しかし、非常に興味深いことに、七人のなかで結婚が決まったのは、仲間たちの恋愛サークルに入らなかった椎名美和子だけだった。ほかの登場人物の結婚が問題になったのは、前節で指摘した良介と桃子が家族（良介の兄嫁と桃子の父親）から結婚を迫られ、断った場面（第九話）だけである。

美和子以外のほかのメンバーは、結婚を焦ってはいない。ロマンティック・ラブ・イデオロギーを超越しているかのようである。彼らが悩むのは、恋愛をどのように結婚へと成就させるかではなく、むしろ「自分がちゃんとした恋愛をできるか」ということだった。第三話で、野上君章は沢田香里からデートに誘われOKするが、二人で会う気になれず待ち合わせ場所に良介も誘う。香里は、野上の態度に怒って帰ってしまう。

野上：急にベタベタされるのやなんだよ。そういうの好きじゃないの。
良介：女から逃げんなよ。
野上：べつに俺は逃げたりしてないよ。
良介：でもお前は、女からモテるのを楽しんでるだけやで。（略）今度は女と正面から付き合えよ。

桃子、美和子、浅倉千明が、そんな香里の恋愛を心配して語り合う場面では、次のような会話が交わされる。

美和子：それにしても、千明自身の恋愛沙汰ってあまりなかったね。
千明：あたしはね、ゴタゴタするような男にはほれないの。
桃子：いろんな人に言い寄られるけど、千明、いつもスルスルって、うまくかわしちゃうのよね。
（略）千明が男の人のこと、好きで好きでって、あまり聞いたことがないもんね。
千明：起こすわよ〔男女関係の問題を〕私だって。これから起こすかもしれないじゃん。

このように『男女7人夏物語』では、自然に異性を好きになることができない、素直に自分の感情を表現できない、恋愛に不器用な三十代男と二十代女の物語が展開していく。このような設定は、以前の時代であれば(『俺たちの旅』のように)せいぜい大学生までの悩みだったのではないだろうか。

エリク・H・エリクソンのアイデンティティ論では、人間が確固とした自己イメージを獲得するためには、「何らかの職業に就くこと」「結婚と出産」「信念の体系あるいは世界観を獲得すること」という三つの経験が必要だとされている。しかし浅野智彦は、「一九八〇年代以降の日本の若者は、つまるところこれら三つの要素が徐々に確保されなくなっていくような社会を生きている[23]」とする。「一九八〇年代以降の日本の若者」といっても浅野がおもに想定しているのはバブル以降に青年期を迎えるいわゆるロスジェネ世代だが、バブル期の青年である良介たちにとっても、成熟のきっかけとしての「結婚と出産」は縁遠いものになっていることがわかる。

『男たちの非婚時代』

前テーマでふれたように、『男女7人夏物語』放送の翌一九八七年、シングル女性が結婚しない理由を探った吉廣紀代子『非婚時代』がベストセラーになった。吉廣は、さらに同書の続篇としてシングル男性を調査した『男たちの非婚時代』を出版する。『男たちの非婚時代』では、三十代を中心に六十七人のシングル男性に人生観、仕事、非婚の理由についてインタビューしている。吉廣は、シングル男性たちが結婚は絶対にしなくてはならないもの、とは考えてはいないため、結婚するかしないかは選択的(どちらでもいい)だし、相手や結婚の時期は人によって非常に多様なことがわかったという。[24]

ところで、吉廣のインタビューから浮かび上がってきたシングル男性の共通点には、非常に興味深いものがある。吉廣がインタビューしたシングル男性は、六十七人中五十三人が大学進学していた。当時の大学進学率からすれば、大学入学者の比率が高い。しかし、彼らのなかには高校または大学卒業後、「直ちにサラリーマンになることに疑問を感じて躊躇したり（いわゆるモラトリアム）、就職までに年月を要している」者が多いという（大学中退九人、留年十人）。また、一度も就職していない人が九人、就職後フリーになった人が二十九人と非常に多い。吉廣は、「シングルの男性は管理、命令されるのが性に合わない人が多く、〝会社人間〟は少ない[25]」とする。

浅野によれば、一九九〇年代以降に安定した雇用に就くことができない若者が大量に生み出された時期と、個性を生かす教育や、自分の「やりたいこと」から職業を選ぶことを奨励する職業観が盛んになった時期が重なり合う。[26]吉廣は、サンプルの偏りを気にしているという。しかし、エリクソンのアイデンティティ論で重要とされた三要素のうち「何らかの職業に就くこと」と「結婚と出産」の二つについて、八〇年代以降の日本の若者が「徐々に確保されなくなっていくような社会を生きている[27]」状況が、『男たちの非婚時代』には先取りして描かれているように思われるのである。

第10章の研究テーマ10―1で指摘したように、一九七〇年代の若者論に非常に影響力があった小此木啓吾の『モラトリアム人間の時代』では、かつては、十二、三歳から二十二、三歳までとされた青年期が、三十歳くらいまで延長していることが現代のモラトリアムの特徴だと指摘していた。[28]

また、笠原嘉『アパシー・シンドローム』では、近年は高校後半から大学生、さらには若いサラリーマンまで、「自分とは何か」「自分は何になるのがもっともふさわしいのか」という自問自答を繰り返すことで、学業や仕事に対し無気力になる若者が増えているとされていた[29]。その意味では、『男女7人夏物語』の登場人物たちは、「引き延ばされた青年期」の時代を生きているといってもいいだろう。

電話空間でつながる七人

原宏之は『バブル文化論』のなかで、『男女7人夏物語』について非常に興味深い指摘をしている。原は、『男女7人』の物語には三つのポイントがあるとする。

1、ドラマが徹底して《いま》の物語として展開されること（フラッシュバック、その他の回想の演出・プロット上の役割がほぼない）。
2、電話のベルがプロット（筋の仕組み・構成）始動の鍵になる。
3、舞台の共時態（離れた空間の「七人」を電話がリアルタイムに結ぶことでひとつの「面――イゾトピー」が形成される[30]）。

特にここで注目したいのは、三点目の電話が作るネットワークである。原は、「「七人」の男女間で四二通りの回線が結ばれ蜘蛛の巣のようなネットワーク状況が生まれる」「潜在的な「七人」のネットワークにより、登場人物すべてが「いま、ここ」の平面上（イゾトピー）、アクチュアリティのネットワークに結ばれているのだ(31)」とする。

確かに『男女7人夏物語』の第二話後半から第三話にかけては、新しい人間関係を構築していくために、非常に頻繁に電話でのやりとりが展開される（第三話が「男と女の電話」と題されているほどである）。第一話にビアホールの合コンで出会った男女のグループは、男たちは良介のマンションに、女たちは千明のマンションに集い、食事をしながら語り合う（これはリアルな人間関係である）。話題は合コンにきた異性のうち、誰にアプローチするかになる。これは、ごく自然な話題だろう。

『男女7人夏物語』が特徴的なのは、そのあとである。第二話で、最初に男女間での電話を試みようとするのは、香里である。香里は野上の名刺を見ながらダイヤルするが、ためらって受話器を置く。次の場面、野上の会社デスクの電話が鳴る。電話の相手は香里と思いきや、千明だった。用件は香里から電話があったかという確認と、もし香里からの誘いがあっても「香里は真面目だから、傷つけないでくれ」という忠告だった。そのあとに、香里から野上にデートの誘いの電話があり、野上は先ほどの千明の電話が気になりためらうが、結局二人はバーで会う。

また、本研究テーマの冒頭で引用した場面。第三話で桃子に「千明が男の人のこと、好きで好きでって、あまり聞いたことがないもんね」と言われた千明は、「起こすわよ〔男女関係の問題を〕私だって」と言う。次の日、千明は会社から良介の家に電話する。良介は仕事で海外に出かけていて不在である。次に野上の会社に電話するが、野上も不在。最後に大沢貞九郎の職場につながりデートの約束をする……というように、七人が次々と電話でつながっていく。

原は、『男女7人夏物語』の物語のポイントの一点目に「ドラマが徹底して《いま》の物語として展開されること」をあげ、さらに『男女7人夏物語』で「「明日」の起点となる「今日」はどこにでも浮遊する空虚なものなのだ」[32]と指摘している。ビアホールでの合コンという「今日」が、デートに誘う電話をする「明日」へと展開する。「恋愛ベタ」と友達に指摘された「今日」が、男たちに電話をかけまくる「明日」へとつながる。

『男女7人夏物語』にこのような所作が許されるのも、小此木が指摘したように、かつては二十二、三歳までとされた青年期が三十歳まで延長したことによって、「親や学校によって自由な行動を制限される子どもではない」、そして「結婚や子育てによって行動が制限される成熟した大人でもない」[33]年齢層が日本に生まれたからである。

一九八〇年代後半の日本で未婚者率が十五歳以上人口の四〇%を超えていたのは、中野区、渋谷区、杉並区のいわゆる「第三山の手」地区だけであり、それに未婚者率三九%の豊島区、世田谷区、新宿区が続く[34]。ニューファミリーが、東京郊外の「第四山の手」へと移動したあとに、「第三山の手」には単身で暮らす未婚者が残る。そのような都市を舞台に『男女7人夏物語』は、以降のトレンディードラマで反復される「引き延ばされた青年期」の物語を発掘したのである。

注

(1) 前掲『ヒットマン』一一二―一一三ページ

(2) 同書一〇―一一ページ
(3) 前掲『テレビは何をしてきたか』八四―八五ページ
(4) 鎌田敏夫『男女七人夏物語』上（角川文庫）、角川書店、一九八八年、六ページ
(5)「東京湾大改造計画 中曽根民活が東京湾の流れを変えた」(「週刊東洋経済」一九八八年三月二十六日号、東洋経済新報社）九ページには、二十九件の東京湾開発構想がリストアップされている。
(6) 同記事四―六ページ
(7) 東京都「臨海部副都心開発基本構想」「東京人」一九八七年十月号、都市出版、一五一―一五二ページ
(8) 藤原智美「黒川紀章「ウオーターフロント」を行く」「プレジデント」一九八九年一月号、プレジデント社、二四三ページ
(9) 佐藤栄邦「東京湾21世紀超開発」(「アサヒグラフ」一九八八年七月一日号、朝日新聞社）、「水都」東京再発見」(「毎日グラフ」一九八八年七月十七日号、毎日新聞社）など。
(10)「TOKYOウォーターフロント大全集」「Hanako」一九八八年十月十三日号、マガジンハウス。ゆりかもめ（東京臨海新交通臨海線、一九九五年開業）も東京臨海高速鉄道りんかい線（一九九六年開業）もなく、確かにアクセスは不便だった。
(11)「TOKYOベイエリア」「non-no」一九八八年七月五日号、集英社、一五六ページ
(12)「大人のための東京ベイエリア探検」「LEE」一九八八年九月号、集英社、二五〇ページ
(13) 同ビアホールは、『男女7人夏物語』放送の二年後アサヒビール本社建て替えのため、取り壊されている。
(14) 吉廣紀代子『非婚時代――女たちのシングル・ライフ』（朝日文庫）、朝日新聞社、一九九三年、五

ページ（単行本刊行は一九八七年二月。）

（15）同書一六二―一七六ページ

（16）同書一八九ページ

（17）国立社会保障・人口問題研究所「表6－12 全婚姻および初婚の平均婚姻年齢――1899～2012年」「人口統計資料集 2014年版」国立社会保障・人口問題研究所、二〇一四年（https://www.ipss.go.jp/syoushika/tohkei/popular/P_Detail2014.asp?fname=T06-12.htm）［二〇一四年四月二日アクセス］

（18）総務省統計局「表6－24 性、年齢（5歳階級）、配偶関係別割合――1920～2010年」（『国勢調査報告書2010』総務省統計局、二〇一〇年）と同「第7－2表 男女、年齢（5歳階級）、配偶関係、世帯の種類別世帯人員――全国、都道府県、市区町村：女」（『令和2年国勢調査 人口等基本集計』総務省統計局、二〇二〇年）（https://www.e-stat.go.jp/stat-search/files?page=1&layout=datalist&toukei=00200521&tstat=000001136464&cycle=0&year=20200&month=24101210&tclass1=000001136466）［二〇二四年二月十五日アクセス］による。

（19）松原惇子『クロワッサン症候群』文藝春秋、一九八八年、二一五ページ

（20）前掲『近代家族のゆくえ』一二八ページ

（21）同書一三一―一三二ページ

（22）前掲「表6－12 全婚姻および初婚の平均婚姻年齢」

（23）浅野智彦『「若者」とは誰か――アイデンティティの30年〔増補新版〕』（河出ブックス）、河出書房新社、二〇一五年、一九―二〇ページ

（24）吉廣紀代子『男たちの非婚時代』三省堂、一九八八年、一四〇―一五〇ページ

(25)同書一六〇—一六二ページ
(26)前掲『「若者」とは誰か』八六—九二ページ
(27)同書二〇ページ
(28)前掲『モラトリアム人間の時代』二〇、三一—三三ページ
(29)前掲『アパシー・シンドローム』六—七、一九六ページ
(30)原宏之『バブル文化論——〈ポスト戦後〉としての一九八〇年代』慶應義塾大学出版会、二〇〇六年、一七三ページ
(31)同書一七六ページ
(32)同書一七七ページ
(33)前掲『モラトリアム人間の時代』
(34)総務省統計局「男女の別（性別）（3）、15歳以上年齢各歳階級（86）、配偶関係（5）、15歳以上人口 県庁所在都市・人口30万以上の市・区・DID（県庁所在都市・人口30万以上の市・区）」（『平成2年国勢調査 第1次基本集計 都道府県編』総務省統計局、二〇〇七年）（https://www.e-stat.go.jp/dbview?sid=0000031407）［二〇一四年二月二十七日アクセス］参照。「第三山の手」の呼称は、前掲『「東京」の侵略』一一—一二ページ。

第13章　新しい男女関係
——『29歳のクリスマス』と女性の自立

一九九四年に放送された『29歳のクリスマス』は、バブル経済が崩壊したあとの男女像を描いていて、二十一世紀の日本社会につながる課題を内包している。研究テーマ13—1「シングルマザーという生き方」では、『29歳のクリスマス』の女性登場人物が職業をもった未婚女性であり、八〇年代よりも結婚を焦ってはいないこと、一方で自分の職業生活では常にストレスを抱えていることを指摘する。そして女性登場人物の一人は、妊娠しても男性に頼らずシングルマザーとして生きる選択をしている。それまで「未婚の母」といわれていたシングルマザーは、九四年当時、徐々に新しい女性の生き方のモデルになりつつあった。

研究テーマ13—2「女と男の共棲」は、『29歳のクリスマス』が性的関係を伴わない女と男の共棲として始まったことに注目する。それは従来のドラマのストーリーに見られたハプニングによる同居ではなく、自分たちにとって「居心地のいい場所」を確保するために、意図的に選択した結果だった。そして共棲の相手として女性に選ばれるのは、バリバリ働き社会的な地位を築いた男性ではなく、癒しを与えてくれる優しい男性である。また、男女の共棲関係が解消されるときに、その場を離れて旅立つのが男性であり、あとには連帯する女性が残るという結末も特徴的である。

研究テーマ13―1　シングルマザーという生き方

不機嫌な働く女

鎌田敏夫は『29歳のクリスマス』によって、自作の『男女7人夏物語』が図らずも端緒を開いたトレンディードラマの歴史にピリオドを打った。『29歳のクリスマス』を見ると、放送から三十年たったいまも不思議に古びた感じがしない。それは、『男女7人夏物語』がバブル経済を前に高揚した「一時代前の」日本社会を描いていたのに対し、『29歳のクリスマス』は現在の社会につながるリアリティをもっているからではないだろうか。

主人公の矢吹典子（山口智子）は、アパレル会社に勤務。二十九歳の誕生日に、仕事のストレスで円形脱毛症になっているのを発見するだけではなく、立ち上げたブランドの業績不振の責任を上司から押し付けられ、系列の外食産業（居酒屋）の店長に左遷される。さらには別の女性と結婚するからと、恋人にも振られてしまう。最悪の誕生日である。愚痴を聞いてもらおうと電話する友人の今井彩（松下由樹）は二十八歳で、番組制作会社でニュース番組のカメラマンをしている。

二十九歳という主人公の設定は、当時の初婚年齢（妻＝二十六・二歳）をやや上回るように絶妙に設定されている。本書で何度かふれている、鎌田ドラマの周到さである。ただ同じ鎌田作品であっても、『金妻』や『男女7人夏物語』と違うのは、『29歳のクリスマス』では主人公の女性たちの職場や働く姿が細かく描かれている点である。『金妻』の女性登場人物（中原久子〔いしだあゆみ〕など）は、多くが専業主婦だった。『男女7人夏物語』の神崎桃子（大竹しのぶ）たちは独身でそれぞれ職業をもっていたが、会話の中心は恋愛話で仕事がらみの悩みはほとんど出てこなかった。

戦後日本の女性は二十代前半には仕事に就いているものの、二十代後半から結婚・出産で退職し専業主婦になる。そして、子育てを終える四十代になると再び働き始める。働く女性の割合は、二十代後半から三十代が谷になる「M字型曲線」を描くとされてきた。しかし、『29歳のクリスマス』放送当時の一九九四年を真ん中に前後ほぼ二十年を比較すると、図3のように谷が徐々に浅くなってきている。初婚年齢が高くなってきているためもあるが、結婚・出産しても働き続ける女性が多くなった。

『29歳のクリスマス』の典子も、親から結婚のプレッシャーをかけられてはいるが、それがすぐに職を辞めることに結び付いてはいない。左遷させられた典子は、同じく商社から通販の関連会社に出向になり悲嘆にくれている男友達の新谷賢（柳葉敏郎）と、第一話で次のようなやりとりをしている。

典子：女だから、仕事なんかどうでもいいと思ってるわけ？　その程度の男なんだ、こいつも。

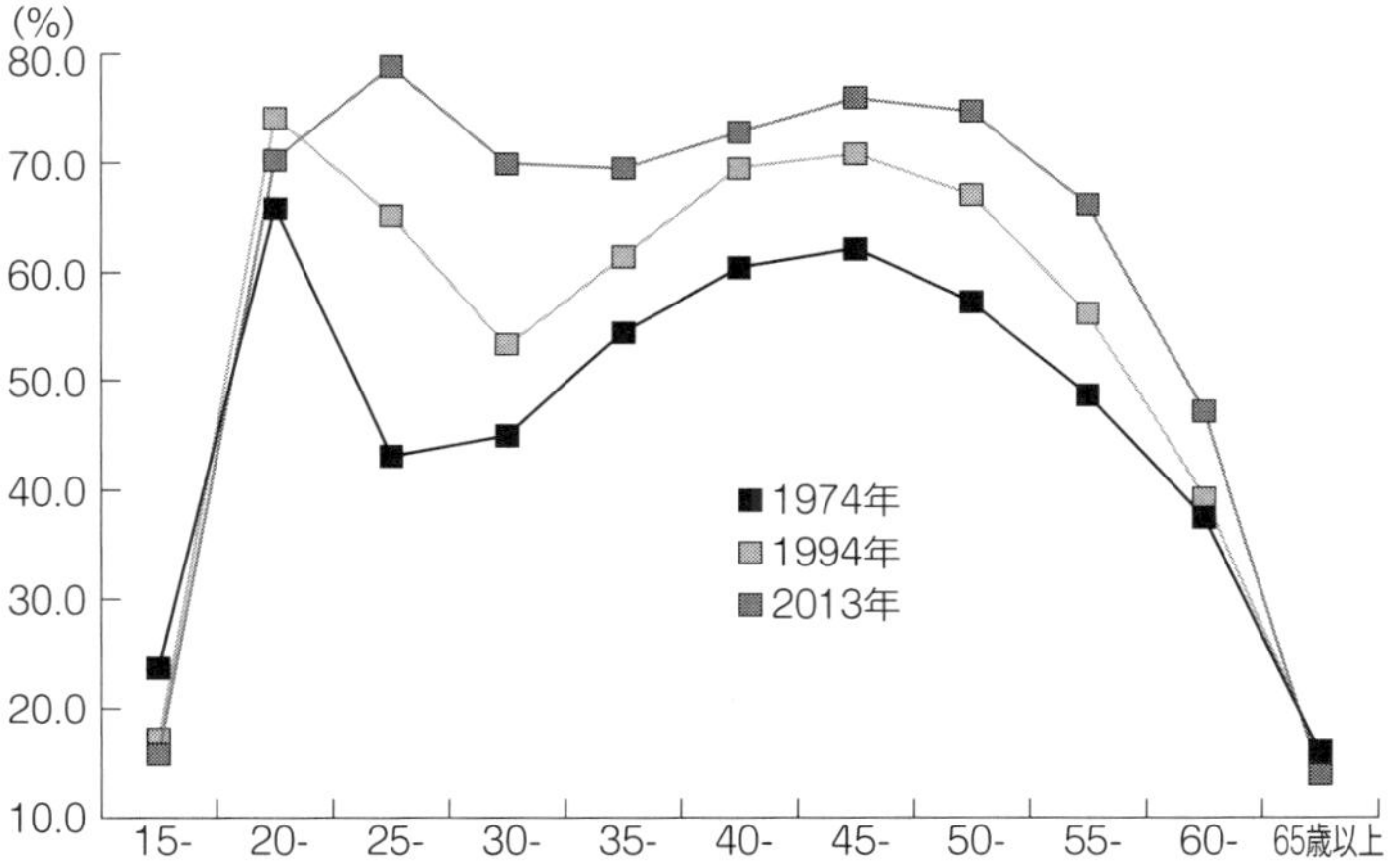

図3　女性の労働力人口比率（%）
（出典：総務省統計局『労働力調査 長期時系列データ』〔総務省統計局（https://www.stat.go.jp/data/roudou/longtime/03roudou.html）［2014年5月3日アクセス］〕をもとに筆者作成）

賢：頭のどっかで、いやになったら嫁にいけばいいと思ってるだろうが。男は、そうはいかないんだよ。
典子：男だ女だってことで、ごまかさないの。

『29歳のクリスマス』が現代につながる感覚を与えるのは、典子や彩という働く女性を生身の人間として登場させたからではないだろうか。典子や彩は常にストレスを抱えて不機嫌である。彼女たちは、仕事を終えて家にたどりつくころにはいつも疲れきっている。こたつに入りながら酒を飲み、男友達の賢に肩や腰をもませる。

一九九〇年の新語・流行語大賞で新語部門・銅賞になった「オヤジギャル」（中尊寺ゆつ子のマンガ『スイートスポット』〔扶桑社、一九八九―九二年〕の登場人物）は、「駅の立喰いソバを食べ、電車の中ではスポーツ紙を広げ、株を売り買いし、疲れたらユンケル黄帝液を飲む。（略）年若いけれど、やることは〝オヤジ〟そのもの、そんな女性を「オヤジギャル」と呼び、当の女性たちに大受けした」[1]。「オヤジギャル」の流行は、このころから女性が仕事を続け、男性と同じような生活行動をとりはじめたことを端的に表現している。『29歳のクリスマス』の典子や彩の行動も、オヤジ化しているといえる。

「未婚の母」と呼ばれて

『29歳のクリスマス』で特にインパクトがあったのは、彩がシングルマザーとして生きる選択をしたことである。不倫の恋に疲れた彩を賢が慰めるうちに、友達だった二人は男女の関係になる。彩は賢の子どもを妊娠したことを知るが、賢は彩の妊娠には気づかずに高嶺の花だった上越香奈（水野真紀）と結婚し、故郷の仙台に帰ることを決心する。彩は妊娠の事実を賢には告げず、自分だけで子どもを育てると典子に言う。

シングルマザーとして生きるという彩の選択は、当時の社会でどれくらい容認されるものだったのだろうか。シングルマザーは、以前は「未婚の母」という言葉で表現されていた。「朝日新聞縮刷版」で見ると、「未婚の母」はアメリカのサンフランシスコで未婚で出産する女性を保護する施設の紹介記事（一九六一年十月一日付夕刊）が初出である。次に出てくるのはその十年後、「〝未婚の母親〟ふえる　乳児院調査　多い病気の子」（一九七一年七月七日付）という記事である。親との死別よりも親の離婚や未婚での出産が理由で乳児院に預けられる子どもが増えている、という日本の事情を伝える。

当時「未婚の母」に関する記事には、事件を扱った暗いトーンのものが多い。大阪府では、生みの親の女性教師が育ての親から実子を奪い去るという事件があった。両者は最高裁まで争うが、生みの母親が敗訴している（「朝日新聞」一九七四年二月二十六日付夕刊）。「「未婚の母」に強い偏見」（「朝日新聞」一九七五年四月十二日付）という記事では、未婚の母になった女性教師と周りの冷たい対応を取り上げ、「法務省の調査では、生後一日以内の子殺しの約半数は、未婚の母である」と結んでいる。(2)

このような「未婚の母」のイメージが変化したのは、一九八〇年代になってからである。未婚の母であることを堂々と表明する芸能人や著名人が現れ、女性の生き方のモデルとされるようになった。そして、「未婚の母」は、結婚しないことを積極的に選んだ「非婚の母」(3)と言い換えられる（「朝日新聞」の初出は一九八九年十二月十八日付）。さらに、「非婚の母」というワードが頻出するようになるのは、まさに『29歳のクリスマス』が放送された九四年だった（この年の記事は八件(4)）。

一九八〇年代末には、新聞に「シングルマザー」という言葉が登場する。「朝日新聞」の初出は、マーガレット・ドラブル『針の眼』（伊藤礼訳〔新潮・現代世界の文学〕、新潮社、一九八八年）について落合恵子が書いた書評である（「朝日新聞」一九八八年十二月五日付）。「朝日新聞」で「シングルマザー」という言葉が多用されるようになるのは、九〇年代に入ってからだった。九一年には〇件、九二年には二件だった「シングルマザー」の記事は、九三年に四件、九四年四件と徐々に増えている。これが九〇年代後半になると、九七年十三件、九八年十五件、九九年十五件とかなり目立つようになる。二〇〇〇年前半の朝ドラ『私の青空』は、シングルマザーが主人公（田畑智子）だった。

『29歳のクリスマス』は、このような社会状況のなかで制作されたのだ。

シングルマザーという選択

『29歳のクリスマス』の最終回（第十話）、シングルマザーになることをめぐる典子と彩の約十分にわたる長い台詞の応酬は、個として自立する日本女性の対話篇の様相を呈している。典子はなぜ賢に妊娠したことを言わないのかと、彩を問いつめる。「言ったら、新谷、仙台に行くのやめる」「あの女〔香奈〕のことも、諦めてしまう」と、彩は言う。「あの女は、新谷の人生だったんだよ」「その人生を、私が奪うわけにはいかない」と、賢の人生の選択をじゃましたくないと彩は言う。「いい子ぶったこと言ってるの、きれいごと言ってる場合じゃないんだよ」と怒る典子に対して、彩は次のように言い放つ。

彩：これは、私の問題なの。新谷とは関係ないの。

さらに典子は、雑誌のシングルマザー特集を示しながら、「戸籍にはね、彩の長男長女じゃなくて、ただ「男」「女」って書かれるだけなんだよ」「いまの日本っていうのはね、シングルマザーの産む子どもなんかそんなふうにしか考えてないんだよ」と彩をいさめようとする。(5) それに対しても彩は、次のように答える。

彩：日本の国が、どう考えようと、どんな扱いをしようと、これは私の子どもなの。私が産みたくて産む子どもなの。（略）新谷を好きな自分も好き。新谷の子どもを産みたいと思ってる自分も好き。それを典子にわかってほしかった。

　最終的に彩の決心が揺るがないことがわかった典子は、自分も友人としてシングルマザーの彩を支えていくことを約束する。

典子：もし父親が必要になったら、しょうがないそのときは、あたしがお父っつぁんになってやるか。（略）ずっとそばにいるから、安心して産みな。

『29歳のクリスマス』は、女二人が支え合って「誰のものでもない、私の人生」（最終回のタイトル）を生きていくことを宣言して終わる。

典子：自分の人生を好きになれるって、いちばん幸せなことだもの。（略）彩強くなりな。強くなろう。

『29歳のクリスマス』という番組タイトルは、「二十五過ぎたら売れ残り」と女性の適齢期をクリスマスケーキにたとえる結婚観を乗り越えることを意図したものだろう。ドラマのラストシーン、典子は「ちゃんこでも食べにいくか」「女だけのクリスマスも、たまにはいっか」と言い、それに彩が「うん、ごっつぁんです」と答える。『29歳のクリスマス』は、クリスマス・イブには豪華なディナーを食べながら男女の恋人同士で「過ごさなければならない」というバブル文化をも、同時に一掃してしまったのである。

研究テーマ13―2　女と男の共棲

居心地のいい場所

『29歳のクリスマス』は恋愛ドラマではない、といったら意外だと受け止められるだろうか。ドラマの中盤、主人公の矢吹典子は、女友達の今井彩、男友達の新谷賢とともに、三人で共同生活をする。最初は、賢と彩の二人の同居から始まった。賢が、海外に転勤した親戚の家を預かることになり、そこに借金を抱えて家賃が安いアパートを探していた彩が転がり込む（第二話）。そのきっかけを作ったのは、典子である。友達とはいえ、男女の同居をためらっていた賢と彩に典子は次のように言う。

典子：決めた。賢ちゃんも引っ越す。彩も引っ越す。（略）お互いに男でも女でもないんでしょ。だったらいいいじゃない。

だが前テーマで書いたように、不倫の恋に疲れた彩を賢が慰めるうちに、友達のはずだった二人は男女の関係になってしまう（第六話）。動揺した彩はすぐさま典子に電話する。彩は「私、あの家にいられないよ、典子」「一緒に暮らせないじゃん、あんなことがあったら」と賢との同居を解消しようとする。この事態の解決策が、典子も加わった三人での同居だった。このとき、典子と彩は次のようなやりとりをしている。

典子：そっちに行くよ。あたしが。そうすりゃあ、そこを出なくてすむんでしょ？　あんた。
彩：〔うれしそうに〕典子が一緒なら大丈夫。（略）サンキュー、典子。

それまでも男女同居のドラマは、数多く作られてきた。偶然のきっかけで始まる男女同居は、最初こそよそよそしいが、多くの時間を過ごすことでお互いのよさに気づき引かれ合う。『おくさまは18歳』（ＴＢＳ系、一九七〇年）に始まり『翔んだカップル』（フジテレビ系、一九八〇年）に受け継がれるラブコメディー（ラブコメ）は、男女同居の典型的な物語形式だろう。

鎌田もまた、『俺たち』シリーズ第二弾『俺たちの朝』（日本テレビ系、一九七六―七七年）で男女三人の同居を描いている。『俺たちの朝』の男女三人の同居は、大学の友人だった岩崎修治（オッス：勝野洋）と田口勇夫（チュー：小倉一郎）が都内の下宿を追い出され、先輩の秋野太作（ヌケ：秋野太作）を頼って鎌倉に来たことがきっかけで始まる。二人のために借りたアパートには、すでに滝村麻子（カーコ：長谷直美）という先約があり、三人は仕方なく同居生活をスタートさせる。『俺たちの朝』の男女三人の同居も、このように偶然始まる。

それに対して、『29歳のクリスマス』の男女同居は、偶然にもたらされたものではない。「居心地のいい場所」を確保するために、主人公たちが意識的に選び取った結果なのである。もともと賢は、彩が番組制作会社に転職する前に勤めていた商社の先輩だった。典子と彩は、お互い失恋したあとの傷心海外ツアーで同室になったのが知り合ったきっかけだった。そんな男女三人が、職場の愚痴を言い合い、お互いの恋の行方を気遣いながら一緒に暮らしていく。

しかし、同居する三人の人間関係のあり方を丁寧に見ていくと、鎌田は『29歳のクリスマス』で、一九九〇年代バージョンの『俺たちの朝』を試みたともいえるのである。男女同居ドラマの典型をなぞるように、『俺たちの朝』の三人は三角関係に発展する。ただ、『俺たちの朝』の三人は同居生活が壊れることを恐れ、三人の友情を保とうとする。同じく『29歳のクリスマス』でも、一夜の男女関係があったにもかかわらず、賢と彩の二人は恋愛の発展を避けて「お互いに男でも女でもない」関係を維持しようとする。

このような男女同居は、『ラスト・フレンズ』（フジテレビ系、二〇〇八年）などで描かれるようになる、シェアハウスに暮らす男女の距離感に似ている。日本でシェアハウスが定着するのは、二〇〇〇年代後半である。[6]『29歳のクリスマス』は時代に先駆けて、「居心地のいい場所」を求める男女同居を描いている。

癒す男／旅立つ男

第一話で婚約者に振られた典子がまだ一人で住んでいた彩の家に行くと、賢が来ていて台所で料理を作っていた。賢が料理を作っている間、彩はシャワーを浴びている。三人での食事のあと、一カ月あまり生理がきていない典子は、別れた婚約者との間に子どもができたのではないかと心配し、賢に妊娠検査薬を買いにいかせる。渋々ながら賢が家を出ていったあと、二人は賢を次のように評する。

彩：優しいのよ、あれ〔賢〕は。
典子：恋人にすればいいのに。三つ年上なんてちょうどいいじゃないの。
彩：あいつの顔見ても、胸がときめかないもの。ときめきがないと、恋ってできないじゃないの。

賢は典子と彩にとっての「癒す男」だ。象徴的なのは第九話の冒頭。くたくたになって仕事から帰ってきた典子は、賢に腰や肩をもませる。そこに彩もぐったり疲れて帰ってきて「新谷、典子ばっかりやってないで、私ももんでよ」とせがむ。賢の取り合いである。

彩：私は、新谷のおかげで生き延びてこられたんだ。
賢：感謝しろよ、しっかり。

『29歳のクリスマス』のなかで、典子の交際相手になる木佐裕之（仲村トオル）は財閥の御曹司だが、父親の財力に頼ることなく自分で事業を興そうという意欲にあふれている。また、典子が過去に交際していた長堀英明（近藤等則）は、かつてやり手のイベント・プロデューサーだった。落ちぶれた現在も、返り咲きを狙っている。彩が交際している浅葉達也（竹下欣伸）は、実力があるチェリストで資産家の娘と結婚し、海外進出の機会を待っている。木佐、長堀、浅葉とも、賢とは対照的なギラギラした男である。賢は木佐と自分を比べて「木佐っていう男が、五十億集めて、事業やろうっていう、俺の人生、目的はただのＯＬ〔との交際〕なんて、あまりわびしいじゃないの」（第六話）と落胆する。

だが、ドラマの最終回で、賢の子どもを妊娠した彩は、賢を男＝妊娠した子どもの父親として選んだ。なぜ賢に妊娠したことを言わないのか、結婚する上越香奈から、なぜ賢を奪おうとしないのか、と典子は彩を問いつめる。しかし、彩はきっぱりと次のように言う。

彩：私はいま、子どものころの夢をつかんだの。世界でいちばん優しい人の子どもを産むこと。私はその夢を放したくないの、絶対に！（略）私はいま、初めて自分の人生好きになれたの。新谷を好きな自分が好き。新谷の子どもが産みたいと思っている自分も好き。それを典子にわかってほしかった。

『29歳のクリスマス』の最後には、ギラギラしているやり手の男よりも、優しさにあふれた「癒す男」が選び取られたのである。

これまで取り上げてきた鎌田のドラマ――『俺たちの旅』『金妻』（第一シリーズ）、『男女7人夏物語』では、最終回で女性が海外に旅立つ結末が待っていた（『俺たちの旅』の山下洋子〔金沢碧〕、『金妻』の村越英子〔小川知子〕、『男女7人夏物語』の神崎桃子）。女性たちは自立のために、日本で築かれた人間関係から逃れるように旅立つ。

ところが、『29歳のクリスマス』で旅立つのは、すべて男性である。木佐は、父親に系列工場の立て直しを命じられフィラデルフィアに、浅葉は海外のオーケストラから招聘されボストンに、それぞれ移住する。そして賢も、自分の人生を新たにやりなおすために故郷の仙台へと旅立つ。典子と彩は誰にもついていくことなく、いま居る「居心地のいい場所」にとどまる。

鎌田敏夫は、『29歳のクリスマス』によって、それまでの鎌田ドラマ――『俺たちの旅』『金曜日の妻たちへ』『男女7人夏物語』の反転を試みたとはいえないだろうか。これまでは女性が「見送られる」客体だったのに対し、『29歳のクリスマス』では女性が「見送る」主体になっている。この反転は、女性たちが「誰のものでもない、私の人生」を生きていくことを宣言するのにふさわしい視点の移行である。

文学社会学者のジャック・デュボアは、リアリズムを標榜するオノレ・ド・バルザックやエミール・ゾラなどを「現実を語る小説家」と呼ぶ。そして、彼らの小説では、「テクストの外部の社会は小説の歴史性を保証し、（略）テクスト内の社会は、シミュレーションという形で、（略）〔現実社会の」実験としてみずからを提示するのである」[7]と評した。テクストをテレビドラマとすれば、バルザックらと同じような、社会とテレビドラマの緊張関係を鎌田ドラマに見いだすことができるのではないだろうか。

『俺たちの旅』（第10章）は、大学を出ても定職に就かず自分の生き方を探す津村浩介（カースケ：中村雅俊）たちモラトリアム世代を描いている。しかし、学生運動が退潮した一九七五年の時点にあっても、カースケたちは社会に対してシラケることなく「個人よりも組織の論理が優先する管理社会」を告発しつづける。『金妻』（第11章）では、八〇年代後半の「第四山の手」論を先取りするかのように、東京郊外のおしゃれな分譲住宅に暮らすニューファミリーの生活を描く。ただ、一見するとウーマンリブ運動などによってさまざまな権利が保障されたようでありながら、そこには自分の人生に充足感をもてない妻たちの姿があった。

『男女7人夏物語』（第12章「ウォーターフロントという舞台――『男女7人夏物語』と引き延ばされた青年期」）と『29歳のクリスマス』は、同じように三十歳前の未婚女性が登場していても、「旅立つ女」桃子と「見送る女」典子と彩の対比によって、女性の生き方が変わったことを宣言する。『男女7人夏物語』で桃子は、今井良介（明石家さんま）との恋愛が盛り上がっても結婚をゴールと考えない。桃子の旅立ちは、ロマンティック・ラブ・イデオロギーとの決別を意味していた。そして『29歳のクリスマス』では、さらにロマンティック・ラブ・イデオロギーとの距離が遠くなる。彩は、若いころの熱い恋愛から身を引き、シングルマザーとして一人で生きていくことを選び取る。

鎌田は、まさにデュボアがいう「現実を語る小説家」というにふさわしい。デュボアによれば

「現実を語る小説家」たちは、「歴史の感覚＝方向《サンス》を定式化し、そのイメージを規定し、歴史の実現に積極的に関わってきた[8]」という。鎌田ドラマは、ドラマの舞台から主人公たちの抱える問題に至るまで、放送当時の社会的現実を忠実に写し取ろうと試みている。しかし同時に、鎌田ドラマは現実の単なる模写にとどまらない。そこには、社会的現実に対する鎌田なりの抵抗、あるいはあるべき社会の姿の提示というものを見て取ることができるのである。

注

（1）「第7回１９９０年授賞語」「「現代用語の基礎知識」選 ユーキャン新語・流行語大賞」（https://www.jiyu.co.jp/singo/index.php?eid=00007）［二〇二四年二月十七日アクセス］

（2）「朝日新聞縮刷版１８７９〜１９９９」（「朝日新聞クロスサーチ」）で、検索語「未婚の母」「シングルマザー」で記事を抽出。

（3）この点については、研究テーマ12—2で引用した、前掲『非婚時代』、前掲『クロワッサン症候群』を参照。

（4）一九八五年以降は、「朝日新聞記事１９８５〜」（「朝日新聞クロスサーチ」）で、検索語「未婚の母」と「シングルマザー」で「朝日新聞」本紙（東京版・大阪版）の記事を抽出した。

（5）放送当時の状況。それ以後二〇〇四年十一月の戸籍法施行規則の改正によって、非嫡出子であっても嫡出子と同様の「長男」「長女」と記載されることになった。

（6）「Web OYA-bunko」。「簡単検索」のフリーワード「シェアハウス」で検索したところ、タイトルに

「シェアハウス」を使った記事の初出は、「散歩の達人」二〇〇六年十二月号（交通新聞社）の記事「シェアハウス シングルマザーの集まりから始まった今風「コミューン」」だった。二〇〇八年に五件、〇九年六件、一〇年八件と記事数は増えていく。

また、ひつじ不動産『シェア住居白書 2008年度版』（ひつじ不動産、二〇〇八年）によれば、同社に登録されたシェアハウスの物件数は、二〇〇五年に百七十五件、〇六年二百八十五件、〇七年四百二十九件と急速な伸びを示している（http://www.hituji-report.jp/report/2008/report-digest.html）［二〇一四年七月九日アクセス］。

（7）ジャック・デュボア『現実を語る小説家たち――バルザックからシムノンまで』鈴木智之訳（叢書・ウニベルシタス）、法政大学出版局、二〇〇五年、四七ページ

（8）同書一九―二〇ページ

取り上げたテレビドラマ

第1部　テレビドラマ分析のために

第1章　テレビドラマの進行と時間

研究テーマ1―1　物語の定型とは――『ドクターX――外科医・大門未知子』

『ドクターX――外科医・大門未知子』（第七シリーズ、テレビ朝日系、二〇二一年、脚本：中園ミホ、演出：田村直己／山田勇人／片山修）

研究テーマ1―2　最終回について――『日曜の夜ぐらいは…』

『日曜の夜ぐらいは…』（テレビ朝日系、二〇二三年、脚本：岡田惠和、監督：新城毅彦／朝比奈陽子／高橋由妃／中村圭良）

研究テーマ1―3　居心地のいい深夜番組枠――『お耳に合いましたら。』／『量産型リコ――プラモ女子の人生組み立て記』

『お耳に合いましたら。』（テレビ東京系、二〇二一年、原案・企画：畑中翔太、脚本：家城啓之／大歳倫弘／灯敦生／松本壮史、監督：松本壮史／杉山弘樹／松浦健志）

『量産型リコ――プラモ女子の人生組み立て記』（テレビ東京系、二〇二二年、原案・企画：畑中翔太、脚本：畑中翔太／マンボウやしろ／ゴージャス村上／オコチャ、監督：アベラヒデノブ）

研究テーマ1―4　現在と過去の往還――『生きるとか死ぬとか父親とか』

『生きるとか死ぬとか父親とか』（テレビ東京系、二〇二一年、原作：ジェーン・スー、脚本：井土紀州、監督：山戸結希／菊地健雄）

研究テーマ1―5　ドラマと時間――『MIU404』

『MIU404』（TBS系、二〇二〇年、脚本：野木亜紀子、演出：塚原あゆ子／竹村謙太郎／加藤尚樹）

第2章　テレビドラマの人間関係

研究テーマ2―1　キャラクターとは――『35歳の少女』

『35歳の少女』（日本テレビ系、二〇二〇年、脚本：遊川和彦、演出：猪股隆一／明石広人／伊藤彰記）

研究テーマ2―2　マンガ原作の何が悪い――『きのう何食べた？』

『きのう何食べた？』（第一シリーズ、テレビ東京系、二〇一九年、原作：よしながふみ、脚本：安達奈緒子、監督：中江和仁／野尻克己／片桐健滋）

研究テーマ2―3　俳優イメージについて――『有村架純の撮休』

『有村架純の撮休』第二話「女ともだち」（WOWOW、二〇二〇年、脚本：ペヤンヌマキ、監督：今泉力哉）

研究テーマ2―4　ドラマにとって台詞とは何か――『カルテット』

『カルテット』（TBS系、二〇一七年、脚本：坂元裕二、演出：土井裕泰／金子文紀／坪井敏雄）

第2部　二十一世紀日本のジェンダー・家族・都市

第3章　現代の恋愛

研究テーマ3―1　恋愛ドラマについて：1――『この恋あたためますか』

『この恋あたためますか』（TBS系、二〇二〇年、脚本：神森万里江／青塚美穂、演出：岡本伸吾／坪井敏雄／大内舞子）

研究テーマ3―2　恋愛ドラマについて：2――『東京ラブストーリー』（二〇二〇年版）

『東京ラブストーリー』（FOD、二〇二〇年、原作：柴門ふみ、脚本：北川亜矢子、監督：三木康一郎／永田琴／山本透）

研究テーマ3―3　若者と恋愛――『silent』

『silent』（フジテレビ系、二〇二二年、脚本：生方美久、演出：風間太樹／髙野舞／品田俊介）

第4章　女性像――仕事と結婚

研究テーマ4―1　現代女性像：1――『逃げるは恥だが役に立つ』

『逃げるは恥だが役に立つ』（TBS系、二〇一六年、原作：海野つなみ、脚本：野木亜紀子、演出：金子文紀／土井裕泰／石井康晴）

研究テーマ4―2　現代女性像：2――『私の家政夫ナギサさん』

『私の家政夫ナギサさん』（TBS系、二〇二〇年、原作：四ツ原フリコ、脚本：徳尾浩司／山下すばる、演出：坪井敏雄／山本剛義）

研究テーマ4―3　現代女性像：3――『獣になれない私たち』／『わたし、定時で帰ります。』
『獣になれない私たち』（日本テレビ系、二〇一八年、脚本：野木亜紀子、演出：水田伸生）
『わたし、定時で帰ります。』（TBS系、二〇一九年、原作：朱野帰子、脚本：奥寺佐渡子／清水友佳子、演出：金子文紀／竹村謙太郎／福田亮介／坂上卓哉）

第5章　ジェンダーとLGBTQ

研究テーマ5―1　LGBTQについて――『おっさんずラブ』／『女子的生活』
『おっさんずラブ』（第一シリーズ、テレビ朝日系、二〇一八年、脚本：徳尾浩司、演出：瑠東東一郎／山本大輔／Yuki Saito）
『女子的生活』（NHK、二〇一八年、原作：坂木司、脚本：坂口理子、演出：新田真三／中野亮平）
研究テーマ5―2　LGBTQ相互理解ということ――『30歳まで童貞だと魔法使いになれるらしい』
『30歳まで童貞だと魔法使いになれるらしい』（テレビ東京系、二〇二〇年、原作：豊田悠、脚本：吉田恵里香／おかざきさとこ、監督：風間太樹／湯浅弘章／林雅貴）
研究テーマ5―3　「男らしさ」とは――『半沢直樹』
『半沢直樹』（第一シリーズ、TBS系、二〇一三年、原作：池井戸潤、脚本：八津弘幸、演出：福澤克雄／棚澤孝義／田中健太）
研究テーマ5―4　ホモソーシャルな物語とは――『ゆとりですがなにか』
『ゆとりですがなにか』（日本テレビ系、二〇一六年、脚本：宮藤官九郎、演出：水田伸生／相沢淳／鈴木勇馬）

第6章　現代の若者像

研究テーマ6―1　『やまとなでしこ』以後
『やまとなでしこ』（フジテレビ系、二〇〇〇年、脚本：中園ミホ／相沢友子、演出：若松節朗／平野眞）
研究テーマ6―2　「ゆとり世代論」を超えて――『木更津キャッツアイ』／『ゆとりですがなにか』
『木更津キャッツアイ』（TBS系、二〇〇二年、脚本：宮藤官九郎、演出：片山修／金子文紀／宮藤官九郎）
『ゆとりですがなにか』（研究テーマ5―4参照）

第7章　現代の家族
研究テーマ7―1　家族ドラマの困難さについて――『ひよっこ』
『ひよっこ』（NHK、二〇一七年、作：岡田惠和、演出：黒崎博／田中正）
研究テーマ7―2　不倫ドラマ、その先へ――『恋する母たち』／『大豆田とわ子と三人の元夫』
『恋する母たち』（TBS系、二〇二〇年、原作：柴門ふみ、脚本：大石静、演出：福田亮介／吉田健）
『大豆田とわ子と三人の元夫』（関西テレビ系、二〇二一年、脚本：坂元裕二、演出：中江和仁／池田千尋／瀧悠輔）

第8章　都市と地域社会
研究テーマ8―1　無印都市とは――『G線上のあなたと私』
『G線上のあなたと私』（TBS系、二〇一九年、原作：いくえみ綾、脚本：安達奈緒子、演出：金子文紀／竹村謙太郎／福田亮介）
研究テーマ8―2　地域社会の描き方――『遅咲きのヒマワリ――ボクの人生、リニューアル』
『遅咲きのヒマワリ――ボクの人生、リニューアル』（フジテレビ系、二〇一二年、脚本：橋部敦子、演出：石川淳一／植田泰史）

第9章　権力と差別
研究テーマ9―1　権力について――『今ここにある危機とぼくの好感度について』
『今ここにある危機とぼくの好感度について』（NHK、二〇二一年、作：渡辺あや、演出：柴田岳志／堀切園健太郎）
研究テーマ9―2　マイクロアグレッションとは――『問題のあるレストラン』
『問題のあるレストラン』（フジテレビ系、二〇一五年、脚本：坂元裕二、演出：並木道子／加藤裕将）
研究テーマ9―3　差別を描く――『フェンス』
『フェンス』（WOWOW、二〇二三年、脚本：野木亜紀子、監督：松本佳奈）

第3部　一九七〇―九〇年代日本――二つの東京と若者たち

第10章　一九七〇年代日本の若者――『俺たちの旅』が描く若者像

研究テーマ10―1　シラケ世代論を超えて
『俺たちの旅』（日本テレビ系、一九七五―七六年、脚本：鎌田敏夫、監督：斎藤光正）
研究テーマ10―2　一九七〇年代の女性像
『俺たちの旅』（研究テーマ10―1参照）

第11章　東京郊外の視覚化――『金曜日の妻たちへ』と近代家族の揺らぎ
研究テーマ11―1　東京郊外の視覚化
『金曜日の妻たちへ』（TBS系、一九八三年、脚本：鎌田敏夫、ディレクター・監督：飯島敏宏／松本健）
研究テーマ11―2　ニューファミリーの理想と現実
『金曜日の妻たちへIII 恋におちて』（TBS系、一九八五年、脚本：鎌田敏夫、ディレクター・監督：飯島敏宏／楠田泰之／松本健）
『金曜日の妻たちへ』（研究テーマ11―1参照）
研究テーマ11―3　「不倫」ブームとは何か
『金曜日の妻たちへIII 恋におちて』（研究テーマ11―2参照）

第12章　ウォーターフロントという舞台――『男女7人夏物語』と引き延ばされた青年期
研究テーマ12―1　ウォーターフロントという舞台
『男女7人夏物語』（TBS系、一九八六年、脚本：鎌田敏夫、ディレクター・監督：生野慈朗／清弘誠）
研究テーマ12―2　非婚の選択
『男女7人夏物語』（研究テーマ12―1参照）
研究テーマ12―3　終わりのない青春
『男女7人夏物語』（研究テーマ12―1参照）

第13章　新しい男女関係――『29歳のクリスマス』と女性の自立

研究テーマ13―1　シングルマザーという生き方
『29歳のクリスマス』（フジテレビ系、一九九四年、脚本：鎌田敏夫、演出：鈴木雅之／星田良子）
研究テーマ13―2　女と男の共棲
『29歳のクリスマス』（研究テーマ13―1参照）

初出一覧

序章　テレビドラマ研究の目的・対象・方法について
書き下ろし

第1部　テレビドラマ分析のために

第1章　テレビドラマの進行と時間
研究テーマ1―1　物語の定型とは――『ドクターX――外科医・大門未知子』
「21世紀の断片――テレビドラマの世界 第十三回 物語の定型とは」、放送批評懇談会編「GALAC」二〇二二年五月号、放送批評懇談会
研究テーマ1―2　最終回について――『日曜の夜ぐらいは…』
「21世紀の断片――テレビドラマの世界 最終回 視聴後感の良い最終回とは」、放送批評懇談会編「GALAC」二〇二三年十二月号、放送批評懇談会
研究テーマ1―3　居心地のいい深夜番組枠――『お耳に合いましたら。』／『量産型リコ――プラモ女子の人生組み立て記』
「21世紀の断片――テレビドラマの世界 第二〇回 居心地のいい番組枠」、放送批評懇談会編「GALAC」二〇二三年二月号、放送批評懇談会
研究テーマ1―4　現在と過去の往還――『生きるとか死ぬとか父親とか』
「21世紀の断片――テレビドラマの世界 第二十二回 現在と過去の往還」、放送批評懇談会編「GALAC」二〇二三年四月号、放送批評懇談会
研究テーマ1―5　ドラマと時間――『MIU404』
「21世紀の断片――テレビドラマの世界 第十五回 ドラマと時間」、放送批評懇談会編「GALAC」二〇二二年七月号、放送批評懇談会

第2章　テレビドラマの人間関係

研究テーマ2―1　キャラクターとは――『35歳の少女』

「21世紀の断片――テレビドラマの世界 第十四回 キャラクターとは」、放送批評懇談会編「GALAC」二〇二二年六月号、放送批評懇談会

研究テーマ2―2　マンガ原作の何が悪い――『きのう何食べた？』

「21世紀の断片――テレビドラマの世界 第九回 マンガ原作の何が悪い」、放送批評懇談会編「GALAC」二〇二二年一月号、放送批評懇談会

研究テーマ2―3　俳優イメージについて――『有村架純の撮休』

「21世紀の断片――テレビドラマの世界 第二十五回 俳優イメージについて」、放送批評懇談会編「GALAC」二〇二三年九月号、放送批評懇談会

研究テーマ2―4　ドラマにとって台詞とは何か――『カルテット』

「21世紀の断片――テレビドラマの世界 第十六回 ドラマにとって台詞とは何か」、放送批評懇談会編「GALAC」二〇二二年九月号、放送批評懇談会

第2部　二十一世紀日本のジェンダー・家族・都市

第3章　現代の恋愛

研究テーマ3―1　恋愛ドラマについて：1――『この恋あたためますか』

「21世紀の断片――テレビドラマの世界 第六回 恋愛ドラマについて① 《三角形的》欲望から」、放送批評懇談会編「GALAC」二〇二一年十月号、放送批評懇談会

研究テーマ3―2　恋愛ドラマについて：2――『東京ラブストーリー』（二〇二〇年版）

「21世紀の断片――テレビドラマの世界 第二十四回 恋愛ドラマについて②主体は誰か」、放送批評懇談会編「GALAC」二〇二三年七月号、放送批評懇談会

研究テーマ3―3　若者と恋愛――『silent』

「21世紀の断片――テレビドラマの世界 第二十六回 若者と恋愛」、放送批評懇談会編「GALAC」二〇二三年十月号、放送批評

懇談会
第4章　女性像――仕事と結婚
研究テーマ4―1　現代女性像：1――『逃げるは恥だが役に立つ』
「21世紀の断片――テレビドラマの世界 第一回 現代女性像①「結婚をめぐって」」、放送批評懇談会編「GALAC」二〇二一年四月号、放送批評懇談会
研究テーマ4―2　現代女性像：2――『私の家政夫ナギサさん』
「21世紀の断片――テレビドラマの世界 第二回 現代女性像②「仕事をめぐって」」、放送批評懇談会編「GALAC」二〇二一年五月号、放送批評懇談会
研究テーマ4―3　現代女性像：3――『獣になれない私たち』／『わたし、定時で帰ります。』
「21世紀の断片――テレビドラマの世界 第十一回 現代女性像③「再び仕事をめぐって」」、放送批評懇談会編「GALAC」二〇二二年三月号、放送批評懇談会

第5章　ジェンダーとLGBTQ
研究テーマ5―1　LGBTQについて――『おっさんずラブ』／『女子的生活』
「21世紀の断片――テレビドラマの世界 第三回「LGBTQについて」」、放送批評懇談会編「GALAC」二〇二一年六月号、放送批評懇談会
研究テーマ5―2　LGBTQ相互理解ということ――『30歳まで童貞だと魔法使いになれるらしい』
「21世紀の断片――テレビドラマの世界 第十回 LGBTQについて②相互理解ということ」、放送批評懇談会編「GALAC」二〇二二年二月号、放送批評懇談会
研究テーマ5―3　「男らしさ」とは――『半沢直樹』
「21世紀の断片――テレビドラマの世界 第四回「男らしさ」とは」、放送批評懇談会編「GALAC」二〇二一年七月号、放送批評懇談会
研究テーマ5―4　ホモソーシャルな物語とは――『ゆとりですがなにか』

「21世紀の断片――テレビドラマの世界 第十二回 ホモソーシャルな物語とは」、放送批評懇談会編「GALAC」二〇二二年四月号、放送批評懇談会

第6章 現代の若者像
研究テーマ6―1 『やまとなでしこ』以後
「21世紀の断片――テレビドラマの世界 第十九回「やまとなでしこ」以後」、放送批評懇談会編「GALAC」二〇二二年十二月号、放送批評懇談会
研究テーマ6―2 「ゆとり世代論」を超えて――『木更津キャッツアイ』／『ゆとりですがなにか』
「21世紀の断片――テレビドラマの世界 第五回 若者像について① 「ゆとり世代論」を超えて」、放送批評懇談会編「GALAC」二〇二一年九月号、放送批評懇談会

第7章 現代の家族
研究テーマ7―1 家族ドラマの困難さについて――『ひよっこ』
「21世紀の断片――テレビドラマの世界 第七回 家族ドラマの困難さについて」、放送批評懇談会編「GALAC」二〇二一年十一月号、放送批評懇談会
研究テーマ7―2 不倫ドラマ、その先へ――『恋する母たち』／『大豆田とわ子と三人の元夫』
「21世紀の断片――テレビドラマの世界 第八回 不倫ドラマ その先へ」、放送批評懇談会編「GALAC」二〇二一年十二月号、放送批評懇談会

第8章 都市と地域社会
研究テーマ8―1 無印都市とは――『G線上のあなたと私』
「21世紀の断片――テレビドラマの世界 第十七回 無印都市とは」、放送批評懇談会編「GALAC」二〇二二年十月号、放送批評懇談会
研究テーマ8―2 地域社会の描き方――『遅咲きのヒマワリ――ボクの人生、リニューアル』

「21世紀の断片――テレビドラマの世界 第二十三回 地域社会の描き方」、放送批評懇談会編「GALAC」二〇二三年五月号、放送批評懇談会

第9章 権力と差別

研究テーマ9―1 権力について――『今ここにある危機とぼくの好感度について』

「21世紀の断片――テレビドラマの世界 第二十一回 権力について」、放送批評懇談会編「GALAC」二〇二三年三月号、放送批評懇談会

研究テーマ9―2 マイクロアグレッションとは――『問題のあるレストラン』

「21世紀の断片――テレビドラマの世界 第十八回 マイクロアグレッションとは」、放送批評懇談会編「GALAC」二〇二二年十一月号、放送批評懇談会

研究テーマ9―3 差別を描く――『フェンス』

「21世紀の断片――テレビドラマの世界 第二十七回 差別を描く」、放送批評懇談会編「GALAC」二〇二三年十一月号、放送批評懇談会

第3部 一九七〇―九〇年代日本――二つの東京と若者たち

第10章 一九七〇年代日本の若者――『俺たちの旅』が描く若者像

研究テーマ10―1 シラケ世代論を超えて

「ドラマはどこまで現実か 鎌田敏夫が描く80年代日本社会 第1回 前史「俺たちの旅」が描く若者像――シラケ世代論を超えて(1)」、放送批評懇談会編「GALAC」二〇一三年九月号、放送批評懇談会

研究テーマ10―2 一九七〇年代の女性像

「ドラマはどこまで現実か 鎌田敏夫が描く80年代日本社会 第2回 前史「俺たちの旅」が描く若者像――シラケ世代論を超えて(2)」、放送批評懇談会編「GALAC」二〇一三年十月号、放送批評懇談会

第11章 東京郊外の視覚化――『金曜日の妻たちへ』と近代家族の揺らぎ

研究テーマ11―1　東京郊外の視覚化
「ドラマはどこまで現実か　鎌田敏夫が描く80年代日本社会　第3回「金曜日の妻たちへ」と近代家族の揺らぎ（1）――東京郊外の視覚化」、放送批評懇談会編「GALAC」二〇一三年十一月号、放送批評懇談会
研究テーマ11―2　ニューファミリーの理想と現実
「ドラマはどこまで現実か　鎌田敏夫が描く80年代日本社会　第4回「金曜日の妻たちへ」と近代家族の揺らぎ（2）――ニューファミリーの理想と現実」、放送批評懇談会編「GALAC」二〇一三年十二月号、放送批評懇談会
研究テーマ11―3　「不倫」ブームとは何か
「ドラマはどこまで現実か　鎌田敏夫が描く80年代日本社会　第5回「金曜日の妻たちへ」と近代家族の揺らぎ（3）――「不倫」ブームとは何か」、放送批評懇談会編「GALAC」二〇一四年二月号、放送批評懇談会

第12章　ウォーターフロントという舞台――『男女7人夏物語』と引き延ばされた青年期
研究テーマ12―1　ウォーターフロントという舞台
「ドラマはどこまで現実か　鎌田敏夫が描く80年代日本社会　第6回「男女7人夏物語」と引き延ばされた青年期（1）――ウォーターフロントという舞台」、放送批評懇談会編「GALAC」二〇一四年三月号、放送批評懇談会
研究テーマ12―2　非婚の選択
「ドラマはどこまで現実か　鎌田敏夫が描く80年代日本社会　第7回「男女7人夏物語」と引き延ばされた青年期（2）――非婚の選択」、放送批評懇談会編「GALAC」二〇一四年五月号、放送批評懇談会
研究テーマ12―3　終わりのない青春
「ドラマはどこまで現実か　鎌田敏夫が描く80年代日本社会　第8回「男女7人夏物語」と引き延ばされた青年期（3）――終わりのない青春」、放送批評懇談会編「GALAC」二〇一四年六月号、放送批評懇談会

第13章　新しい男女関係――『29歳のクリスマス』と女性の自立
研究テーマ13―1　シングルマザーという生き方
「ドラマはどこまで現実か　鎌田敏夫が描く80年代日本社会　第9回『29歳のクリスマス』と女性の自立（1）――シングルマザー

という生き方」、放送批評懇談会編「GALAC」二〇一四年七月号、放送批評懇談会

研究テーマ13—2　女と男の共棲

「ドラマはどこまで現実か 鎌田敏夫が描く80年代日本社会 最終回『29歳のクリスマス』と女性の自立（2）——女と男の共棲」、放送批評懇談会編「GALAC」二〇一四年九月号、放送批評懇談会

単行本所収のため初出の記述を一部改稿している。また第3部では社会統計類を最新のものに改めている。

おわりに――テレビドラマ研究のこれまで／これから

本書は、放送批評懇談会発行の「GALAC」誌に掲載した二つの連載（第一回連載「ドラマはどこまで現実か　鎌田敏夫が描く80年代日本社会」二〇一三―一四年、全十回。第二回連載「21世紀の断片――テレビドラマの世界」二〇二一―二三年十二月号、全二十八回）をテーマ別に再編集し、テレビドラマを研究対象にメディア論や文化社会学の研究者を目指す大学院生やこの分野で卒業論文・レポートを執筆する学部生に対して、研究の進め方を示し導きになることを目指したものである。

いまから四半世紀以上前、筆者は恐れ多くも「GALAC」創刊号に、「「新放送批評派」連帯のためのアピール」[1]という一文を書いた。読み返すのも恥ずかしい若書きなのだが、ところどころいいことをいっている（といっておこう）。当時の思いは、まず何よりも虚空に声を放つような放送批評の虚しさだった。文芸批評の場合であれば、作品Xを激賞した批評家Aの批評文をきっかけに、作品Xを知らなかった読者Bが作品を手に取ることができる。また、今度は同じ作品Xを批評家Cが酷評したとする。すると読者BはCの批評文を読んで、批評家AとCどちらの批評が的確か判断するために、作品Xをもう一度読み直すかもしれない。そう、批評が成立するためには、批評する者と批評を読む者がいて、両者が作品を共有できること、そして繰り返し作品を読めることが必要なのだ。

「GALAC」創刊号の拙稿では、「放送番組が批評の対象になるためには、放送番組という資源の流通が革命的に変化することが必要である」と書いた。一九九〇年代末の放送に、そのような環境は望むべくもなかった。放送批評の先達の話には、批評したい番組を生放送で視聴するしかないので、自宅に帰れず飲食店に飛び込んで番組のメモを取ったなどの逸話がたびたび出てくる。私が批評を始めたころはすでに家庭用VTRが普及していたので、そのような苦労はない。家庭用VTRによって、重要なシーンを何度も巻き戻して見直し、台詞を書き取ることができるようになった。それは放送批評にとっては大きな進歩だった。しかしながら、それでも家庭用VTRに録画できたのは、「自分があらかじめ見たいと思って録画設定しておいた」番組に限られる。録画した番組は、自宅で「私的に所有されている」だけだ。

見る価値がある番組なのでどうぞと、批評家が番組を視聴者の前に再び差し出すことは事実上不可能だったのだ。視聴者が批評を読んであとから見直すことができる番組は、ヒットしてDVD化されたごく少数の番組に限られていた。さらに放送からDVDの発売・レンタル開始までは、一定のタイムラグがあった。それがこの数年で、視聴環境は劇的に変化した。「NHKプラス」や「TVer」などの見逃し配信、「YouTube」「U-NEXT」などのOTT（オーバー・ザ・トップ。インターネット回線によってアクセスできるコンテンツ配信サービス）の充実によって、批評を読んだあとに視聴者が番組を探して視聴できるようになった。

「GALAC」創刊号の拙稿は、放送「批評」の環境変化と未来について書いたものだが、放送「批評」をテレビドラマ「研究」、「批評家」を「テレビドラマ研究者」と読み替えても状況は同じだろう。読者のみなさんは、「取り上げたテレビドラマ」（三四九―三五四ページ）にまとめた本書で言及したテレビドラマを、「YouTube」やOTTで検索して、あるいはDVDをレンタルして再視聴することができるだろう。再視聴によって、筆者の番組分析が的確かどうかを判定することができる。序章第4節「本書の使い方」（二四―二五ページ）で述べたように本書が読者のみなさんの卒論・修論の「踏み台」になって、テレビドラマ研究が発展していけば、これ以上の喜びはない。

「GALAC」創刊号の拙稿に戻ると、そこでは、①あらすじだけの作品論（放送批評は新聞のラテ欄じゃない）、②安易な出演者論（放送批評は芸能記事ではない）、③中途半端な産業論（放送批評は業界記事ではない）を、「方法論なき放送批評」と批判していた。すべて「番組の中に見出すことのできるもの（テクスト）」を根拠に、番組を隅々まで見て徹底的に論じることが、放送批評の根幹だともいっていた。その考えはいまでも変わらない。文芸批評や映画批評は、精神分析、記号論、構造主義、ポスト構造主義などさまざまな思想を、作品を読む・見るための方法論として取り入れ試してきた。日本の放送批評やテレビドラマ研究にそのような方法論の摂取があったかといえば、かつてもそして現在も貧弱なままである。

まったく手前みそになるが、筆者は単著[2]では構造主義、「GALAC」最初の連載（本書の第3部にあたる）では新歴史主義をテレビドラマの批評に取り入れることを、ひそかに（!?）模索してきた。構造主義批評では、一つのドラマを超えてある文化のなかで共有されているストーリー展開や登場人物の関係性の「型」が焦点になる。新歴史主義批評では、ドラマで描かれている恋愛や結婚、家族などのテーマが、ドラマ以外の同時代の場所（例えば、書籍や新聞・雑誌記事などの文献）でどのように語られていたか（言説）、ドラマは同時代の言説を反映しているのか、それとも制作者が価値観をアップデートできなかったり、偏見があったりして社会とズレているのかを問題にする。また、「GALAC」の二回目の連載（本書の第1部と第2部にあたる）では、ジェンダー論、家族論、都市論などの成果を借りて、ドラマが現代社会をどのように表象しているかを評価しようとした。

アフターテレビジョン研究、ポストテレビジョン研究などといわれているが、日本では「アフター」「ポスト」どころか、その標的になるテレビ研究さえまともにされてこなかったと筆者は思っている。映画研究者や映画論の学術論文の数と比較しても、それは明らかだろう。序章の第3節「テレビドラマの研究方法」（二一―二四ページ）でも述べているように、筆者のテレビドラマ研究は数多くあるテレビドラマ研究の可能性のごく一部を試みたにすぎない。本書の読者のなかから、新たなテレビドラマ研究の領野を切り開く研究者が出てくることを願いたい。

最後になるが、本書がかたちになるにあたってお世話になった方々にお礼を述べたい。まずは、「GALAC」関係者のみなさん。私が「GALAC」で執筆するきっかけを与えてくれた坂本衛初代編集長、テレビドラマ論の連載を快く承諾してくださった第一回連載時の飯田みか編集長、第二回連載時の鈴木健司編集長。また、編集部の山本夏生さん、桧山珠美さんの叱咤、いやおもに激励がなければ、長期の連載は続けられなかった。そして、雑誌連載を順番を入れ替え再編集してテレビドラマ研究の教科書を作り上げるという、手間がかかる企画に伴走していただいた青弓社編集部の矢野未知生さん。本当にありがとうございました。

＊

「おわりに――テレビドラマ研究のこれまで／これから」を書くにあたって、藤田真文「まだ見ぬ放送批評家のために――批評の環境変化と未来」（放送批評懇談会編「GALAC」二〇二三年六月号、放送批評懇談会）を大幅に改稿した。

注

（1）藤田真文「なぜ君は、〝放送批評〟するのか？『新放送批評派』連帯のためのアピール」、放送批評懇談会編「GALAC」一九九七年六月号、放送批評懇談会（放送批評懇談会50周年記念出版委員会監修・編『放送批評の50年――NPO法人放送批評懇談会50周年記念出版』〔学文社、二〇一三年〕に再録）

（2）前掲『ギフト、再配達』

[著者略歴]
藤田真文（ふじた まふみ）
1959年、青森県生まれ
法政大学社会学部メディア社会学科教授
専攻はメディア論、マスコミュニケーション論、テレビドラマ研究
著書に『ギフト、再配達――テレビ・テクスト分析入門』（せりか書房）、編著に『メディアの卒論――テーマ・方法・実際［第2版］』（ミネルヴァ書房）、共編著に『メディアが震えた――テレビ・ラジオと東日本大震災』（東京大学出版会）、共著に『ニュース空間の社会学――不安と危機をめぐる現代メディア論』（世界思想社）、監修に『現代ジャーナリズム事典』（三省堂）など

テレビドラマ研究《けんきゅう》の教科書《きょうかしょ》
ジェンダー・家族・都市

発行――――2024年10月11日　第1刷
定価――――2400円＋税
著者――――藤田真文
発行者―――矢野未知生
発行所―――株式会社青弓社
〒162-0801 東京都新宿区山吹町337
電話 03-3268-0381（代）
https://www.seikyusha.co.jp
印刷所―――三松堂
製本所―――三松堂
©Mafumi Fujita, 2024
ISBN978-4-7872-3541-1　C0036

西森路代／清田隆之／松岡宗嗣／佐藤 結 ほか

「テレビは見ない」というけれど

エンタメコンテンツをフェミニズム・ジェンダーから読む

テレビを見る／見ないの二者択一ではなく真正面から語るために、バラエティーとドラマを中心としたコンテンツを、フェミニズムやジェンダーなどの視点から多角的に問い直す。　定価1800円＋税

村上勝彦

政治介入されるテレビ

武器としての放送法

国に「放送の自由を守る」ことを義務づけた放送法が戦前・戦中の戦意高揚への反省に起源をもち、行政指導という介入を防ぐ武器だとして、放送局の自律と自由を訴える。　定価1600円＋税

丸山友美

日本の初期テレビドキュメンタリー史

1957年からNHKで放送された『日本の素顔』を視聴し、当時の資料を渉猟し、関係者へのインタビューを実施して、初期テレビ制作現場での試行錯誤や葛藤に光を当てる労作。　定価4000円＋税

永田大輔／近藤和都／溝尻真也／飯田 豊

ビデオのメディア論

1960年代以降から広がり始め、80年代までに爆発的に普及したビデオ。放送技術などの事例から、私たちの映像経験を大きく変えたビデオの受容過程とその社会的な意義を掘り起こす。定価1800円＋税